湖北警官学院刑事科学技术国家级一流本科专业建设点项目
公安技术"十四五"湖北省高等学校优势特色学科（群）建设项目
法庭科学湖北省重点实验室（湖北警官学院）法庭科学文库项目

资助成果

人身损害司法鉴定研究

柯技／著

华中科技大学出版社
http://press.hust.edu.cn
中国·武汉

图书在版编目（CIP）数据

人身损害司法鉴定研究/柯技著 . —武汉：华中科技大学出版社，2022.10
ISBN 978-7-5680-8744-5

Ⅰ.①人… Ⅱ.①柯… Ⅲ.①伤害鉴定-司法鉴定-研究-中国 Ⅳ.① D923.84

中国版本图书馆 CIP 数据核字（2022）第 168140 号

人身损害司法鉴定研究 柯技 著
Renshen Sunhai Sifa Jianding Yanjiu

策划编辑：张馨芳	
责任编辑：苏克超	
封面设计：孙雅丽	
责任校对：张汇娟	
责任监印：周治超	
出版发行：华中科技大学出版社（中国·武汉）	电话：(027) 81321913
武汉市东湖新技术开发区华工科技园	邮编：430223
录　　排：华中科技大学出版社美编室	
印　　刷：湖北金港彩印有限公司	
开　　本：710mm×1000mm　1/16	
印　　张：18　插页：2	
字　　数：297 千字	
版　　次：2022 年 10 月第 1 版第 1 次印刷	
定　　价：98.00 元	

本书若有印装质量问题，请向出版社营销中心调换
全国免费服务热线：400-6679-118　竭诚为您服务
版权所有　侵权必究

前言

PREFACE

司法鉴定意见为科学审判提供证据。随着社会主义法治建设的发展，需要借助司法鉴定来证明的诉讼事实越来越多，特别在与人身损害有关的各类案件中，司法鉴定意见作为一种科学证据，具有发现事实真相的工具价值和实现公平正义的程序价值。

目前我国人身损害司法鉴定中存在一些问题，主要包括：一是现行鉴定标准不统一，有些鉴定项目甚至无标准可依；二是鉴定机构及鉴定人的资质认定及管理权分散，行使权力的机构各自为政；三是人身损害救济不力，存在救济标准不统一、救济模式单一、救济范围狭窄、执行困难等问题。这些问题影响了司法鉴定的法律性和科学性，浪费了司法鉴定资源，损害了案件当事人的合法权益。

思考并为解决人身损害司法鉴定中存在的问题提供思路是本书撰写的目的。作者从事人身损害司法鉴定一线工作十余年，结合多年司法鉴定、刑事技术教学和科研经历，以新颁布或修订的法律法规、规章制度等为基础，将司法鉴定的基本理论和人身损害司法鉴定技术结合，完成了本书的撰写。

本书获湖北警官学院刑事科学技术国家级一流本科专业建设点项目、公安技术"十四五"湖北省高等学校优势特色学科（群）建设项目、法庭科学湖北省重点实验室（湖北警官学院）法庭科学文库项目出版资助，在撰写过程中参考、引用了大量国内外有关人身损害司法鉴定的著作、文献、网络资料等，在出版过程中还得到了华中科技大学出版社的大力支持和张馨芳编辑及各位工作人员的全力帮助，在此一并致以诚挚的谢意！

作　者
2022 年 9 月

目录

CONTENTS

第一章 人身损害司法鉴定的历史、现状与思考 — 1
第一节 人身损害案件司法鉴定正确处理的意义 — 1
第二节 临床法医学的历史 — 6
第三节 人身损害案件法医检验与司法鉴定的现状与思考 — 12

第二章 司法鉴定 — 25
第一节 司法鉴定概述 — 25
第二节 司法鉴定的种类 — 29
第三节 司法鉴定的价值和作用 — 33

第三章 司法鉴定的主体研究 — 37
第一节 司法鉴定机构的体制研究 — 37
第二节 司法鉴定人的地位和作用研究 — 42
第三节 司法鉴定行业协会 — 48

第四章 司法鉴定的制度研究 — 51
第一节 司法鉴定认证认可制度研究 — 51
第二节 人身损害相关的赔偿制度研究 — 56
第三节 司法鉴定启动权、鉴定机构选择权制度研究 — 60
第四节 司法鉴定救助制度研究 — 66

第五章　鉴定意见的基本知识及其法律特征研究　— 71
第一节　鉴定意见的概念及其法律特征　— 71
第二节　鉴定意见的举证、质证、认证　— 76
第三节　鉴定意见的影响因素研究与解决机制的思考　— 81

第六章　司法鉴定的程序　— 91
第一节　司法鉴定的申请　— 91
第二节　司法鉴定的委托和受理　— 93
第三节　司法鉴定的实施　— 96
第四节　司法鉴定文书　— 99
第五节　司法鉴定的质量保障制度　— 102

第七章　司法鉴定的原理与方法　— 105
第一节　司法鉴定的原理　— 105
第二节　司法鉴定的步骤　— 108
第三节　司法鉴定的方法　— 114
第四节　司法鉴定的专业技术类别　— 125

第八章　人身损害司法鉴定相关问题研究　— 129
第一节　人身损害司法鉴定相关概念　— 129
第二节　人身损害司法鉴定的任务和内容　— 139
第三节　人身损害司法鉴定相关问题研究　— 152

第九章　损伤程度鉴定　— 167
第一节　概述　— 167
第二节　重伤的鉴定　— 169
第三节　轻伤的鉴定　— 172
第四节　轻微伤的鉴定　— 173
第五节　损伤参与度研究　— 174
第六节　损伤程度鉴定相关问题研究　— 179

第十章　工伤事故的劳动能力鉴定　— 185
第一节　工伤概述　— 185
第二节　工伤事故　— 188
第三节　工伤事故的劳动能力鉴定　— 191
第四节　工伤事故与交通事故赔偿的兼得与竞合研究　— 199

第十一章　道路交通事故人身损害　— 203
第一节　概述　— 204
第二节　道路交通事故受伤人员人身损害赔偿相关问题　— 207
第三节　道路交通事故受伤人员司法鉴定项目及损害赔偿项目　— 214

第十二章　医疗纠纷、医疗事故及医疗损害赔偿　— 221
第一节　医疗纠纷与医疗事故的基本知识　222
第二节　医疗纠纷与医疗事故处理　— 236
第三节　非法行医与非法行医罪　— 250
第四节　《民法典》对医疗损害责任的规制　— 254
第五节　法医学在医疗纠纷、医疗事故损害赔偿中的作用　— 258

第十三章　司法精神病检验鉴定　— 265
第一节　司法精神病学概述　— 265
第二节　法定能力的鉴定　— 267

参考文献　— 276

第一章

人身损害司法鉴定的历史、现状与思考

第一节 人身损害案件司法鉴定正确处理的意义

随着社会不断发展进步,我国的侵权立法问题逐渐得到发展和完善。司法实践表明,侵权案件在民事审判中将逐步占据更加重要的位置。人身损害案件中的侵权责任与赔偿问题,需要法医学相关知识来处理和解决,与法医学的联系日渐紧密,随着临床法医学的不断发展,特别是公检法机关法医学司法鉴定领域的不断扩大,法医学在人身损害案件的处理方面发挥了重要作用。临床法医学的产生和发展是基于法律和法制建设的需要,特别是在民法繁荣发展的新局面下,讨论人身损害案件司法鉴定中的法医学问题,是法医学研究者的一项必要工作。

一、概述

研究人身损害和临床法医学之间的关系,首先要分别从法学和医学的角度分别区分人身损害、人身伤害和人体损伤的概念。从医学角度来说,人体是指由各种人体器官有机构成的具有生命力的身体;从法律的角度出发,每一个人参与各式各样的社会关系,承担各种权利义务,具有法律赋予的独立的人格,具有法律赋予的各项人身权利。人身权利的范围较广,包括生命权、健康权、隐私权、名誉权、肖像权、人身自由等，以人身权利为侵害对象，造成人身伤害或精神损害就是人身损害。人身损害一般指使事业、利益、名誉、健康等受到损失，而损害是各种侵害行为造成的后果，这种损害后果不单体现在身体损伤上，还包括精神损害；人身伤害是法律意义上的名词，主要指人在身体上遭受的伤害，也就是加害方对受害方的生命权、健康权造成的损害；人体损伤是医学名词，它包括他人侵害所造成的人体损伤，还包括被鉴定人自己故意造成的人体损伤以及各类意外事故造成的人体损伤。综上所述，侵权行为主要包括人身损害和财产损害，人身损害中包括人体损伤和精神损害，而人体损伤和精神损害又对应着财产损失的赔偿（如误工、营养、护理等费用）和精神损害的赔偿。

二、侵害生命健康权及精神损害

生命健康权是人类最基本、最重要的权利之一，没有生命健康权，则人们享有的其他权利无从实现。生命健康权是指自然人享有维持生命、维护生命安全利益、维持生理机能正常、维护健康利益的权利，包括生命权、身体权和健康权。生命权是自然人的最高人格利益，是其他人格权和人格利益的基础；身体权是指构成自然人的躯体，特别注意的是，如假肢假牙等它们已实质性地构成了自然人躯体不可分割的一部分，所以也属于身体；健康权以身体为物质载体，破坏身体组织和构造的完整性，通常会导致对健康的损害。

健康是人的基本权利，健康是指一个人在身体、精神和社会等方面都处于良好的状态。健康包括两个方面的内容：一是主要脏器无疾病，身体形态发育良好，体形均匀，人体各系统具有良好的生理功能，有较强的身体活动能力和劳动能力，这是对健康最基本的要求；二是对疾病的抵抗能力较强，能够适应环境变化、各种生理刺激以及致病因素对身体的作用。传统的健康观是"无病即健康"，现代人的健康观是整体健康。现代健康的含义并不仅是传统所指的身体没有病而已，根据"世界卫生组织"的解释：健康不仅指一个人身体没有出现疾病或虚弱现象，而且指一个人生理上、心理上和社会上的完好状态。这就是现代关于健康的较为完整的科学概念，也就是"健康不仅是躯体没有疾病，还要具备心理健康、社会适应良好和有道德"。因此，广义上来说，现代人的健康包括躯体健康、心理健康、社会健康、智力健康、道德健康、环境健康等；狭义上来说，健康包括生理健康和心理健康。目前，法学界普遍认为，自然人的心理健康权是实际存在的，忽视心理健康权的观念和做法是错误的，现代侵权行为里提到的精神损害，实际上就是对自然人心理健康权的损害。

不管是侵害生理健康还是精神健康，都应当给予受害人或其家属以财产和精神赔偿。人身损害的后果主要有以下几类，包括受害人的死亡，人体不同程度的损伤和永久性的功能障碍，精神损伤等。在人身损害案件中，如受害人发生死亡，其赔偿范围包括丧葬费、补偿费、受害人生前抚养人的抚养费等；如受害人未死亡，其身体发生损伤，其赔偿范围包括医疗费、营养费、就医交通费、住宿费、误工损伤费、护理费等，如损伤造成受害人身体永久性的功能障碍，则还需赔偿其生活补助费、残疾器具费、护理依赖费、残疾赔偿金等。对于精神损害，一般分为广义的精神损害和狭义的精神损害。广义的精神损害主要指受害人的权益受到损害，也就是其在非财产的价值上遭受损失；狭义的精神损害一般范围较为有限，如我国民法通则里规定，精神损害的三种类型主要有：对生理形态的侵害后造成的心理影响，主要指自然人的生命健康受到侵害后，引发的死亡或永久性功能障碍引起的精神创伤；对心理形态的侵害，主要指直接作用于心理状态的各种非生理形态的侵害；对社会形态的侵害，目前有一个流行的词语"社死"讲的就是社会形态的侵害，自然人的社会形态，从法律意义上看主要表现为公民的肖像、名誉、荣誉、婚姻家庭关系等各种社会表现形式，对这些社会表现形式的侵害会破坏自然人与他人及各种社会组织建立起来的密切联系。关于精神损害的法医学鉴定问题，主要针对的是自然人因上述精神损害而导致的精神残疾，包括由生物（疾病）或物理（损伤）因素引起的精神功能障碍或精神症状，以及由于社会心理因素导致的社会功能缺失或损害。其中社会功能缺失或损害是指精神疾病持续一年以上仍未康复，在社会交往能力以及对家庭、社会应尽的职责上出现不同程度的混乱和障碍。对精神损害的赔偿，一般应给予受害人相应的医学治疗及心理治疗，还应给予精神损害赔偿金。目前我国各项伤残程度鉴定标准、损伤程度鉴定标准中都没有针对精神损害的条款，精神损害赔偿金的具体数额与临床法医学鉴定没有建立关联。

三、正确处理人身损害案件的意义

人身损害案件的处理涉及被害人的利益维护、犯罪嫌疑人的定罪量刑，一直受到社会各界的高度关注。在各类刑事或民事案件中，凡涉及与法律相关的人身伤残和其他生理、病理或精神方面的医学问题等，司法机关或有关部门都会委托司法鉴定机构对被害人等进行活体检查及鉴定。相对以尸体解剖为主的法医病理学鉴定而言，活体损伤检验鉴定内容更广泛，既涉及刑事案件诉讼，也涉及民事案件诉讼。在上述各类案件中，只要涉及活体需要解决的与法律有关的人身伤害、残疾、劳动能力、精神状况、虐待、性犯罪或性功能等医学问题，都需要进行活体损伤检验鉴定。同时，随着法制建设的加强以及人们维权意识的不断提升，结合经济社会的发展带来的与人体健康相关的各类保险业务的迅速发展，在各种刑事伤害、民事纠纷、交通事故、工伤事故以及医疗纠纷等的处理中，无论是否进入司法诉讼程序，当事双方要求进行活体法医学检验鉴定的案例越来越多，使用活体检验鉴定意见作为民事调解、损害赔偿、定罪量刑的证据，其科学性已得到普遍认可和推行，活体损伤鉴定范围的不断扩大，检案数量逐年增多，活体损伤的检验鉴定已成为法医学检验鉴定中较为重要的内容之一。

人身损害案件的法医学司法鉴定是活体损伤鉴定的部分内容，在人身遭受意外事故或故意伤害后，法医通过检验鉴定主要解决有关损伤程度、伤残程度、损伤时间推断、致伤物推断、致伤方式推断、损伤与疾病的参与度等一系列问题，为司法实践提供科学的证据。一般情况下，各级公检法司机构是人身损害案件司法鉴定的委托方，但根据案件性质的不同，企事业单位及个人在某些情况下也可以成为委托方。例如，民事纠纷案件可以接受妇联、民政部门的委托，自诉案件，有的可以由被害人单位、律师事务所或当事人自己委托，委托时应该明确提出委托的目的及鉴定的要求并按鉴定中心要求提交材料。法医学鉴定人接受委托后，根据委托方提供的相关材料，针对委托要求，运用临床医学、法医学及其他学科的理论和技术，对受害方（被鉴定人）进行人身检查，对送检的相关医学资料进行分析研究，再根据我国现行公布实施的有关标准得出鉴定意见的过程，称为人身损害案件的法医学司法鉴定。

人身损害诉讼案件一般涉及的是受害人的身体健康和（或）精神健康，其导致的不良后果一般是受害人的躯体/精神损伤或劳动能力丧失。公民的各种基本权利中，生命权和健康权是其中最基本和最重要的权利，是公民享有一切权利的基础，如果健康权得不到保障，那么公民的其他权利就无法实现或很难实现。保护公民的健康权是我国刑法、民法等多项法律的共同任务。健康权是公民依法享有的身体健康不受非法侵害的权利。身体健康是公民参加社会活动和从事民事活动的重要保证，保护公民的健康权，就是保障公民身体的机能和器官不受非法侵害。非法侵害公民的健康权的，必须承担相应的民事、刑事法律责任。

我国政府历来都把人民的生命与生存权看作最基本与最重要的权利。我国是社会主义国家，中国共产党和人民政府一直以来把为人民服务作为自己的宗旨，把关心人民群众的基本权利放在一切工作的首位。随着我国法律制度的不断完善和法制建设的不断加强，"依法办事"的观念已逐渐成为大家的共识，人民群众的法制观念也不断增强。人身损害案件的受害人会通过法律手段来维护自己的权益，因此，人身伤害案件的检验鉴定及赔偿案件日渐增多，这也是我国社会经济发展进步、法制建设日趋完善的一种表现。值得注意的是，部分鉴定机构及鉴定人员在检验鉴定过程中存在着一些问题，其主要表现有机构管理松散、规章制度不严、责任心较弱、法律意识不强、检验鉴定经验不足、服务态度欠佳等。由于某些受害人及其家属缺乏基本的医学知识，对检验鉴定的程序、风险和难以预料的变化不能理解，再加上涉及人身损害的相关国家标准不断更新，因此，重新鉴定的情况时有发生，由此引起的司法鉴定争议以及相关投诉自然在所难免。所以，人身损害案件的正确处理，对压缩案件处理时间，提升司法鉴定、案件审判工作效率，切实维护人民群众基本权利，维护社会公平正义非常重要。

第二节 临床法医学的历史

我国是世界法医学的发源地，我国法医学的发展历经古代的两起两落以及近现代的三次追赶。秦朝的《封诊式》和南宋的《洗冤集录》代表了古代法医学发展的较高成就。在新中国成立后特别是改革开放后，现代法医学在我国得到空前发展，建立了中国特色的法医学教育教学体系，为国家培养了一大批高级法医专门人才，开创了法医学发展的新局面，他们中的许多人成为我国法制建设的主力军。在司法审判实践中，国家陆续颁布、更新了各类法医鉴定条例、标准，使我国的法医教育、法医科学研究以及法医服务司法、服务社会逐步走向法制化轨道。

一、我国法医学发展史

我国最早的法医学检验可以追溯到战国时期。《礼记》和《吕氏春秋》都记载有："命理瞻伤、察创、视折、审断，决狱讼，必端平。"这段文字中提到的"瞻""察""视""审"的含义，对应了法医学的检验方法。1975年，我国考古学界在湖北云梦县发掘了十二座战国末期至秦代的墓葬，其中十一号墓出土了大量的秦代竹简，定名为"云梦秦简"。秦简中的《封诊式》与法医学的关系最为密切，它规定针对不同程度的损伤予以不同程度的处罚，也就是说当时已经要求在司法实践中必须对损伤进行检验鉴定。《封诊式》中记录有关于他杀、缢死、伤后流产、麻风病等的法医检验案例；竹简显示在当时已经对现场进行详细的勘验，有较为完整的现场勘查记录，如关于手迹、足迹、膝迹、血迹、工具痕迹的记载；有损伤性状的描述和致伤工具的推定；有缢死案件中颈部缢沟的描述，并详细解释了缢沟的特征为"不周项"，生前缢死的特点为缢沟的颜色呈"椒郁色"。说明早在两千多年前，我国法医学发展就已经起步并且取得了惊人的成就。

五代十国的后晋时期，文学家、法医学家和凝（后其子和㠓增修）辑录了汉代至五代时期情节复杂、争讼难决、平反冤狱、揭露奸凶之类的疑难奇案，其中包括御史奏状、李崇还儿、丙吉辨影、黄霸戮乱、严遵壁听、赵和籍产、若水留狱、敏中密访等案例共100则的《疑狱集》，为中国现存最早的案例选编。《疑狱集》是一部对法医学有着重要影响的刑事侦查书，其中有名的案例"张举烧猪"，就是利用动物（猪）进行实验，鉴别生前烧死和死后焚尸的区别来判断死亡性质是自杀还是他杀：被烧死者口内有灰，被焚尸者口内无灰。高度反映了我国法医学萌芽时期的发展成就。

汉唐时期是我国古代法律发展和完善的重要时期，《唐律》是首部对医学检验制度有明确规定的法律，是我国现存的最完整、最早的一部封建法典。《唐律》中明确规定对患有疾病者、伤者和死者及诈病者都应该进行医学检验，检验不实，则应予以法律惩处。它明确提出了损伤的定义为"见血为伤"，并将损伤分为"手足他物伤"与"刃伤"，将致伤物分为手足、他物和兵刃，提出确定致命伤和进行死亡原因鉴定的重要性等。宋代也颁布了一系列有关医学检验的法令，法令中明确规定凡涉及人身死亡的案件均需进行检验和报告。宋代的《验尸格目》和《检验正背人形图》，都是我国古代进行规范化尸体检验的重要证明，证明早在宋代我国的法医检验制度就已经形成。

南宋时期，法医学家宋慈汲取前人的经验，结合自己从事法医实践的认识，收集整理前人的法医学资料加上自己的法医检验实践，撰写了世界上第一部系统的法医学著作《洗冤集录》。《洗冤集录》是中国传统检验知识体系内最为重要的一部书籍，该书对尸体现象、损伤、窒息、现场勘查和尸体检验等方面进行了观察、归纳和总结。例如：尸斑出现的部位和颜色；尸体腐败的征象、影响因素、发展过程；动物对尸体的毁坏与尸体生前损伤的鉴别；溺死、勒死、缢死的典型特征等。《洗冤集录》被公认为世界上最早的法医学著作，先后被译为朝鲜语、法语、英语、荷兰语、德语、日语、俄语等多国语言，其问世时间比欧洲第一部法医学著作早了300多年，对世界法医学发展产生了重大而深远的影响。中国法医学形成正是以《洗冤集录》问世的年代为标志。

元代颁布的"检尸法式"以图表的形式简明扼要地记载了尸表检验的

结果。清代编撰刊刻了《律例馆校正洗冤录》，并将其奉为官书，以层层下发的方式颁行天下，"外省大小衙门，自当奉《律例馆校正洗冤录》之本为准"，也就是说对清朝人来说，《律例馆校正洗冤录》是必须遵守奉行的法医检验鉴定指南。

综上所述，我国法医学起步较早，有着悠久的历史和光辉的成就，积累了大量的文字资料。由于长期的封建统治和封建思想的束缚，结合古代法医检验分工主要由官员和仵作进行检验，将法医和医学割裂开，没有真正具有医学知识的医师参与；再加上具体参与尸体检验的仵作被视为卑贱的工作，使我国法医学的发展长期处于停滞状态。

辛亥革命发生后，1912年我国颁布了《刑事诉讼律》。其中，第120条规定，"遇横死人或疑为横死之尸体应速行检验"；第121条规定，"检验得挖掘坟墓，解剖尸体，并实施其余必要处分"。上述规定是我国首次规定准许解剖尸体。1913年，颁布了我国第一个解剖规则，其中规定："警官及检察官对于变死体非解剖不能确知其致命之由者，指派医士执行解剖。"至此，我国法医工作者开始能合法公开地研究人体内部疾病及损伤情况并进行法医学鉴定。

1931年，我国现代法医学创始人林几教授受北平大学医学院之聘，筹建法医教研室，并任该室主任教授。他边教学边研究，正式受理各省市法院送来的法医鉴定，同时培养法医学人才。他创办《法医月刊》，建立法医学研究会。新中国成立后，卫生部聘林几教授为卫生教材编审委员会法医学科组主任，编审法医学教材，并委托他继续举办两年制高级法医检验人员培训班，为新中国培养了第一批法医检验人才。此后，陆续出版了一批法医学教材和专著。

1979年，我国部分医学院校开始招收法医学本科学生。1985年，我国决定在医学院增设面向医学生的法医学必修课，并正式开设法医学本科专业，逐步开始招收法医学硕士和博士。

二、我国临床法医学发展史

"云梦秦简"记载，用锥相斗，应受"墨刑"与"城旦"，即在人的脸上或身体的其他部位刺字，然后涂上墨或别的颜料，使所刺的字成为永久性的记号,并让其去服筑城的苦役。这些记载说明,秦朝法律已明确规定造成不同的损伤会处以不同的刑罚。"云梦秦简"还明确记载了两例活体检验鉴定死亡案例,一例是外伤后流产,另一例是麻风病患者的检验,主要是外伤流产和麻风病的诊断方法以及流产胎儿的检验鉴定方法。"云梦秦简"中与法医学最密切的《封诊式》中记载了有关他杀、缢死、首级、外伤、流产、麻风病等检验案例,并有损伤性状的描述、致伤工具的推断、缢死索沟的特征,以及手迹、足迹、血迹等方面的记载。《封诊式》中的"封"是指查封,"诊"是指诊察、勘验,"式"是指格式、程式,也就是说,它是一部关于查封与勘验程式的刑事技术书籍。可以这样说,先秦时期(包括公元前770年至公元前476年的春秋时期和公元前475年至公元前221年的战国时期)是临床法医学的萌芽时期。或者更为准确地说,战国时期末是古代法医学与刑事侦查技术的萌芽时期。

汉唐时期的东汉末年已明确了不同程度损伤的定义,蔡邕所解释的"皮曰伤,肉曰创、骨曰折、骨肉皆绝曰断"的描述就是现在所说的损伤程度鉴定。汉代名医张仲景所著《伤寒论》中记录了对诈病的概念:"设令向壁卧、闻师到、不惊起而盼视,若三言三止,脉之,咽唾者,此诈病也。"据记载,张仲景曾应邀诊断一犯人是否有精神疾病。汉律中也有"狂易杀人"的记载。

《唐律》中也有大量涉及法医活体检验的相关内容,主要有以下三个方面。第一,关于损伤程度的规定。《唐律》对于不同的损伤程度作了较为明确的划分,其中对致伤物的分类"手足、他物和兵刃",是世界上首先提出的钝器伤和锐器伤的划分,同时提出不同的损伤对应轻重不同的刑事处罚,也就是说《唐律》对损伤程度的评定与刑罚也作了比较详细的划分,例如:兵刃斫射人不着者处以杖一百;斗殴手足殴人有伤(见血为伤),以他物殴人无伤者各处以杖六十;折肢、骨移位、瞎一目等辜内平复者,各徒两年;刃杀人及故杀人者,处斩等。这些具体的损伤行为及对应的刑罚,说明《唐律》已经对致命伤和非致命伤的处罚有着非常严格的规定,特别是对非致命伤的分类比较详尽,在量刑上考虑到了根据致伤物的不同和损伤程度的不同两种因素的作用,而且从其具体刑罚来看,已经有了朴素的轻伤和重伤的区分。第二,保辜概念的提出。保辜主要指法医对受害者的损伤完成检验后,会根据其受伤情况给予其休息调养的时间,然后根据这个限定的时间内受害者的损伤是否恢复或进一步恶化甚至发生死亡，来对加害者定罪。第三，关于诈病、造作伤、自残、堕胎、残疾行为的有关刑罚规定。诸诈疾病有所避者杖一百，若故自伤残者徒一年半，其受雇请为人伤残者同罪。堕人胎谓在孕未生，因打而落者，各徒二年。在母辜限之内而子死者，子虽伤而在辜限外死者，虽或在辜内胎落而子未成形者，各从本损伤法，无堕胎之罪。根据这些记载，可知《唐律》就已经提出损伤程度影响刑罚轻重的规定。保辜、诈病、堕胎等的规定，说明我国法医学活体检验在唐朝就已经较为发达，其相关规定基本上被后世历代法典所沿用。

宋朝时期的活体检验制度在《唐律》的基础上进行了进一步的发展完善，对施行法医检验的人员、职责以及初检、复检、免检的范围都作了详细的规定，并有了许多记载法医检验方面内容的书籍面世，如《折狱龟鉴》《棠阴比事》《洗冤集录》等。其中最著名的就是《洗冤集录》，此书成为后世历朝法医检验书籍的祖本，为我国和世界法医学的发展作出了巨大的贡献。

元明清时期，后人在《洗冤集录》的基础上编著了《平冤录》《无冤录》等书籍。元代元贞三年（1297年）颁发《结案式》，作为"儒吏考试程式"的118条中，与法医学有关的占53条，每一条都包括检验主要所见和结论，根据结论可以在法典中找到相应的处理规定。"儒吏考试程式"是世界上第一部同时提到尸体检验、活体检验与物证检验这三大组成部分的文献，比欧洲相关法医学专著的出现早了近300年，是对世界临床法医学的重大贡献。明代《鼎镌钦颁辨疑律例昭代王章》中的"各犯发格式"是明代检验官吏在完成活体检验以后向上级报告结果的相关格式要求，关于活体检查的内容包括损伤程度、残疾程度、妊娠月份、诈病等。明代张介宾的《景岳全书》研究了诈病的原因以及分辨诈病的方法："夫病非人之所好，而何以有诈病？盖或以争讼，或以斗殴，或以妻外家相妒，或以名利相关，则人情诈伪出乎其间，使不有以烛之，则未有不为其欺者。其治之之法，亦惟借其欺而反欺之，则真情自露而假病自瘳矣。此亦医家所必不可少者。"其中的"借其欺而反欺之"用来辨别诈病的方法来自汉代张仲景注解伤寒论。清代王又槐的《补注洗冤录集证》中有与活体损伤检验相关的如手足他物伤、杀伤、自残等方面的检验内容。

综上所述，我国古代法医学活体检验起步较早，其相关规定在历代法典中沿袭传承，制定并完善了一系列检验制度，具体实施活体检验的人员由相关官吏、勒医工、稳婆等人完成。但是，由于古人只对尸体外表进行检查，没有进行系统完整的尸体解剖，长期以来阻碍了对人体病理、生理发展变化的认知，使我国传统医学诊断技术的发展较为缓慢，再加上专业医生只参与少量活体损伤检验，大量工作由官吏、勒医工、稳婆等非专业人员来完成，使得法医活体检验水平不能得到进步，阻碍了现代临床法医学的发展。

三、国外临床法医学发展简史

世界法医学发展史上，法医学的形成有两大体系：一个是以外表检查为基础建立起来的古代法医学体系，它发源于中国，在中、朝、日、越等亚洲国家盛行；二是随着现代医学和自然科学兴起而形成的现代法医学体系，它发源于欧洲，普及于世界各国。

欧洲各国在法医学产生以前的很长一段时间，一般以征求临床医师的意见来处理有关法医问题的案件。在古代巴比伦、波斯、希腊、埃及和印度的某些法典和医学著作中，已经出现了有关法医学的记载。如公元前18世纪，巴比伦国王汉穆拉比颁布的著名的《汉穆拉比法典》规定："若医师治疗重伤伤员时，用刀刺割而伤及生命，或用刀切开眼部脓疮而致人盲目者，应割其手。""若医师为奴隶治疗重伤而用刀致伤生命者，则降医师为奴隶。"首先建立了医疗过失应负法律责任的规定。法典中还规定了有关乱伦、堕胎、通奸、强奸等问题。公元前5世纪，古罗马的《十二铜表法》提到了创伤的致命性问题，以及精神病人犯罪可以减轻刑罚；古希腊医生希波克拉底的著作中，有关于重复妊娠、未成熟儿的生存能力和医疗失误的记载；古希腊哲学家亚里士多德的著作中有关于妊娠的纪录；古希腊医生盖伦曾有过关于诈病的诊断以及活产胎儿和死产胎儿的鉴别。

14世纪法国的法律规定：处理损伤、奸淫等问题时，要征求外科医生的意见。直至16世纪，欧洲法医学一直处于萌芽阶段，未形成系统的法医学著作。16世纪以后，1532年德王卡尔五世颁布的《犯罪条令》中规定，凡是处理有关外伤、中毒、堕胎、医疗失误、责任能力等案件，必须有医生的参与，并允许医生解剖尸体，这为法医学的发展开辟了道路。被誉为欧洲法医学奠基人之一的法国外科医生巴雷的著作《法庭报告》中，对损伤及其法医学意义等有着重要的论述。1598年，意大利医师菲特利斯出版了《医师的报告》一书，成为欧洲第一部系统的法医学著作，其中有关于堕胎、中毒等的记载。17世纪初，"欧洲法医学之父"保罗·扎克奇亚完成了另一部更为杰出的法医学著作，共有七卷的《法医学问题》。18世纪是欧洲早期法医学繁荣发展的时期，德国和法国的医学家和解剖学家始终占据着法医学发展的前沿，法医学的知识逐渐趋于系统化，对现代法医学的形成和发展作出了重要贡献，这一时期临床法医学的主要特征是：起源于意大利、法国、德国的医学鉴定人制度几乎遍及欧洲大陆各国，德国莱比锡大学首次开设系统的法医学讲座，到18世纪末，大学开始设置法医学教授职位；18世纪后，欧洲各国法医学成就不断涌现，出现了不少著名的法医学者，发表了许多有价值的法医学专著，出版了法医学杂志；19世纪后叶至20世纪初，以物理学、化学、生物学为主的自然科学和以病理学、细菌学为前导的医学科学取得一系列划时代的成就，现代法医学得以开始形成，如德国卡斯帕撰写的《实用法医学手册》、奥地利霍夫曼撰写的《法医学教科书》等，都是19世纪著名的也是较重要的法医学著作。

上述历史资料表明，欧洲的法医学活体检验开展的时间早于法医学尸体检验的开展时间。

第三节 人身损害案件法医检验与司法鉴定的现状与思考

随着法制建设在我国的不断发展和完善，全国各族人民的法制意识不断加强，而法医是加强我国社会主义法制建设不可或缺的科技主力军。在法律实施过程中，许多科学证据需要依靠法医的检验鉴定，特别是近年来，科学证据在刑事和民事案件中不断体现出较高的价值、发挥了较大的威力和作用，这使得各级司法机关和人民群众愈加倚重物证的法科学检验结果，上述情况为临床法医学提供了不断发展的社会和法律基础。改革开放后，随着中国经济社会的快速发展，为适应时代发展的需求，中国的临床法医学司法鉴定体制也在不断地进行改革和创新。现今，我国的临床法医学司法鉴定体制主要有以下两种：一是我国司法系统内部的鉴定机构；二是面向社会服务的法医学司法鉴定机构。为更好地实施以"证据主义"为重要特征的新刑事诉讼法，更进一步改革我国临床法医学鉴定体制的现行格局，需要我们探讨其他国家临床法医学鉴定发展的现状和趋势。

一、国外临床法医学鉴定发展现状

世界各国的法医检验工作制度与我国有很大差异，所使用的检验鉴定标准也不尽相同。如在英国、法国、德国、日本等国家，法医主要分布在警察局、法医研究所、法医局、监察医务院、医学院校的法医科室、医院以及私人诊所。

（一）英国的临床法医学鉴定体制

在英国，与法医学有关的职业有三种，分别是死因裁判官、法医病理学家和警察外科医生。死因裁判官解决法医病理学方面的有关问题（如死因鉴定）。法医病理学家只是承担死因裁判官委托的尸体解剖和协助死因裁判官解决法医病理学方面的问题。警察外科医生解决的是临床法医学方面的问题（如伤情鉴定）。死因裁判官、法医病理学家与警察外科医生自成体系、互不相干，他们的关系类似医院中的内科与外科的关系。由于研究对象和解决的问题截然不同，从事法医病理工作的死因裁判官、法医病理学家和从事临床法医工作的警察外科医生之间不存在相互监督、相互制约的关系。

英国的法医鉴定体制大体上可分为相对的两套系统：一套是服务于警方的法医鉴定系统；另一套是内政部主管的面向社会公众的法医鉴定系统。这两套法医鉴定系统的形成与英国对抗制诉讼结构有密切的联系。在英国，证人和鉴定人、证人证言和鉴定意见在证据法上没有明确的划分，鉴定人（专家证人）一般由当事人聘请，因此辩诉双方的鉴定人往往会在同一问题上提出针锋相对的鉴定意见，双方律师也可以对专家证人进行盘诘。这就有利于确认鉴定意见的科学性和法律性。法医所提交的证据是否能被最终认定为对案件的真实情况有证明作用，只能由法官来进行裁定。另外，英国采用鉴定人资格制度，无论是死因裁判官，还是法医病理学家、警察外科医生，都必须符合一定的学历、从业经验的限制方能胜任，这就从制度上保证了鉴定人的专业化、专家化。比如，从事临床法医学检验鉴定的警察外科医生隶属于警察系统，其通常是从事初级医疗服务的外科医生，由于兴趣或业余爱好而为警方提供法医活体检验鉴定服务。警察外科医生必须修读卫生局局长指定的课程，并取得法医学文凭，通常先担任两到三年的助理警察外科医生，然后才能被任命为正式的警察外科医生。

（二）法国的临床法医学鉴定体制

法国不同地区的法医机构略有不同，但主要都是由三方面组成，分别是在医学院里设立的法医机构、医院里的法医机构以及警察局里的法医机构。法国各法医机构中与临床法医学检验鉴定相关的是医院的法医机构，即大学的法医专家在医院建立的法医学检验鉴定部门。他们的观点认为来医院就诊的急诊病人中大约有2%和法医检验相关，如各类损伤、酒精中毒、强奸检验等。大学的法医专家在医院进行法医兼职，不但使自己获得高质量的职业培养，也可以借助医院内相对健全的医疗设备和权威的医学专家进行更加行之有效的临床法医学鉴定工作，并且还能为临床医师提供法医学咨询。这样既能较好地配合医院的工作，又能完成警察局和法院的工作。如位于里昂的 Edouard-Herriot 医院中设立有法医学院，其中的法医急症室每年有两万人次左右的与临床法医学有关的急症，包括各类损伤、精神性疾病、行为紊乱、醉酒等；法医学院内还设有法医学门诊，主要鉴定人体损伤程度、损伤后的劳动能力丧失程度、强奸案件的检验鉴定、猥亵行为的认定、家庭暴力的检验鉴定等。而且法国的法律明确规定，怀孕妇女如要求终止妊娠，则需要三名医师的检查和证明，这三人中必须有一名上诉法院指定的法医专家，否则其行为属于非法堕胎，要受到相关法律的制裁。这种社会矛盾产生的主要原因是法国人口逐年萎缩，政府鼓励生育，法律严控人工流产。但法国性观念比较开放，婚姻关系之外怀孕的现象较为普遍，但怀孕后又不愿意生产，从而产生上述现象。

（三）德国的临床法医学鉴定体制

欧洲是现代法医学较发达的地区，而德国又是欧洲大陆法医学较发达的国家。但在德国，警察局、检察院和法院均不设法医鉴定机构，德国的法医学鉴定工作由各医学院校的法医研究所承担。这些法医研究所既是医学院的教学科研机构，也是受司法部门指定的从事法医学检验鉴定的独立机构，受聘于警察、检察机关和法院从事法医检验鉴定。与法医研究所直接产生关系的政府机构主要是检察院、各州法院、警察局，其中几乎每天都要跟法医研究所打交道的是检察院和警察局。法医研究所提供的有关临床法医学的服务包括醉酒和性犯罪的检验鉴定、交通事故的酒精分析、医学保险以及医疗事故鉴定等。如德国埃森大学医学院法医研究所负责办理埃森市（土地面积约210平方千米，人口约57万）及其周围6个卫星城市的临床法医工作，具体内容包括每年约100例涉及暴力伤害及作案嫌疑的活体检验及鉴定、撰写大约50份的文证审查书面鉴定意见。其鉴定范围除了与暴力犯罪和医疗事故相关的检查外，还涉及责任能力，处置能力，驾驶能力等方面的法医学活体检验鉴定。有些大学还设有法医精神病学研究所，有些大学则设立法医精神病学教研室，附属于大学精神病医院，也有的在法医学研究所中设立法医精神病学研究室。这些机构由法医学教授、所长或室主任领导，主要负责活体的法医精神病检验鉴定。

综上所述，德国临床法医鉴定的特点是：法医学研究所、警察局、法院、检察院各为独立的机构，在案件的检验鉴定上责任分明，互不冲突。由于德国医学院的法医研究所在案件诉讼中不承担任何职责，因此由法医研究所进行案件的法医活体检验鉴定有利于保证鉴定意见的客观和公正。法医研究所与各个警察局、法院、检察院保持着良好的合作关系，由教授或所长负责把关、鉴定人责任制下的鉴定意见深得这些机构的信任，因此可保证鉴定质量。同时，由于法医研究所是医学院内的一个完整的医学学术机构，能在法医学理论与科学研究上不断开拓探索，并能与其他学科领域保持较为紧密的联系，随时关注现代科学的发展以及法律条文的更新，能将最新的现代科学技术直接用于临床法医学检验中，进而能不断开拓新的检验领域和提高检验鉴定的质量，进一步促进临床法医学检验鉴定的发展。

（四）日本的临床法医学鉴定体制

日本现行的法医学体制主要由三部分组成：一是监察医制度和警察医制度；二是科学警察鉴定体系；三是学会管理体系。监察医制度是引进美国的法医管理模式，成立了专门的管理机构叫作监察医务院。警察医制度是二次世界大战后日本参照欧洲的制度，在没有设立监察医务院的地区设立的制度。无论是监察医制度还是警察医制度，其共同点是从事检验鉴定并出具鉴定意见的法医均不是警察系统人员，除要求其本身具有法医或医师资格外，并没有其他的明确规定。科学警察鉴定体系是日本参照英国的模式建立在警察内部的司法鉴定技术部门，分两级管理。总部为位于东京的科学警察研究所，在地方各级警察系统中设置搜查科学研究所，里面的法医相当于英国的警察外科医生的角色。日本实行鉴定人资格审查制，凡医生或医学教学科研人员从事法医学鉴定，须具备一定的资格，并接受严格的审查。从这一条来看，获得日本的"警察外科医生"资格比获得英国的警察外科医生可能具有更高的要求。科学警察研究所中的法医属于警察系统，因此在刑事案件的法医检验鉴定中，其鉴定意见的公正性问题在法庭上仍然经常受到质疑。日本目前最常见的法医鉴定体制是学会和协会，主要与司法鉴定相关的专门性学会有日本法医学会、赔偿科学会、日本警察科学会等。这些学会在日本司法鉴定体制中发挥着非常重要的作用，如对司法鉴定人资格的管理、司法鉴定技术标准的制定和颁布、各类学术交流、法医专业杂志的出版等，都以学会为依托。

（五）美国的临床法医学鉴定体制

美国的法医不在法庭科学实验室或犯罪侦查实验室中，也不隶属于警察系统、高等院校及科研机构，而是由独立的机构——法医局负责统一管理，只有法医局的法医鉴定人才可以出具法医学鉴定意见书，其他任何机构和个人都无权出具法医学鉴定意见书。在美国，担任法医鉴定人必须获得所在州颁发的医师证明和美国病理学会颁发的法医病理学与解剖病理学证明，并受雇于政府法医局。法医局是实行法医鉴定人制度的州对鉴定人进行管理的政府部门。从各州的情况来看，法医局在隶属关系上有三种情况：一是直属县、市政府，作为政府的一个下属部门；二是隶属当地卫生行政部门，作为卫生行政部门的一个独立机构；三是隶属警察系统。由于采用第三种模式的州比较少，因而就采用法医鉴定人制度的多数州而言，鉴定人的地位也是比较独立的。

美国的法医主要从事的是法医病理、法医毒物分析等工作，负责检验及解剖尸体，有权出具死亡证明书，确定死因及死亡方式，如自杀、他杀、意外、猝死、无医生在场的死亡、中毒、堕胎、威胁公共卫生的疾病、雇工发生的疾病、暴力犯罪死亡、损伤死亡等。与公共利益相关的案件，法医有权召开调查会和发布通知，要求与案件有关的人提供与死因、死亡方式等相关的材料。同时根据法律规定，未经法医许可，不能采集他杀或与其他刑事案件有关的尸体的器官作为器官移植的供体来使用。

1. 适用于人身损害案件的《永久性残损评定指南》

如前所述，美国的法医检验鉴定的对象主要是法医病理学的研究对象即尸体，涉及临床法医学的活体检验鉴定主要由医院的医生来完成，如在国际人身伤残评定领域处于领先地位的《永久性残损评定指南》（GEPI）就是由美国医学会制定的关于人体残损的评价体系。1971年，美国医学会（AMA）人体功能残损评定委员会开始着手编制第一版GEPI，并于1977年出版发行。1980年，AMA科学事务理事会成立了12个独立委员会，每个委员会专门负责审查GEPI的相应章节。经严格审查后，GEPI第二版最终由12个章节组成，并于1984年出版发行。此后，GEPI多次修订，最新版本为第六版，于2008年出版发行。

GEPI体系除了在全美残损评定领域强制应用外，澳大利亚、新西兰、加拿大等地已经以立法的形式，明确规定司法部门在涉及机动车交通事故致残索赔诉讼中使用GEPI。美国虽没有以立法的形式规定，但大部分州均已在交通事故致残的索赔诉讼中使用了GEPI。保险公司也会依据GEPI所规定的残损比例来确认赔偿额度。需要指出的是，在涉及"无过失责任险"的残损评定时，有些地区并不依据GEPI，而是依据当地适用的残损标准进行残损评定。

GEPI 以其理论、方法和评定体系而被视为超越了医学领域的一种法律附属文件,它以人体整体功能（WPI）的残损作为最终评定结果,为人体的功能评价提供了一种数字化的模型。具体来说 GEPI 遵循区域残损和循诊残损的理念,首先确认残损评定区域,然后依据相关诊断确定残损级别,再经等级调整后确认残损值。大致过程如下：① 回顾病史；② 进行活体检查；③ 确定诊断；④ 使用区域残损评定表,依据循诊残损确定诊断对应的残损级别；⑤ 评估功能史、活体检查和临床检查等校正因子,根据网平差结果在残损级别内调整严重等级,确定残损值；⑥ 如涉及多项残损,则进行复合计算。这种以残损百分比的方式表达人体各器官、肢体功能受限的形式和我国现行的伤残评定的思路一致,符合我国伤残评定的理念。

2. 《永久性残损评定指南》的使用

在美国,绝大部分司法部门强制要求在涉及工伤索赔诉讼中使用 GEPI。即使在少数未采用 GEPI 进行工伤赔偿评定的州,GEPI 也出现在涉及普通人身损害赔偿的案件中。GEPI 为损伤和疾病导致的残损评定提供了理论原则和操作规则,它将残损结果转化成数值比例,为司法系统判决赔偿时提供了客观计算标准与依据。

要想保证评定人能准确使用 GEPI 进行评定,需要评定人对人体解剖学、生理学、病理学和其他与人体损伤相关的临床医学学科有深入的理解,评定人对医学知识的精通与应用是进行人体残损评定的关键。评定人在准确把握医学相关知识的基础上,还需要对 GEPI 的相关理论原则进行深入学习与理解,这样才能保证其出具的鉴定意见的真实性,提高鉴定意见的可信度。因此,美国法律规定卫生行政管理部门可以组织临床医生进行准确、客观的人体残损评定。同时,虽然 GEPI 是由临床医学专家起草制定的,由美国医学会发表的,为医生进行人体残损评定提供的指南,但美国法律也规定,在保证遵守 GEPI 原则的前提下,非临床医生的评定人在自己专业领域内也可以进行人体残损程度的评定。大部分法官认为,如果评定人在自己专业领域内进行残损评定,则可以采信评定报告。例如,虽然是由非临床医生的理疗康复师进行的残损评定,但由于评定的内容限于人体功能恢复方面,法院采信了评定结果。美国各州间对评定人的资质有不同的争议，现在基本趋于一致的观点认为，虽然没有对评定人培训的强制性要求，但经过 GEPI 正式培训后的临床医生无疑可以更加客观、准确地进行残损评定。

作为一名合格的残损评定人，临床医生一定要清楚地知道残损评定行为是一种医学的实践活动，它的主要职责是向提出委托鉴定要求的机构或人员提供必要的医学评定证据。在各类案件中，只有经司法授权或者在受害人同意的情况下，才能对其进行残损评定。评定人也有责任向被评定人明确告知，残损评定虽然属于医学行为的一种，但残损评定的目的不同于临床治疗。同理，评定人与被评定人间的关系也不是建立在"医患关系"的基础上的。某些特殊案件中，委托方除了要求评定人对残损程度进行评定，还要求对残损影响被评定人工作能力的程度进行说明，如同样是肘关节损伤，对网球运动员的影响和普通人是完全不一样的。虽然这个说明并非 GEPI 所包括的内容，但评定人仍然可以参考 GEPI 里的相关条款，并引证和运用其他学科领域的知识的技能，对这些特殊情况作出说明。

二、我国临床法医学鉴定发展现状

在中国，涉及法律问题的活体损伤检验工作古已有之，历史悠久，但成为一门由职业鉴定人负责执行的专业技术工作，始于 20 世纪 70 年代末。1979 年，南昌市中级人民法院在全国率先创建法医门诊，其后，法医学活体检验（即法医临床学鉴定）在全国的公、检、法、司、卫系统逐步发展起来。目前，它是法医学各个学科中，与法律结合最紧密的法医学分支学科。只要是与法律及司法实践有关的活体损伤中的医学问题，都需要用到临床法医学的理论与技术。

（一）我国临床法医学鉴定现状

从社会需求的角度来看，统计数据显示，截止到 2017 年底，全国经司法行政机关登记管理的鉴定机构共 4338 家，这 4338 家机构中，从事法医、物证、声像资料和环境损害（以下简称"四大类"）鉴定业务的机构为 2606 家。从事"四大类"鉴定的机构中，从事法医临床鉴定的占

75.17%，法医精神病鉴定占9.94%，精神障碍医学鉴定占3.76%。"四大类"鉴定中，法医类案件占88.47%，比上年增长近7个百分点。法医临床类鉴定仍然是"四大类"鉴定中最主要的业务，占52.50%，年鉴定案件量逾120万件，占据了司法鉴定案件数量的大多数。

经过42年的发展，我国的临床法医学司法鉴定从无到有，从一开始只是简单地为刑事案件的定罪量刑提供鉴定意见的损伤程度检验鉴定，到为民事案件的民事赔偿提供服务的伤残程度检验鉴定。按照《司法鉴定收费项目和收费标准基准价（试行）》目录来看，法医临床学鉴定委托事项涵盖损伤程度鉴定、伤残等级评定、伤病关系鉴定、诈病诈伤鉴定、医疗纠纷鉴定、劳动能力鉴定、活体年龄鉴定、男子性功能评定、听觉功能评定、视觉功能评定、致伤物和致伤方式推断、医疗费合理性评定、后期医疗费评定、医疗护理依赖程度评定、三期评定（误工、护理、营养时限）、治疗时限评定，以及法医学文证审查共17项。除此之外，还涵盖保外就医（是否符合暂予监外执行）、保险理赔（重大疾病、高残、失能）等多个鉴定委托事项，几乎涵盖了与司法审判相关的涉及人身损害或活体损伤医学的所有问题。

总结起来，我国临床法医学的发展现状有以下三大特点。

1. 案件量大、从业人员多

鉴定意见作为科学证据，在司法实践中广泛应用。法医临床学的案件量一直居于司法鉴定（四大类）之首。

2. 社会影响较大

多年来，在普通百姓的心目中，法医学一直是一门与死亡相关的、与老百姓生活相对遥远的、神秘的学科。近年来，交通事故、工伤事故、医疗纠纷等各种侵权责任纠纷的剧增，使得临床法医学（活体损伤鉴定）成为与百姓生活密切相关、备受关注的法医学门类，其社会影响力较大。特别是医疗纠纷鉴定，已成为社会关注的焦点问题，也是学科亮点之一。可以说，临床法医学的出现也将法医学这门古老学科的影响力大大提升。

3. 临床法医学与当前的法律、司法结合异常紧密

临床法医学紧紧围绕当前司法需求，在我国完善法制进程中，积极研讨各种法律、法规中需要解决的人身伤害问题，它从最开始的为刑事审判定罪量刑服务的损伤程度鉴定，逐步发展至为民事审判服务的各种"伤残评定"、"三期"（即护理期、营养期、误工期）评定、"伤病关系鉴定"、"护理依赖程度"评定，再到"医疗费用的合理性审查""后续诊疗评价"，等等，成为目前法医学中最活跃、与法律结合最紧密的一门学科。

（二）我国临床法医学鉴定的发展趋势

我国临床法医学鉴定以服务于法律和司法为宗旨，以临床医学的理论技术为主要手段，为各类案件中的诉讼活动提供活体损伤的相关鉴定类科学证据。临床法医学已逐渐成为司法鉴定领域的重要分支领域，特别是我国的临床法医学发展了以神经电生理学及法医影像学为核心技术的手段方法，拥有大量的专职技术人员，在世界法医学领域独树一帜。

（1）人体功能的客观评定研究方面及相关技术手段成为临床法医学的核心技术。由于被鉴定人特殊的诉讼心理，为了使检验鉴定的意见满足证据法学对临床法医学司法检验鉴定的要求，临床法医学借助迅猛发展的临床医学的各项新技术，特别是将临床诊断学，主要包括神经电生理学、医学影像学、物理诊断学等，作为临床法医学的核心检验技术，广泛开展了符合临床法医学检验鉴定需求的人体功能客观评定研究。如将视觉电生理检查运用到临床法医学领域，解决眼损伤后客观视力的问题；运用听觉诱发电位技术解决听觉功能的客观评定问题；运用周围神经电生理检查技术检查肌力、男性性功能等。临床法医学还充分利用迅猛发展的各项临床医学诊断的新技术，将三维CT、核磁共振成像等技术广泛运用于活体检验鉴定。

（2）临床法医学经过多年的发展，逐步形成了与传统法医学及临床医学不同的，借鉴证据法学、循证医学的理念的，有自身特点的检验鉴定及思维方式。随着经济社会的不断发展，人们的法制意识越来越强，以交通事故后伤残程度及三期评定为代表的临床法医学检验鉴定案件量逐年增

多，以往主要为刑事案件服务的损伤程度鉴定的原则不太适应大量民事案件的需求。基于此，临床法医学充分借鉴证据法中关于"最大盖然性理论"的相关思想，确立了与刑事案件中损伤程度鉴定不同的民事案件的临床法医学基本要求，订立了"刑事案件从严、民事案件适当从宽"的鉴定原则。如在《人体损伤致残程度分级》中规定，当损伤与原有伤、病共存时，应分析损伤与残疾后果之间的因果关系。根据损伤在残疾后果中的作用力大小确定因果关系的不同形式，可依次分别表述为完全作用、主要作用、同等作用、次要作用、轻微作用、没有作用。除损伤"没有作用"以外，均应按照实际残情鉴定致残程度等级，同时说明损伤与残疾后果之间的因果关系；判定损伤"没有作用"的，不应进行致残程度鉴定。在《人体损伤程度鉴定标准》中规定，损伤为主要作用的，既往伤/病为次要或者轻微作用的，应依据本标准相应条款进行鉴定。损伤与既往伤/病共同作用的，即二者作用相当的，应依据本标准相应条款适度降低损伤程度等级。等级为重伤一级和重伤二级的，可视具体情况鉴定为轻伤一级或者轻伤二级。等级为轻伤一级和轻伤二级的，均鉴定为轻微伤。既往伤/病为主要作用的，即损伤为次要或者轻微作用的，不宜进行损伤程度鉴定，只说明因果关系。

（3）临床法医学与法医病理学具有侧重点不同的社会职能。法医病理学主要研究涉及刑事案件的尸体，其主要目的是为侦查破案提供方向和科学证据，所以它的科学研究主要围绕死亡原因、死亡方式、致伤物推断、死亡时间等能够帮助案件侦破的方向展开。临床法医学的检验鉴定对象是活体，除法医精神病检验鉴定外，受害人确切地知道加害人是谁，所以一般不需要解决案件侦破问题。但受害人的损伤程度关系到刑事审判的定罪量刑，伤残程度决定民事审判的经济赔偿，所以，为司法审判提供科学证据是临床法医学重要的社会职能。

（4）大量开展了临床法医学的各项检验鉴定标准的研究及制定工作。目前，临床法医学鉴定标准体系已初步形成，应用范围不断扩大，目前已有各类技术标准22项。目前最常用的是2014年1月1日开始实施的《人体损伤程度鉴定标准》、2017年1月1日开始实施的《人体损伤致残程度分级》、2015年1月1日开始实施的《劳动能力鉴定 职工工伤与职业病致残等级》、2014年11月26日开始实施的《人身损害误工期、护理期、营养期评定规范》、2015年1月1日开始实施的《人身损害护理依赖程度评定》等。

（5）医疗纠纷、医疗事故争议以及医疗损害赔偿案件的鉴定，逐渐成为临床法医学鉴定研究的重点。李平龙等对中国（2002—2012年）医疗损害鉴定制度给予研究以及述评，指出：医疗损害鉴定对于医疗损害纠纷的公正处理具有重要意义。医疗纠纷、医疗事故争议与医疗损害赔偿案件中涉及的患者的伤残是否确实发生在医疗活动中，其发生的原因是患者自身疾病或体质因素，抑或是医疗过失引起，或者两者都起了作用；或者医疗过失作为介入因素促进了患者死亡或伤残的发生。这些医疗纠纷、医疗事故争议与医疗损害赔偿案件鉴定的核心问题，都是临床法医学研究的重要内容，法医在这些方面也积累了较临床医生更为丰富的分析鉴定的理论和实践经验。医疗纠纷、医疗事故争议与医疗损害赔偿案件涉及的患者疾病和医疗行为，患者发生伤残的原因不同，其具有的法律责任也明显不一样。这些原因类型的分析与认定，是一般临床专家过去所不熟悉，而法医较为熟悉的。因此，医疗纠纷的司法鉴定逐渐成为临床法医学研究的重点。相关文献检索显示，2010—2014年度，有关医疗纠纷的研究文献分别为：2010年2889篇，2011年3131篇，2012年2941篇，2013年2559篇，2014年3087篇。有关医疗纠纷的研究热度不减，仍然是学者关注的重点课题。

（6）临床法医学重视交叉学科的研究和发展，在医事法学、虚假鉴定、司法鉴定相关法律法规等问题上积极开展了各项研究，如对鉴定人虚假鉴定的现状和原因进行的研究，对鉴定人法律责任之刑法规制的研究，对鉴定人法律责任之民法规制的研究，对鉴定人法律责任之行政法规制的研究等。这些研究综合运用刑法、民法、行政法等强化鉴定人的责任担当，从而反向促进鉴定人提升自身职业素养和执业纪律，在法治框架内促进临床法医学司法鉴定质量的整体提升。

第二章 司法鉴定

第一节 司法鉴定概述

一、司法鉴定的概念

在办理各种诉讼案件或非诉讼案件，当事方为了证实或者查明某些事实的过程中，常常会遇到一些专门性的问题，如案件证明对象范畴的事实，需要用专门的知识或使用特定的技术设备检测才能加以认识或者说明的问题，不是根据司法工作人员的一般性常识就能判断出来的问题等。这些问题的说明和认证权限被赋予某些特定的机构和个人。为了了解清楚这些专门性问题，当事人可以针对问题的性质采取不同的解决措施，如可以向专业人士咨询，可以请专家协助，可以申请行业鉴证，也可以委托相关机构进行检验鉴定。向专业人士咨询，是指针对某个专门性问题向有此方面专业知识和经验的专家咨询；请专家协助，是指在进行某些活动（如医疗纠纷的听证会）时，请相关专业的专家协助；申请行业鉴证，指某些专门性问题涉及某些行业业务时，请相关行业内的专家以行业内的标准进行鉴证；委托相关机构进行检验鉴定，是指如果案件中的某些专门性问题需要利用法庭科学的专业知识才能解决，则委托专门的法庭科学检验鉴定机构对案件中的相关内容进行科学的检验鉴定。由此可见，并不是所有利用专门知识研究并解决案件中的专门性问题的行为都叫作"鉴定"。

2005年2月28日第十届全国人民代表大会常务委员会第十四次会议通过的，于2005年10月1日起施行的《全国人民代表大会常务委员会关于司法鉴定管理问题的决定》中，对司法鉴定的概念进行了明确界定：司法鉴定是指在诉讼活动中鉴定人运用科学技术或者专门知识对诉讼涉及的专门性问题进行鉴别和判断并提供鉴定意见的活动。

二、鉴定活动的特征

鉴定活动具有法律性、科学性和主观性三个基本特征。法律性是指司法鉴定是作为诉讼活动的一部分而存在，没有诉讼活动就不会有司法鉴定。科学性是指司法鉴定是用科学规律或者特殊经验对案件中的专门性问题进行解释、评断进而作出推断的活动，科学原理或特殊技能是进行某种具体鉴定的根据。徐立根对鉴定的科学概念作出了如下表述：鉴定是在诉讼活动或非诉讼活动中，专门的鉴定机构中具有法科学专门知识的鉴定人，根据办案单位或当事人（通过律师）的委托，以解决某些专门性问题为目的，运用专门的业务知识，对涉案客体进行科学检验，作出鉴定意见，并根据受理诉讼法院的通知，出庭作证，接受审查和质询的一种法科学活动。这说明，鉴定人必须是某一门法科学方面的专家；鉴定人为了解决委托方委托的专门性问题，必须对涉案客体进行检验，并对检验结果进行论证，最终作出鉴定意见。司法鉴定具有主观性。虽然鉴定活动本身是根据科学原理或者特殊技能探究案件的客观活动，但鉴定中的观察、解释、评断均是人的主观活动。

鉴定活动是一种特殊的科学活动，主要表现在以下几个方面。首先，不是所有的具有专门知识的专家都能成为鉴定主体，其一定是经过相关机构（如司法厅）审查批准，有鉴定执业资格的专家。其次，通过鉴定解决的专门性问题，都是特殊的问题，如在涉及刑事或民事诉讼的案件中，鉴定解决的问题有涉及侦查方向、缩小侦查范围的问题（如致伤物的推断），有涉及是否立案的问题（如人体损伤程度鉴定），还有涉及证实或排除犯罪嫌疑人是否犯罪的问题（如DNA个体识别）等。在上述问题中，有些是有关人身伤亡与暴力间的因果关系问题，有些是涉案客体的同一认定或种属认定问题。这些问题有一个共同的特点，就是当事双方肯定会对鉴定意见持对立的观点。再次，通过鉴定来解决专门性问题的方法是一些由特殊学科研究的专门检验方法，如法医学检验方法、刑事化验方法、物证技术检验方法等。最后，鉴定的结果是以鉴定人撰写鉴定意见书的形式完成，鉴定意见书上必须有鉴定人的亲笔签名，并由鉴定人所在的鉴定机构加盖鉴定专用章。鉴定人除出具鉴定意见书外，还要出庭作证、在庭审现场接受刑事案件控辩双方或民事案件双方当事人以及法官的审查和质询。经过法院采信并认证的鉴定意见将会作为定罪量刑、民事赔偿或认定案件事实的重要科学证据。

三、司法鉴定的原则

（一）依法鉴定原则

司法鉴定活动必须依法进行，应当遵守法律、法规、规章，遵守职业道德和执业纪律，尊重科学，遵守技术操作规范。属于刑事案件的，一般应由案件的受理机关，如公安局、检察院、法院委托；民事或行政诉讼案件，由法院、企事业单位或个人委托。

（二）客观性原则

鉴定人应保证鉴定意见的科学性和公正性，必须尊重客观事实，坚持实事求是的原则，廉洁奉公。鉴定过程中不应受外界因素的干扰。鉴定的手段和方法必须规范、标准，符合科学原理。鉴定意见要有充分的科学依据。

（三）独立性原则

司法鉴定实行鉴定人负责制。司法鉴定人应当依法独立、客观、公正地进行鉴定。鉴定人得出的鉴定意见，不受任何部门、团体或上级机关（机构）的约束、影响，并对自己作出的鉴定意见负责。当多人进行的鉴定出现鉴定意见不一致时，鉴定人有权保留自己的意见。

(四)保密原则

鉴定人不能泄露执业活动中知悉的国家秘密、商业秘密及有关人员的个人隐私，无权将鉴定结果告知委托方以外的任何部门和个人。鉴定人不得违反规定会见诉讼当事人及其委托人。

(五)回避原则

鉴定人在执业活动中应当依照有关诉讼法律实行回避。

四、司法鉴定的程序

(一)鉴定的委托与受理

刑事案件主要根据《刑事诉讼法》规定，人身伤害的法医学鉴定应由公安局、检察院和法院等司法机关提出委托，出具鉴定委托书或委托合同（协议书），明确委托的目的和鉴定要求。受理机构审查送检资料后决定接受委托的，与委托方签订委托合同或协议，注明鉴定费用、鉴定期限等事项。民事纠纷可接受其他单位如妇联、民政部门等的委托。自诉案件，有的可由被害人单位、律师事务所或当事人委托。委托时应明确提出委托的目的和鉴定要求，鉴定机构决定受理的，委派鉴定人受理鉴定。

(二)案情了解

鉴定人在明确鉴定委托事由后，要认真阅读委托机关提供的案件材料，听取委托方介绍。详尽了解案件发生的时间、地点、原因和情节；了解受害人受伤的部位、受伤经过和治疗情况等，做到检查时心中有数。

(三)活体检查

按照临床医学所用的常规检查的方法和要求进行活体检查，检查时要全面细致，对损伤部位、性质、形状、大小、数目等进行详细记录，测量要准确，记录要规范，有的损伤除文字记录外还需要拍照或绘图。

(四)现场勘查

在实际鉴定工作中,需要进行现场勘查的案件不多,少量案件在判定成伤机制或损伤性质有困难时,应该与办案人员共同进行现场勘查,也可以在现场进行案件重建,或调阅案发现场的视频监控资料,以便作出确切的鉴定意见。

(五)制作鉴定文书

根据法医检查结果,结合委托方提供的病历材料、影像学资料、实验室辅助检查结果、现场勘查及案情调查等资料,针对委托要求逐条逐项地进行全面分析、综合评定,作出鉴定意见,以鉴定文书的方式提交给委托方。

第二节 司法鉴定的种类

一、按照学科基础的不同分类

按照专门性知识、学科基础的不同,司法鉴定分为司法会计鉴定、环境损害司法鉴定、物证技术鉴定、法医学鉴定等。《关于司法鉴定管理问题的决定》第二条规定,国家对从事下列司法鉴定业务的鉴定人和鉴定机构实行登记管理制度:① 法医类鉴定;② 物证类鉴定;③ 声像资料鉴定;④ 根据诉讼需要由国务院司法行政部门商最高人民法院、最高人民检察院确定的其他应当对鉴定人和鉴定机构实行登记管理的鉴定事项。第十七条对涉及法医类鉴定作出了明确界定,法医类鉴定包括法医病理鉴定、法医临床鉴定、法医精神病鉴定、法医物证鉴定和法医毒物鉴定。

2020年5月14日,《司法部关于印发〈法医类司法鉴定执业分类规定〉的通知》（司规〔2020〕3号）第二条规定，法医类司法鉴定是指在诉讼活动中法医学各专业鉴定人运用科学技术或者专门知识，对诉讼涉及的专门性问题进行鉴别和判断并提供鉴定意见的活动。第三条明确了法医类司法鉴定依据所解决的专门性问题分为法医病理鉴定、法医临床鉴定、法医精神病鉴定、法医物证鉴定、法医毒物鉴定。

人身损害案件的司法鉴定主要指法医类司法鉴定所解决的专门性问题中的法医临床鉴定和法医精神病鉴定，也就是说国家从法律、法规方面规定了对人身损害案件进行法医学检验鉴定（法医临床检验鉴定）的必要性和重要性。具体来说，法医临床鉴定是指鉴定人运用法医临床学的科学技术或者专门知识，对诉讼涉及的与法律有关的人体损伤、残疾、生理功能、病理生理状况及其他相关的医学问题进行鉴别和判断并提供鉴定意见的活动。法医临床鉴定包括人体损伤程度鉴定，人体残疾等级鉴定，赔偿相关鉴定，人体功能评定，性侵犯与性别鉴定，诈伤、诈病、造作伤鉴定，医疗损害鉴定，骨龄鉴定，以及与损伤相关的其他法医临床鉴定等。法医精神病鉴定是指运用法医精神病学的科学技术或者专门知识，对涉及法律问题的被鉴定人的精神状态、行为/法律能力、精神损伤及精神伤残等专门性问题进行鉴别和判断并提供鉴定意见的活动。法医精神病鉴定包括精神状态鉴定、刑事类行为能力鉴定、民事类行为能力鉴定、其他类行为能力鉴定、精神损伤类鉴定、医疗损害鉴定、危险性评估、精神障碍医学鉴定，以及与心理、精神相关的其他法医精神病鉴定等。同时，随着人们法制观念的加强，在人身遭受意外或故意伤害后，无论是否进入司法诉讼程序，当事人（主要是被害人）要求进行法医学鉴定的案例也越来越多。

二、按照司法鉴定程序的不同分类

按照司法鉴定程序的不同，司法鉴定可分为初次鉴定、补充鉴定、重新鉴定、复核鉴定、共同鉴定等。

（一）初次鉴定

初次鉴定即首次鉴定，是指鉴定人根据委托方提供的有关材料，按照委托要求，对被鉴定人或送检材料进行检查或检测，并进行分析研究，作出初次鉴定意见或检测报告。

（二）补充鉴定

补充鉴定是初次鉴定的组成部分，应当由原鉴定人进行。案件处理过程中发现了新问题，委托方提供了新材料，或被鉴定人的伤/病情出现了变化，要求原鉴定人在原鉴定基础上进行复查、修改、补充或解答，使原鉴定意见更加完备，称为补充鉴定。根据2016年颁布的中华人民共和国司法部令第一百三十二号令《司法鉴定程序通则（修订版）》第三十条的规定，下列情况鉴定机构可以根据委托人的要求进行补充鉴定：

（1）原委托鉴定事项有遗漏的；
（2）委托人就原委托鉴定事项提供新鉴定材料的；
（3）其他需要补充鉴定的情形。

（三）重新鉴定

重新鉴定又称再鉴定，当委托方、案件当事人或辩护人对原鉴定意见或补充鉴定意见不满意，或者出现结果不同的鉴定意见时，将原鉴定材料及被鉴定对象另行委托其他鉴定人进行的鉴定，称为重新鉴定。重新鉴定完成后，重新鉴定意见无论是否维持原意见，都必须单独出具完整的鉴定意见书。

（四）复核鉴定

复核鉴定是司法鉴定机构内部的办案程序，包括同一鉴定机构的内部复核和上下级鉴定机构的分级复核。内部复核主要由鉴定机构内经验丰富、技术职称较高、具有复核权的鉴定人担任。若复核人与鉴定人的鉴定意见一致，则两者共同在鉴定意见书上签名，鉴定人与复核人的权利、义务是相同的。分级复核主要是指对少数疑难问题未能作出鉴定意见或意见不一致时，可按照规定的要求逐级呈送上一级鉴定机构进行复核。复核鉴定和重新鉴定一样，复核意见不管是维持原鉴定意见还是重新作出鉴定意见，都必须单独出具复核鉴定意见书。

（五）共同鉴定

共同鉴定是指如果前述鉴定的鉴定意见始终无法达成一致、解决分歧时，可以由参加鉴定的最高主管部门聘请权威的相关专家共同鉴定。共同鉴定中如果专家的意见一致，则共同出具鉴定意见书；如专家的意见不一致，则在鉴定意见书中分别标明不同意见的人数及各自的意见，或者分别出具鉴定意见书。

三、按照司法鉴定领域的不同分类

司法鉴定领域分类是管理部门开展监管，以及鉴定机构和人员开展鉴定业务、满足鉴定委托方需求的基础性工作。目前我国司法鉴定领域的分类主要有三种：第一种是以 CNAS-AL13：2019《司法鉴定/法庭科学机构认可领域分类》为代表的实验室认可分类；第二种是以《公安机关刑事技术机构资质认定专业领域分类表》及《公安机关鉴定机构登记管理办法》（公安部令第 155 号）为代表的公安系统分类；第三种是以 2019 年司法部、生态环境部的《环境损害司法鉴定执业分类规定》及 2020 年司法部发布的《法医类司法鉴定执业分类规定》《物证类司法鉴定执业分类规定》《声像资料司法鉴定执业分类规定》为代表的司法系统分类。我国公安系统分类侧重于刑事案件的侦办，司法系统分类侧重于各类诉讼活动的多样化需求，认证/认可分类侧重于条件成熟、适合开展能力评价的项目。

2020 年 5 月 1 日实施的《公安机关鉴定机构登记管理办法》（公安部令第 155 号）中修订、新增了鉴定项目分类，新增环境损害鉴定、交通事故鉴定，将 DNA 鉴定单独归为一类，将文件检验鉴定修订为文件证件鉴定，在法医类鉴定中增加法医精神病鉴定子项目。该办法较为特殊之处在于分类中包括了心理测试、警犬鉴别。2019—2020 年，司法系统陆续出台了环境损害司法鉴定、"三大类"司法鉴定的执业分类规定，较之前的司法系统分类更为细致。

第三节 司法鉴定的价值和作用

一、司法鉴定的价值

作为为正确行使裁判权服务的一种特殊方式，司法鉴定对于司法活动、准司法活动是必不可少的。它也是法律体系中的重要组成部分，任何国家都无法忽视司法鉴定对法庭裁判所起的重要作用。司法鉴定的价值主要包括以下两个方面。

（一）工具价值

司法鉴定是实施侦查活动、审判活动、法律监督活动不可缺少的一项重要手段，它通过对案件的专门性问题作出认定，为案件的裁判的作出提供了一个相对确定的事实基础，司法鉴定就争议问题所形成的意见也会因此演化为客观真相。司法鉴定通过自己的鉴定活动所产生的客观结果，对其他活动、其他事物产生作用和影响，去体现自身在社会中的实际特殊地位，从而有利于法律价值的实现。

（二）内在价值

司法鉴定的内在价值指通过司法鉴定来实现程序的公正和对效率的追求。司法鉴定既涉及对案件专门性问题进行判断的实体性规则，也涉及如何运用专门知识对这种专门性问题进行判断的程序性规则，也就是说司法鉴定是实体法和程序法的集合体。在司法鉴定的制度设计上，通过理性的程序和制度维持了当事双方在鉴定问题上的平衡，保证了双方在鉴定过程中得到平等对待。使得人们可以在程序运行过程中获得对法律秩序公正性的认可，同时使当事双方的正当权益得到维护。另外，由于司法资源的有限性，司法鉴定的展开需要一定的成本，对当事双方来说，鉴定成本是必须考虑的因素，减少司法鉴定在时间、精力和财力上的消耗，对当事双方来说非常重要。根据法律的要求，司法鉴定需要在一定的时间段内展开并对有关问题形成鉴定意见提交给委托方，这使得司法鉴定运作的结果可以在预期的时间内产生，并阻止案件的拖延和重复，从而提高司法的运作效率。

二、司法鉴定的作用

司法鉴定是借助科学技术和专门知识，解决与案件有关的某些专门性问题的主要手段，它在诉讼活动中起着其他手段不可替代的特殊作用。随着社会的进步和科学技术的发展，以及犯罪分子和其他诉讼当事人智能水平的提高，各类案件中涉及的专门性问题更多，难度也更大，必须依靠科学技术手段才能解决，使之在定案中起到证据作用。作为证据，司法鉴定具有以下几个方面的作用。

首先，司法鉴定可以揭示物证、书证等资料的证据价值。如在人身损害的司法鉴定中，委托方提交的病历资料、影像学资料等只有经过法医的认识、解读才能发挥他们的证明作用，只有经过司法鉴定才能确定这些资料的证明力，为案件的办理提供证据支持。

其次，司法鉴定可以为一定的实体或者程序性主张提供意见。如实体方面的主张中可能涉及通过司法鉴定判定被鉴定人的刑事责任能力；程序性主张主要涉及如被告方的诉讼能力、受审能力及证人的作证能力等。《最高人民法院关于执行〈中华人民共和国刑事诉讼法〉若干问题的解释》第五十七条规定，对于证人能否辨别是非，能否正确表达，必要时可以进行审查或鉴定。第一百八十一条规定，在审判过程中，自诉人或者被告人患精神病或者其他严重疾病……人民法院应当裁定中止审理。这说明，通过司法鉴定可以为当事双方所提出的某种程序上的主张从专业的角度提供意见。

最后，司法鉴定可以对专门性问题进行解释或说明，从而帮助当事各方理解和判断这些专门性问题，为案件的裁决提供专业意见，切实维护各方的合法权益。

总之，在我国社会主义法制日益完善并进一步发展的新形势下，随着我国诉讼制度的改革和诉讼价值取向的转变，在侦查、审判活动中重视科学技术手段的运用，加强司法鉴定制度的建设，提高办案的科技含量，对于促进侦查、审判质量的提高及正确适用法律有着极为重要的意义。

第三章

司法鉴定的主体研究

现代法治国家的基本要求和现代诉讼活动的重要标志是诉讼制度化、民主化和科学化,要想实现这些要求,需要司法鉴定方法的科学化和理性化。现代诉讼制度的重要特征是大量运用科学证据,而司法鉴定主体作为提供科学证据的主体,在现代诉讼活动中发挥着越来越重要的作用。司法鉴定主体包括司法鉴定机构、司法鉴定人以及司法鉴定行业协会。

第一节 司法鉴定机构的体制研究

司法鉴定制度的重要内容之一是鉴定机构的设置,目前世界各国鉴定机构的设置主要有两种体制:一种是集中型司法鉴定体制;另一种是分散型司法鉴定体制。集中型司法鉴定体制是指国家的司法鉴定机构和鉴定人属于统一的组织系统,服从统一的管理,适用统一的标准。例如,法国是集中型司法鉴定体制的代表国家。分散型司法鉴定体制是指司法鉴定机构和鉴定人分属于不同的组织和系统,具有不同的身份性质,相互独立,没有统一的管理体制。例如,美国是分散型司法鉴定体制的代表国家。

一、集中型司法鉴定体制

法国政治法律制度的传统和基本特征是集中制,因此其司法鉴定体制也不例外。法国的司法鉴定人必须接受最高法院或上诉法院按照法律规定统一进行的资格审查和确认,进行注册登记。只有列入全国司法鉴定人名册的鉴定人才能主持现场勘查、物证检验及鉴定。如果案件较为特殊,需要从名册外邀请专家进行协助的话,则必须说明缘由,并且该专家需要经过专门的审查和宣誓程序后才能进行鉴定。

法国的国家警察总局下设司法警察局,主要负责指导和协调全国的犯罪侦查工作。司法警察局在全国各地设有司法警察大队,负责所在地区重大犯罪案件的侦查。司法警察局下设国家司法鉴定中心,其主要职责是为全国的警察机关提供现场勘查、物证检验和司法鉴定等方面的指导及服务,也就是说,法国重大犯罪案件中的司法鉴定工作实际上是直接由国家司法鉴定中心负责的。法国的地方警察局规模有大有小,主要建在市镇一级,比较大的警察局一般建有自己的司法科学实验室,主要负责分管地区普通案件的现场勘查、物证检验和司法鉴定等工作,但是地方警察局统一接受国家警察总局的组织和领导。

集中型司法鉴定体制,首先,有力地加强了国家对司法鉴定活动的统一管理、指导和监督,有利于提高鉴定质量;其次,集中型司法鉴定体制充分集中了人力、物力和财力,集中后的力量能充分发挥鉴定资源优势;再次,集中型司法鉴定体制有利于所有案件都严格按照统一的法定程序进行鉴定,提高了鉴定意见的准确性、权威性,有效减少重复鉴定和纠纷的存在;最后,集中型司法鉴定体制可以加强对司法鉴定中疑难案件的收集与研究,统筹解决实际工作中出现的法律方面的问题,推动司法鉴定科学的发展。

二、分散型司法鉴定体制

美国是分散型司法鉴定体制的代表。美国政治法律是以分散制为主要特征的,美国的联邦政府与地方州政府之间及州政府与市、县、郡政府之间都不存在上下级的隶属关系。同样,美国的警察系统也采用的是这种政体框架,其各地的警察局各自为政。

美国的司法鉴定机构的名称一般为"犯罪侦查实验室"或者"司法科学实验室"。主要有两种体制:第一种是由政府或官方开设的;第二种是由民间或私人开设的。美国大多数的鉴定机构采用的是第一种体制,由政府建立,分别隶属于联邦或地方的政府部门。这些实验室大部分属于警察机构,还有一些属于司法部门、公共安全部门、医疗卫生部门等。此外,还有一些私人的司法科学实验室,主要有完全由个人成立的和由大学等机构组织建立的。

联邦政府建立的实验室的主要特点是,许多部门都依据自己的特点建有自己系统的实验室。如司法部建有联邦调查局的实验室和缉毒署的实验室,财政部建有烟酒火器管理局的实验室,邮政总局建有邮政稽查署的实验室等。这些实验室既为本系统的执法部门提供司法鉴定服务,也为全国各地其他的司法执法机构提供鉴定服务。由分散型特点所决定,各地司法鉴定机构也是分散而独立的,如市、州、县都有各自的实验室,但这些实验室之间是相互独立的,没有上下级隶属关系,并且各个实验室提供的鉴定业务内容也不相同。

这种分散型的司法鉴定体制具有一定的灵活性,各地和各系统可以根据自己的实际情况来提供鉴定服务,但也容易造成鉴定资源无法统一配置、鉴定效率低下等问题。总而言之,美国的司法鉴定体制是分散的,司法鉴定人员的管理也是分散的。美国没有统一的鉴定人资格确认制度,也没有鉴定人注册登记制度。也就是说任何具有专门性知识的人只要法院觉得有必要,都可以成为鉴定人,都可以就案件中的专门问题向法庭提供专家证言。

三、我国司法鉴定机构的体制及问题研究

以人身损害的司法鉴定为例,目前我国的临床法医学司法鉴定机构主要由公安系统内部的鉴定机构和除公安系统外的社会鉴定机构组成。在公安系统内部的司法鉴定机构从业的法医具有人民警察身份。公安系统外的司法鉴定机构主要是具有临床法医学司法鉴定资质的单位和个人在经当地司法行政管理部门注册登记并获得批准后从事临床法医学司法鉴定工作。因此,临床法医学司法鉴定体制与我国的司法制度和法医学鉴定体制是密切相关的。自2005年全国人民代表大会常务委员会《关于司法鉴定管理问题的决定》发布实施后,我国法医学司法鉴定的发展进入了崭新的历史

阶段，逐步形成了以公安系统内部、医学院校、政法院校、警察院校及相关科研单位，还有社会第三方司法鉴定机构为主体的法医学司法鉴定新格局。其中，公安系统内部的司法鉴定机构主要负责刑事案件的相关法医学检验鉴定，如涉及定罪量刑的人体损伤程度的检验鉴定；各类学校及科研院所的司法鉴定机构因为其鉴定人的主业是教学、科研，其司法鉴定案件数量偏少，主要负责疑难案件；大量的民事案件涌入社会第三方鉴定机构。实践表明，前述决定的出台对我国法医学司法鉴定体制改革起到了非常明显的促进作用，提高了鉴定效率，方便了人民群众，但在十余年的司法鉴定实践中也暴露出一些问题。

《关于司法鉴定管理问题的决定》实施后，取消了法院系统内的法医从事法医学鉴定，限制了公安、检察系统的法医进行法医学鉴定。相比原来的仅有公安局、法院、检察院、司法系统和部分专业院校及科研机构的鉴定机构从事法医检验鉴定工作，现在出现了大量经省级司法厅批准开展鉴定工作的法医学司法鉴定机构，部分城市司法鉴定机构多达几十家，统计资料显示，截至2017年底，从事法医、物证、声像资料和环境损害（以下简称"四大类"）鉴定业务的机构数量最多的是湖南（189家），其次是河南（187家）、广东（177家）。"四大类"机构中由卫生、教育、科研部门设立占比最高的是河南（99.47%），其次是河北（87.59%）、辽宁（87.50%）。比例最低的是上海（21.82%），其次是陕西（25.00%）、广东（25.42%）。而从事"四大类"鉴定的机构中，从事法医临床鉴定的占75.17%，占到了鉴定项目的绝大多数。

《关于司法鉴定管理问题的决定》实施以来，经过多年的实践，笔者认为目前人身损害的临床法医学检验鉴定存在的主要问题如下。

首先，鉴定人素质参差不齐。由于大量社会第三方鉴定机构的出现，以及临床法医学司法鉴定的案件量逐年增多，导致鉴定机构向社会公开大量招募临床法医鉴定人员，大量退休的法医工作者或在职的临床医生转岗或兼职从事临床法医学检验鉴定。部分临床法医学鉴定人缺乏系统的法医学理论知识的学习和教育，再加上临床法医学在相当长一段时间内没有独立的学科研究，使得部分法医仅将临床法医检验鉴定工作作为获得经济利益的谋生手段，而忽视了自身的学习，使得其鉴定质量存疑。

其次，多头鉴定、重复鉴定的情况没有得到遏制。在人身损害的临床法医学鉴定中，当事双方或其中一方，只要对鉴定意见不满意就可以更换鉴定机构进行重新鉴定，一个案例进行两次鉴定较为常见，三四次鉴定也并不少见，大大影响了案件的调处、诉讼和审判，提高了当事几方的各项成本，不利于维护各方权益，特别是受害者的权益。另外，一些鉴定机构从自身经济利益出发和出于避免投诉等方面考虑，出现简单的、容易做的案例争着做，疑难的、容易引起纠纷的案例则相互推诿，最终造成大量案件积压于大型的鉴定机构，延缓了案件的调处时间，增加了法院审理的困难。同时，鉴定机构与鉴定人准入门槛过低，导致鉴定机构较多，部分地区出现无序竞争的乱象，再加上多头鉴定和重复鉴定，使当事人的鉴定成本增高。

最后，部分司法鉴定机构出于经济利益考虑，或者自身业务能力不足，鉴定质量不高，导致司法鉴定的权威性降低。如本应是轻伤，却因某种或某些原因鉴定为轻微伤，或是相反；不构成伤残的案例，却鉴定为十级甚至更高等级的伤残。这些行为对临床法医学检验鉴定造成严重的负面影响，可能对其后的再次鉴定或复核鉴定带来较大的困难，使事实真相难以获得揭示，影响案件的合理调处与公正判决。

本书认为，我国临床法医学鉴定体制可以适当地逐步完善与优化。首先，可以适当地提高鉴定机构的准入门槛，对新设立的鉴定机构严格审批。对现有的鉴定机构进行优化组合，特别是在鉴定机构比较多的地区进行优化组合，将好的鉴定资源集中起来，降低当事人鉴定的各项成本。其次，加强对现有司法鉴定机构的监管力度、把好鉴定质量关。严格、科学和规范的管理是做好法医学司法鉴定的重要措施和必要保证。因此，应加强监管力度，不仅鉴定机构的主管部门要监管，各鉴定单位自己也要做好内部的监管工作，二者缺一不可。再次，应严格规定鉴定的启动流程。应有明细的规定出台，对重新鉴定的次数作出明确的法律规定。例如：对不同类型的案例由哪些单位授权委托到哪个鉴定机构进行鉴定要做具体的规定；对什么样的鉴定可以启动重新鉴定，以及重新鉴定不能超过几次作出严格规定，不按规定进行鉴定的，鉴定意见书一律不得采用。最后，应加强立法工作，使鉴定工作有法可依。虽然目前主要有全国人民代表大会常务委员会颁布的《关于司法鉴定管理问题的决定》、司法部《关于印发〈司法鉴定职业道德基本规范〉的通知》、司法部公共法律服务管理局《关于印发〈司法鉴定与法律援助工作衔接管理办法（试行）〉的通知》等文件，但这些文件主要是涉及司法鉴定的行政管理文件，目的是规范司法鉴定行业的各项行为。迄今为止，我国并未颁布真正意义上的与法医学司法鉴定有关的具体法律法规，而法医学司法鉴定，特别是临床法医学司法鉴定又与多种法律法规的实施密切关联。因此，笔者认为，应加强和重视相关法律法规的制定，尽早出台相关法律规定，这样才能从法律层面保证法医学司法鉴定工作合法合规开展，确保鉴定质量，切实减轻人民群众的鉴定负担。

第二节 司法鉴定人的地位和作用研究

一、司法鉴定人的含义

司法部 2005 年 9 月颁布的《司法鉴定人登记管理办法》第三条规定，司法鉴定人是指运用科学技术或者专门知识对诉讼涉及的专门性问题进行鉴别和判断并提出鉴定意见的人员。法医学鉴定人则是具备法医学理论和技术的人，受司法机关、企事业单位、个人、律师等委托，根据委托方提供的材料，解决一些人身伤害方面的专业性问题。我国法律规定，法医学鉴定人作为一名自然人，不管是否被要求出庭作证，法医学鉴定人在诉讼过程中都是诉讼的参与者。目前，我国司法实践中，承担法医学检验鉴定的人员有：① 司法机关刑事技术部门的法医，主要以公安局刑事侦查局中检验鉴定各类刑事案件的法医为主；② 经省级司法行政机关审核登记，取得《司法鉴定人执业证》（法医类鉴定执业类别），在司法鉴定机构执业的司法鉴定人，主要是医学院校、政法院校、警察院校的法医学教师以及各类司法鉴定中心（所）里的法医。

二、司法鉴定人的资格

司法鉴定人的条件是司法鉴定人的形式要件。司法鉴定人资格的取得需要一定的方式和程序。我国目前实行的是司法鉴定人职业资格证书制度。司法鉴定人职业资格,根据鉴定业务性质的不同,分为不同的类型。司法鉴定人职业资格的取得和授予,实行全国统一的考试、考核制度。

《司法鉴定人登记管理办法》第十二条规定,个人申请从事司法鉴定业务,应当具备下列条件:

(1) 拥护中华人民共和国宪法,遵守法律、法规和社会公德,品行良好的公民;

(2) 具有相关的高级专业技术职称,或者具有相关的行业执业资格或高等院校相关专业本科以上学历,从事相关工作5年以上;

(3) 申请从事经验鉴定型或者技能鉴定型司法鉴定业务的,应当具备相关专业工作10年以上经历和较强的专业技能;

(4) 所申请从事的司法鉴定业务,行业有特殊规定的,应当符合行业规定;

(5) 拟执业机构已经取得或者正在申请《司法鉴定许可证》;

(6) 身体健康,能够适应司法鉴定工作需要。

根据《司法鉴定人登记管理办法》第十三条规定,有下列情形之一的个人,不得申请从事司法鉴定业务:

(1) 因故意犯罪或者职务过失犯罪受过刑事处罚的;

(2) 受过开除公职处分的;

(3) 被司法行政机关撤销司法鉴定人登记的;

(4) 所在的司法鉴定机构受到停业处罚,处罚期未满的;

(5) 无民事行为能力或者限制行为能力的;

(6) 法律、法规和规章规定的其他情形。

《司法鉴定人登记管理办法》同时还规定,司法鉴定人应当具备上述规定的条件,经省级司法行政机关审核登记,取得《司法鉴定人执业证》,按照登记的司法鉴定执业类别,从事司法鉴定业务。司法鉴定人应当在一个司法鉴定机构中执业。

三、鉴定人的职业道德基本规范

2009年12月23日,司法部《关于印发〈司法鉴定职业道德基本规范〉的通知》,明确规定了司法鉴定人的基本职业道德规范,主要包括以下内容。

1. 崇尚法治,尊重科学

基本要求:树立法律意识,培养法治精神,遵守诉讼程序和法律规定;遵循科学原理、科学方法和技术规范。

2. 服务大局,执业为民

基本要求:坚持以人为本,牢固树立社会主义法治理念;保障司法,服务诉讼,化解矛盾纠纷,维护公民合法权益。

3. 客观公正,探真求实

基本要求:尊重规律,实事求是,依法独立执业,促进司法公正,维护公平公义;对法律负责,对科学负责,对案件事实负责,对执业行为负责。

4. 严谨规范,讲求效率

基本要求:认真负责,严格细致,一丝不苟,正确适用技术标准;运行有序,保证质量,及时有效,严格遵守实施程序和执业行为规则。

5. 廉洁自律,诚信敬业

基本要求:品行良好,行为规范,举止文明,恪守司法鉴定职业伦理;遵守保密规定,注重职业修养,注重社会效益,维护职业声誉。

6. 相互尊重,持续发展

基本要求:尊重同行,交流合作,公平竞争,维护司法鉴定执业秩序;更新观念,提高能力,继续教育,促进司法鉴定行业可持续发展。

四、鉴定人的权利和义务

（一）鉴定人的权利

司法鉴定人的权利是法律赋予司法鉴定人在执业时为一定行为的可能性。这种可能性经法律规定而成为司法鉴定人执业的权利保障。司法鉴定人的权利包括法定权利和约定权利。对于法定权利，任何人不得非法限制和剥夺。

司法鉴定人的法定权利包括查询权、参与权、要求权、拒绝权、保留权、报酬权及法律、法规规定的其他权利。司法部2005年9月颁布的《司法鉴定人登记管理办法》第二十一条规定，司法鉴定人享有下列权利：

(1) 了解、查阅与鉴定事项有关的情况和资料，询问与鉴定事项有关的当事人、证人等；

(2) 要求鉴定委托人无偿提供鉴定所需要的鉴材、样本；

(3) 进行鉴定所必需的检验、检查和模拟实验；

(4) 拒绝接受不合法、不具备鉴定条件或者超出登记的执业类别的鉴定委托；

(5) 拒绝解决、回答与鉴定无关的问题；

(6) 鉴定意见不一致时，保留不同意见；

(7) 接受岗前培训和继续教育；

(8) 获得合法报酬；

(9) 法律、法规规定的其他权利。

（二）鉴定人的义务

和司法鉴定人的权利一样，司法鉴定人的义务也分为法定义务和约定义务。司法鉴定人的法定义务主要包括：按时完成鉴定任务；依法回避；保守在执业过程中知悉的国家秘密、商业秘密和个人隐私；依法按时出庭作证，接受法庭和有关人的询问；遵守职业道德和纪律；法律法规规定的其他义务。

《司法鉴定人登记管理办法》第二十二条规定,司法鉴定人应当履行下列义务。

(1) 受所在司法鉴定机构指派按照规定时限独立完成鉴定工作,并出具鉴定意见。

(2) 对鉴定意见负责。

(3) 依法回避。司法鉴定人具有下列情形之一的,应当自行回避,不自行回避的,委托人、当事人及利害关系人有权要求其回避:① 司法鉴定人本人或者近亲属与诉讼当事人、鉴定事项涉及的案件有利害关系,可能影响其独立、客观、公正进行鉴定的;② 司法鉴定人曾经参加过同一鉴定事项鉴定的,或者曾经作为专家提供过咨询意见的,或者曾被聘请为有专门知识的人参与过同一鉴定事项法庭质证的。

(4) 妥善保管送鉴的鉴材、样本和资料。

(5) 保守在执业活动中知悉的国家秘密、商业秘密和个人隐私。

(6) 依法出庭作证,回答与鉴定有关的询问。

(7) 自觉接受司法行政机关的管理和监督、检查。

(8) 参加司法鉴定岗前培训和继续教育。

(9) 法律、法规规定的其他义务。

五、司法鉴定人的地位

司法鉴定人的地位包括科学技术地位和法律地位两个方面。从科学地位来说,其是具有专门知识的自然人;从法律地位来说,其接受鉴定委托后是诉讼活动的参与人。司法鉴定人作为司法鉴定机制中的能动因素,在司法鉴定机制的程序运作中处于核心地位。司法鉴定人的诉讼地位是否明确对司法鉴定启动、司法鉴定人权利义务以及司法鉴定意见质证认证等制度的完善都存在不同程度的影响。因此,司法鉴定人的诉讼地位是司法鉴定制度中的一个重要问题。

大陆法系国家采用的是审问式诉讼制度,鉴定人是由法官聘任的,在这种制度下,法律一般明确地将鉴定人与证人区分。大部分国家都是把鉴定人认定为"帮助法官进行认识的人",有的国家将鉴定人称为"法官在科学上的辅助人",有的国家甚至将鉴定人称为"科学法官"。但在鉴定人与证人的性质区别问题上,仍然比较模糊。德国学者认为,所谓的鉴定人,就是基于他的特别的专门知识或者专业知识,在法官确认事实时提供支持的人。也就是说鉴定人具有补充法官认识能力的作用,而证人则仅给法官提供认识资料。法国学者认为,鉴定人即是根据法官的指令对需要运用专业技术知识并通过复杂的调查才能查证的事实提出客观意见的专业技术人员。即鉴定人是由法官委任的,而证人是由当事人提供的。总体来说,大陆法系的诉讼制度下,鉴定人的诉讼地位高于证人。

在英美法系国家,没有"司法鉴定人"这一概念,与之相对应的是"专家证人"的概念。从字面上看,专家证人指的是在某个领域有专才的证人,也属于证人。在英美法系国家的抗辩式诉讼制度下,专家证人的主要特点如下。首先,专家证人是由当事人一方或双方聘任或由法官指定的具有专门知识的人。其次,专家证人是一种特殊的证人,他凭借专业知识针对案件的专业性问题发表意见,并且以言辞证据的形式出庭。最后,专家证人所拥有的特殊知识或经验为法庭判断案件事实所需要,且其并不被事实的裁判者所掌握,而且事实的裁判者为了更好地认识和理解案件事实和证据,也需要这些具备专业知识或经验的专家证人的帮助。这些特点表明,在英美法系国家的诉讼体系中,专家证人与当事人提供的证人具有同等的诉讼地位。

总体而言,我国司法鉴定人的诉讼地位还是倾向于大陆法系的法官辅助人的诉讼地位,即认为司法鉴定人的诉讼地位高于证人。

六、《司法鉴定人登记管理办法》及司法鉴定人的执业活动

《司法鉴定人登记管理办法》规定,司法鉴定人应当具备本办法规定的条件,经省级司法行政机关审核登记,取得《司法鉴定人执业证》,按照登记的司法鉴定执业类别,从事司法鉴定业务。司法鉴定管理实行行政管理与行业管理相结合的管理制度。司法行政机关对司法鉴定人及其执业活动进行指导、管理和监督、检查,司法鉴定行业协会依法进行自律管理。

司法鉴定人应当在一个司法鉴定机构执业，不得同时在两个以上司法鉴定机构执业，但可以受其他司法鉴定机构的聘请，从事特定事项的司法鉴定活动。司法鉴定人执业，必须遵守法律、法规和规章的规定，遵循科学、客观、独立、公正的原则，恪守司法鉴定人职业道德和执业纪律，必须依法接受国家、社会和当事人的监督。司法鉴定人不得私自接受委托，不得私自收费。司法鉴定人依法执业，受国家法律保护，不受任何单位和个人的非法干涉。

第三节 司法鉴定行业协会

司法鉴定行业协会，是由司法鉴定工作所涉及的一些部门共同组建的，对司法鉴定工作进行监督、管理、协调、指导，以及从事具体司法鉴定工作的特定组织形式。司法鉴定行业协会与一般意义上的司法鉴定机构不同，它虽承担一定区域内的终局司法鉴定工作，但其主要职责是对一定区域的司法鉴定工作进行监督、管理、协调、指导。

司法鉴定行业协会的设立，从目前的司法鉴定实践以及未来的发展方向看，大体上分为三级，即国家级、省级和地（市）级。以北京司法鉴定业协会为例，北京司法鉴定业协会于2008年1月31日经北京市民政局批准成立。北京司法鉴定业协会的业务主管单位为北京市司法局，协会在司法鉴定管理工作中充分发挥自我约束、自律发展、教育培训、对外发展的作用，其主要职能包括：宣传司法鉴定有关法律、法规、规章和政策，搞好为会员服务的工作，保障会员依法执业，维护行业利益，维护会员的合法权益；研究司法鉴定工作中的新情况、新问题，配合政府有关部门制定相关的规章制度；接受政府有关部门委托，制定司法鉴定人各类教育培训计划并组织实施；组织行业间各种交流活动；协调行业内、外部关系，向有关部门反映会员的意见和建议等。协会下设专门委员会、专业委员会和秘书处。其中专门委员会主要有党建工作专门委员会、惩戒委员会、学术委员会、宣传委员会、教育培训委员会和区县工作委员会；专业委员会按所属专业不同，由法医临床专业委员会、法医病理专业委员会、法医物证专业委员会、法医精神病专业委员会、文书痕迹专业委员会、声像资料专业委员会、司法会计专业委员会、知识产权专业委员会、建设工程专业委员会、交通事故专业委员会组成。

第四章

司法鉴定的制度研究

司法鉴定制度是一个国家的法律所规定的，关于司法鉴定的机构设置、人员管理、运行程序和行为标准等方面的规则、规章和体制的总称。司法鉴定制度是现代司法制度的重要组成部分，也是国家法律实施的重要保障。无论是在刑事案件还是在民事案件的审判中，准确认定案件事实都是正确适用法律的基础，而运用各种科学技术手段对案件中各种物证或专门性问题进行鉴定，恰恰是认定案件事实的重要途径和方法。也就是说，技术手段的科学性是保证鉴定意见准确的前提，而鉴定制度的合理性也为保证鉴定意见准确提供重要支撑。

第一节 司法鉴定认证认可制度研究

2005年2月28日全国人民代表大会常务委员会颁布的《关于司法鉴定管理问题的决定》（以下简称《决定》），对于促进司法鉴定的法制化和规范化发展有着历史性的积极意义。《决定》中显著的亮点和功效之一是构建了我国司法鉴定机构的认证认可制度，即《决定》在第五条从业条件中规定，司法鉴定应当有在业务范围内进行司法鉴定所必需的依法通过计量认证或者实验室认可的检测实验室，以法律形式将认证认可正式引入司法鉴定行业，作为司法鉴定机构设立的必要条件之一。由于司法鉴定提供的是一种公共产品,司法鉴定管理具有公共管理和公共服务相统一的突出特点。因此,在司法鉴定领域开展认证认可具有特殊的重要意义,在司法鉴定领域推动开展认证认可是提高司法鉴定意见科学性、可靠性的重要保障和实现手段。

一、司法鉴定机构要进行认证认可的原因

1. 法律、法规的要求

《决定》颁布后,司法部于2005年9月颁布了《司法鉴定人登记管理办法》,公安部于2005年11月颁布了《公安机关鉴定机构登记管理办法》。两个办法中均规定,鉴定机构应当有在业务范围内进行司法鉴定必需的依法通过计量认证或者实验室认可的检测实验室。《计量法》《认证认可条例》《实验室和检查机构资质认定管理办法》等法律、法规和规章均明确规定,向社会出具具有证明作用的数据和结果的检查机构、实验室,应当具备有关法律、行政法规规定的基本条件和能力,并依法经认定后,方可从事相应活动。这说明,对司法鉴定机构进行认证认可是我国现行法律法规所要求的。这些法律法规对司法鉴定机构认证认可的刚性要求,意味着鉴定机构达到认证认可要求的,可以继续从事司法鉴定活动;没有达到认证认可要求的,则排除在司法鉴定行业之外。这样可淘汰一部分水平较差的机构,同时也反向推动鉴定机构、鉴定人不断更新软硬件设施,规范鉴定机构内部管理,强化鉴定资质建设、能力建设等,提升鉴定业务水平。

2. 保证鉴定质量的要求

司法鉴定作为一种要求最严、效力最高和客观程度最高的可量化、可检测的证明手段和方法,其鉴定意见的质量直接关系到诉讼中相关事实的认定。鉴定意见作为法定证据种类之一,在司法体制改革逐步深入、公众法律意识日益加强的现实状况要求下,鉴定意见不仅要满足我国诉讼法律对证据的合法性、客观性和关联性要求,而且其作为一种科学技术实证活动,还应当符合科学规律和技术规范要求,具备科学性、客观性和可靠性。如何保证鉴定活动有章可循、有规可依、有据可查,这就要求鉴定机

构应建立和使用科学性的管理和技术手段，使鉴定活动做到实体公正和程序公正，保证鉴定意见可靠、可信。

认证认可就是这样一种科学合理的质量管理和质量保证手段，它按照国际通行的标准，包括《检测和校准实验室能力认可准则》《检查机构能力认可准则》《实验室资质认定评审准则》等认证认可的要求，指导鉴定机构从管理和技术两个方面，建立并运行司法鉴定质量管理体系，对影响鉴定质量的所有因素包括人员、设备、环境、标准、程序等方面，进行全过程、全方位的有效控制和管理，使所有鉴定活动有章可循、有据可查，全面提升司法鉴定机构的技术能力和管理水平，从而确保司法鉴定"行为公正、程序规范、方法科学、数据准确、结论可靠"。总而言之，司法鉴定认证认可能够有力推进司法鉴定的规范化、法制化和科学化建设，加强对司法鉴定机构的规范化指导，促进司法鉴定行业又快又好发展。

3. 与国际接轨的要求

国际上，加拿大、澳大利亚、新西兰、新加坡、以色列等国家和地区的部分法庭科学实验室均进行了认可（《检测和校准实验室能力认可准则》），其中以美国认可的最多，达三百余家机构。随着我国对外开放的不断扩大，在一些涉外案件中，需要进行司法鉴定的案件逐年增多，这就需要鉴定机构具备国际认可的质量管理体系和技术保证体系，其鉴定意见才可能在其他国家的诉讼中获得采纳。司法鉴定机构通过标准化的认证认可与国际接轨是适应全球化趋势的需要，目前中国合格评定国家认可委员会（CNAS）的认可活动已经融入国际认可互认体系中，与国际实验室认可合作组织（ILAC）和亚太实验室认可合作组织（APLAC）均签署了互认协议，为我国涉外司法鉴定机构认证认可与国际接轨提供了制度和技术上的保障。

二、我国开展司法鉴定认证认可的现状和相关程序

（一）我国司法鉴定认证认可的现状

根据《决定》的有关规定，司法部、国家认证认可监督管理委员会（简称"国家认监委"）于2008年7月联合印发了《关于开展司法鉴定机构认证认可试点工作的通知》（司发通〔2008〕116号）。该通知要求，自2008年10月1日起，在北京、江苏、浙江、山东、四川、重庆六省（市）开展司法鉴定机构认证认可的试点工作，试点期限为2年。鼓励其他有条件的省（区、市）按照试点要求同步进行。通知中明确，推动开展司法鉴定机构认证认可工作要与登记管理工作相结合。同年9月，召开认证认可试点工作动员大会，拉开了通过认证认可实现司法鉴定质量控制的序幕。2009年4月，司法部、国家认监委联合印发了《司法鉴定机构资质认定评审准则（试行）》，形成司法鉴定领域特有的评审制度。2012年4月，在总结试点经验的基础上，司法部、国家认监委联合下发《关于全面推进司法鉴定机构认证认可工作的通知》（司发通〔2012〕114号），要求各地按照"统筹规划、分类指导、不断完善、注重实效"的原则，全面推进司法鉴定机构依法通过资质认定或认可，持续提高司法鉴定的科学性、权威性和可靠性，推动司法鉴定行业可持续发展，为全面启动我国司法鉴定认证认可工作提供了法律依据。2013年1月9日，全国司法厅局长会议召开，正式推进司法鉴定机构认证认可和能力验证工作。

截至2020年4月，全国累计通过CNAS认可的司法鉴定机构共624家（证书有效的444家），其中司法系统274家（证书有效的259家），公安系统294家（证书有效的147家），检察院系统56家（证书有效的38家）。司法鉴定的能力验证从2005年的2个计划项目发展至2019年的33个计划项目，覆盖了各专业鉴定领域的主要类别；参加规模从38家鉴定机构、44项/次起步，至2019年的2513家鉴定机构计10132项/次，充分说明了行业主管部门、CNAS以及司法鉴定机构对能力验证活动的广泛认同。

（二）我国司法鉴定认证认可相关程序

司法部、国家认监委联合发文（司发通〔2008〕116号）附件《司法鉴定机构认证认可评审要求》中对申请的类型、对象、条件和要求，评审依据、工作程序及监督管理规定作出了详细的规定。中国合格评定国家认可委员会（CNAS）负责对司法鉴定机构进行认证认可；司法鉴定科学研究院（原司法部司法鉴定科学技术研究所）在CNAS的授权下，负责组织实施不同鉴定项目的能力验证。CNAS认证的相关程序如下。

1. 申请资料、申请书的下载

国家实验室、检查机构认可以及"二合一"认证认可申请资料、相关认可规范文件可以从中国合格评定国家认可委员会网站（http：//www.cnas.org.cn）中的相关专区下载。

2. 认可的流程

认可的流程主要包括：意向申请阶段、正式申请阶段、评审准备阶段、文件评审阶段、现场评审阶段、认可批准阶段、监督阶段以及复评、扩评阶段。需要注意的有以下三点：首先，在正式申请时必须已取得当地省级司法行政机关的推荐证明；其次，所申请的领域或专业中至少有一个领域或专业参加过司法部、国家认监委或CNAS组织的能力验证并取得满意结果；最后，申请机构的质量管理体系正式运行必须至少6个月并且已进行了完整的内审和管理评审。CNAS正式受理申请后一般在三个月内安排现场评审，如申请机构不能在三个月内接受评审，则暂缓正式受理申请。

评审专家组由具有资格的、满足专业背景要求的、数量适当的评审员和技术专家组成。在评审时，评审组依据CNAS的认可规则、准则和要求及有关技术标准，公正客观地对申请方申请范围内的技术能力和质量管理活动进行文件评审和现场评审。对于评审中发现的不符合规定的内容，被评审机构应在明确整改要求后及时拟定纠正措施计划，并在规定期限内完成纠正。CNAS秘书处将评审组评审报告、相关信息（如能力验证、投诉等）及推荐意见提交给评定委员会评定。如通过评定，CNAS将向获准认可实验室/检查机构颁发认可证书，认可证书有效期为3年。

第二节　人身损害相关的赔偿制度研究

一、赔偿的相关概念

1. 赔偿的概念

赔偿是指行为人对因自己的过错而引起他人损害的结果进行补偿。赔偿有广义和狭义之分。广义的赔偿是指通过各种方式对损害的权利进行填补，它是对权利救济的一切手段；狭义的赔偿仅指用金钱方式来补偿权利方所遭受的损失。

人身损害赔偿是指侵权人的违法行为侵害了公民的身体权、健康权、生命权等物质性的人格权利，造成受害人身体伤残或生命丧失，侵权人依法承担由此而造成损失的侵权赔偿责任。人身损害结果发生后，侵权人为了填补权利方的权益，其补偿方式主要包括停止侵害、赔礼道歉、赔偿损失、消除影响、恢复名誉等。在我国的法律制度中，人身损害赔偿主要采用狭义的赔偿，也就是仅用金钱方式来赔偿权利方所遭受到的人身损失。《民法典》第一千一百七十九条规定：侵害他人造成人身损害的，应当赔偿医疗费、护理费、交通费、营养费、住院伙食补助费等为治疗和康复支出的合理费用，以及因误工减少的收入。造成残疾的，还应当赔偿辅助器具费和残疾赔偿金；造成死亡的，还应当赔偿丧葬费和死亡赔偿金。这里的"费"和"金"就是金钱方式的赔偿。

2. 赔偿制度的概念

赔偿制度，又称赔偿法律制度，是指民事主体在财产法律关系和人身法律关系中产生的损害与赔偿的法律规范的总和。人身损害赔偿制度，是指对各种原因导致的人身损害进行赔偿而制定的法律规范的总和。

二、人身损害赔偿的体系

针对人身损害赔偿,根据实际生活中人身损害案件的具体事实,我国的人身损害赔偿由不同的部门法进行规范,主要有民事赔偿体系、国家赔偿体系、职工工伤与职业病赔偿体系等不同的赔偿体系。

(一) 民事赔偿体系

在民事法律规范中,以《民法典》为基础形成了民事上的人身损害赔偿法律制度。在民事赔偿体系中,法律充分保障权利方的各项人身权益,规定权利方既可以主张体格上的器质性损害赔偿,又可以主张心理上的精神性损害赔偿;既可以主张因人身损害后的直接损害赔偿,又可以主张因人身损害而引起的合理的间接损害赔偿。同时,在刑事案件中,侵犯人身权利的犯罪行为也会造成权利方的人身损害。因此,刑法中对侵害方进行刑事惩处的同时,也规定了被侵害方可以通过刑事附带民事诉讼的制度主张人身损害赔偿。具体来说,人身损害民事赔偿的种类如下。

1. 人身意外伤害赔偿

人身意外伤害赔偿,主要指道路交通事故所致的人身损害赔偿。道路交通事故一般属于意外伤害。引起道路交通事故的原因复杂多样,既涉及车辆状态、驾驶人员及行人是否违反交规,还涉及环境、道路状况等因素。因此,道路交通事故人身意外的损害赔偿,不仅要与损害后果的严重程度有关,还需要考虑当事双方在道路交通事故中的责任比例。

2. 人身侵权损害赔偿

人身侵权损害赔偿主要涉及目前比较多见的医疗侵权损害赔偿,而医疗侵权损害赔偿广义上包括医疗事故性人身损害赔偿和医疗损害导致的人身损害赔偿。

医疗事故的赔偿项目和标准由《医疗事故处理条例》第50条至第52条所规定,实行一次性结算,由承担医疗事故责任的医疗机构支付。

参加医事故处理的患者近亲属所需交通费、误工费、住宿费，参照本条例第 50 条的有关规定计算，计算费用的人数不超过 2 人。医疗事故造成患者死亡的，参加丧葬活动的患者的配偶和直系亲属所需交通费、误工费、住宿费，参照本条例第 50 条的有关规定计算，计算费用的人数不超过 2 人。

医疗损害的赔偿项目和标准由《最高人民法院关于审理人身损害赔偿案件适用法律若干问题的解释》作出规定：受害人遭受人身损害，因就医治疗支出的各项费用以及因误工减少的收入，包括医疗费、误工费、护理费、交通费、住宿费、住院伙食补助费、必要的营养费，赔偿义务人应当予以赔偿。受害人因伤致残的，其因增加生活上需要所支出的必要费用以及因丧失劳动能力导致的收入损失，包括残疾赔偿金、残疾辅助器具费、被扶养人生活费，以及因康复护理、继续治疗实际发生的必要的康复费、护理费、后续治疗费，赔偿义务人也应当予以赔偿。受害人死亡的，赔偿义务人除应当根据抢救治疗情况赔偿以上的相关费用外，还应当赔偿丧葬费、被扶养人生活费、死亡补偿费以及受害人亲属办理丧葬事宜支出的交通费、住宿费和误工损失等其他合理费用。

3. 人身伤害刑事犯罪附带民事赔偿

人身伤害刑事犯罪附带民事赔偿，是指由于犯罪行为而使被害人及其近亲属遭受人身损害时，犯罪分子在承担刑事责任的同时，对被害人及其近亲属的人身损害承担民事赔偿责任。

自 2021 年 3 月 1 日起施行的《最高人民法院关于适用〈中华人民共和国刑事诉讼法〉的解释》第一百七十五条规定：被害人因人身权利受到犯罪侵犯或者财物被犯罪分子毁坏而遭受物质损失的，有权在刑事诉讼过程中提起附带民事诉讼；被害人死亡或者丧失行为能力的，其法定代理人、近亲属有权提起附带民事诉讼。因受到犯罪侵犯，提起附带民事诉讼或者单独提起民事诉讼要求赔偿精神损失的，人民法院一般不予受理。也就是说，这种民事赔偿责任的承担与犯罪行为的发生具有直接联系。赔偿往往限于直接损害结果，一般通过刑事附带民事诉讼实现赔偿责任，而不单独通过民事诉讼实现。

（二）国家赔偿体系

根据 2010 年 4 月 29 日第十一届全国人民代表大会常务委员会第十四次会议《关于修改〈中华人民共和国国家赔偿法〉的决定》，该法第二条规定：国家机关和国家机关工作人员行使职权，有本法规定的侵犯公民、法人和其他组织合法权益的情形，造成损害的，受害人有依照本法取得国家赔偿的权利。本法规定的赔偿义务机关，应当依照本法及时履行赔偿义务。也就是说，在行政法律规范中，因国家机关及其工作人员行使职权导致公民人身损害的，适用国家赔偿法进行赔偿。人身损害的国家赔偿以支付赔偿金为主要方式，赔偿金按照下列规定计算。

造成身体伤害的，应当支付医疗费，以及赔偿因误工减少的收入。减少的收入每日的赔偿金按照国家上年度职工日平均工资计算，最高额为国家上年度职工年平均工资的五倍。

造成部分或者全部丧失劳动能力的，应当支付医疗费，以及残疾赔偿金。残疾赔偿金根据丧失劳动能力的程度确定，部分丧失劳动能力的最高额为国家上年度职工年平均工资的十倍，全部丧失劳动能力的最高额为国家上年度职工年平均工资的二十倍。造成全部丧失劳动能力的，对其抚养的无劳动能力的人，还应当支付生活费。造成死亡的，应当支付死亡赔偿金、丧葬费，总额为国家上年度职工年平均工资的二十倍。对死者生前抚养的无劳动能力的人，还应当支付生活费。

（三）职工工伤与职业病赔偿体系

职工工伤与职业病赔偿，主要是指在工作中意外受伤或长期从事某种工作出现的与职业密切相关的疾病所导致的人身损害赔偿。《最高人民法院关于审理人身损害赔偿案件适用法律若干问题的解释》第三条规定：依法应当参加工伤保险统筹的用人单位的劳动者，因工伤事故遭受人身损害，劳动者或者其近亲属向人民法院起诉请求用人单位承担民事赔偿责任的，告知其按《工伤保险条例》的规定处理。因用人单位以外的第三人侵权造成劳动者人身损害，赔偿权利人请求第三人承担民事赔偿责任的，人民法院应予支持。

《工伤保险条例》第二十一条规定：职工发生工伤，经治疗伤情相对稳定后存在残疾、影响劳动能力的，应当进行劳动能力鉴定。第二十三条规定：劳动能力鉴定由用人单位、工伤职工或者其近亲属向设区的市级劳动能力鉴定委员会提出申请，并提供工伤认定决定和职工工伤医疗的有关资料。

工伤的赔偿或承担适用无过错责任制度，就是只要职工被认定是工伤，那么不管用人单位是否有过错，都应该给予赔偿。主要分为以下几种情况：一次性伤残补助金和伤残津贴从工伤保险基金中支付，一次性伤残就业补助金由用人单位支付。如果用人单位已经依法缴纳了工伤保险，费用由社会保险基金向劳动者支付，如果用人单位未给劳动者缴纳工伤保险，费用由用人单位支付。

第三节 司法鉴定启动权、鉴定机构选择权制度研究

一、司法鉴定启动权、鉴定机构选择权的法律渊源

（一）我国司法鉴定的启动模式

关于我国司法鉴定的启动模式，民事案件和刑事案件不同。在民事案件中，依据《民事诉讼法》第七十九条的规定，具体有两种启动模式。一种是当事人启动模式。基于民事诉讼"谁主张，谁举证"的基本证据制度，当事人对自己的诉讼主张有提出证据予以证明的权利和义务。对于一些专门性问题，当事人可以通过司法鉴定，由鉴定人来帮助其认定事实、提供证据。另一种是法官启动模式。对于一些专门性的问题，无论是当事人还是法官，都无法判明事实的情况下，即使当事人未申请司法鉴定，法官也可以依据职权启动鉴定。

由于刑事案件与民事案件存在较大差异，我国刑事司法鉴定为单方启动模式，即只有司法机关可以启动刑事案件司法鉴定程序。刑事司法鉴定通常被视为为控方服务的工具，鉴定意见也被视为控方证据，主要被用作控方指控被告人犯罪的证据。

（二）我国司法鉴定机构选择的模式

赋予当事人选择司法鉴定机构的权利是司法鉴定权的重要组成部分。但在传统的司法鉴定过程中，由于司法鉴定机构隶属于司法机关，当事人一般很少能自主选择司法鉴定机构。2005年2月28日，全国人大常委会第一部关于司法鉴定管理的专门性法律《关于司法鉴定管理问题的决定》（以下简称《决定》）出台之前，我国对司法鉴定机构的设置和管理不统一，只在公安局、检察院和法院内部设立鉴定机构，对于刑事案件人身损害的司法鉴定一般只能在这三个鉴定机构里进行。由于鉴定机构设在公检法部门，对于需要司法鉴定的案件直接由司法机关提交给鉴定机构，所以基本不存在当事人对鉴定机构的选择问题，也就是说当事人没有办法对鉴定机构进行选择，这种局面使司法鉴定的中立性、客观性颇受质疑，在一定程度上影响了司法公信力。

《决定》的出台实现了对司法鉴定人员和机构的统一管理，标志着司法鉴定工作的正规化和法制化得到进一步加强，为司法鉴定的中立性和客观性提供了法律层面的支持与保障。《决定》中的一个显著亮点就是将以往只能在公检法机关完成的司法鉴定工作全面社会化，社会性鉴定机构成为中立的专门机构，取消了检察院和法院的鉴定机构，取消了公安机关鉴定机构的民事司法鉴定权。《决定》第七条规定：侦查机关根据侦查工作的需要设立的鉴定机构，不得面向社会接受委托从事司法鉴定业务。人民法院和司法行政部门不得设立鉴定机构。这条规定是我国司法鉴定制度的一大进步，终结了公检法机关"自侦自鉴""自诉自鉴""自审自鉴"的局面。但是，《决定》并未明确当事人对鉴定机构的选择权。

目前我国刑事诉讼和行政诉讼中并未就当事人对鉴定机构的选择权作出明确规定，但在民事诉讼中已经明确了这一点。经过多次修正后的《民事诉讼法》第七十九条就当事人对鉴定机构的选择权作出了明确规定：当事人可以就查明事实的专门性问题向人民法院申请鉴定。当事人申请鉴定的，由双方当事人协商确定具备资格的鉴定人；协商不成的，由人民法院指定。当事人未申请鉴定，人民法院对专门性问题认为需要鉴定的，应当委托具备资格的鉴定人进行鉴定。该规定既赋予了法院司法鉴定启动权，也给予了当事人司法鉴定启动的申请权和对鉴定人的优先选择权。需要注意的是，该规定中描述的是"鉴定人"，并非"鉴定机构"。但对鉴定机构的选择实质上是对鉴定人的选择。主要是因为鉴定人是司法鉴定的主角，鉴定机构只是一种形式上的依托，而且目前我国并不存在独立于鉴定机构以外的司法鉴定人，也就是说鉴定人只能依托鉴定机构执业。因此，无论是规定中的"双方当事人协商确定具备资格的鉴定人"，还是由法院委托的"具备资格的鉴定人"，只能通过选择或委托鉴定机构来完成。

二、鉴定机构选择权制度研究

如前所述，现行的《民事诉讼法》已经对鉴定机构的选择权作出了原则性的规定，但是并未对当事人如何具体实现对鉴定机构的选择权作出详细的说明，现笔者结合相关制度，对现行民事诉讼中鉴定机构的选择权制度作出如下探讨。

（一）实施现状及原因分析

司法鉴定的委托在审判环节，其重要性并不弱于对鉴定意见的质证，不当的决定预示着鉴定机会丧失的风险，将会带来包括证明责任变化在内的程序与实体的不利局面。而司法鉴定机构的选择又是司法鉴定委托的关键前提。除《民事诉讼法》第七十九条的规定外，《关于民事诉讼证据的若干规定》（以下简称《规定》）第二十六条也规定：当事人申请鉴定经人民法院同意后，由双方当事人协商确定有鉴定资格的鉴定机构、鉴定人员，协商不成的由人民法院指定。由此可见，当事人对鉴定机构的选择优先权的规定并非在《民事诉讼法》中最先规定。总而言之，在现行立法背景下，民事诉讼阶段的司法鉴定机构的选择也是采取二元法，首先由诉讼当事人协商决定。协商的目的是希望通过诉讼当事人双方的充分参与和合意自治，获得司法鉴定机构选择的一致性与鉴定意见的可接受性。只有在当事双方协商不成的情况下，才能由法院指定鉴定机构。尽管有诸多法律对鉴定机构的选择权作出了详细规定，但现今我国司法鉴定机构的选择并非以当事人协商为主，甚至完全没有通过当事人协商确定鉴定机构的程序。

从笔者所在单位的鉴定实践来看，绝大多数鉴定机构的选择是由法院组织当事人在获得鉴定资质的机构名单中抽签决定。这样的状况相当于当事双方和法院均放弃了法律赋予的主动行使、自主决定鉴定机构的权利。其原因如下：第一，当事一方担心对方提议的鉴定机构与对方存在利益牵扯，顾忌对方通过不当手段干预鉴定过程；第二，当事双方由于对鉴定机构的能力水平不甚了解而放弃协商；第三，法院由于对司法鉴定机构的实力、司法鉴定人的专业能力和技术水平了解不够，部分案件还可能存在综合性鉴定部分事项超出拟委托司法鉴定机构能力覆盖范围的情形，以至会出现机构选择欠妥的情况；第四，由于鉴定机构与法院常有工作往来，同时缺乏上位法的强制性规定，当事双方难免会对由法院指定的鉴定机构的中立性、客观性产生怀疑。基于此，多数双方诉讼当事人都选择由法院主持、随机抽取决定选择哪家司法鉴定机构的方式。

（二）存在的问题

1. 随机抽取司法鉴定机构的方式易诱发重新鉴定

决定案件事实认定的专门性问题种类繁杂，只有委托具有司法鉴定资质、能力、水平的司法鉴定机构，对这些专门性问题作出鉴定意见，才能对案件事实进行认定。在没有适当的技术支持的条件下，即使在程序性上不存在争议，作出鉴定启动决定后，对司法鉴定机构的选择仍需要建立在对司法鉴定实施环节较为充分了解的基础之上才能妥善处置。但实际情况是法院及双方当事人对司法鉴定机构及其司法鉴定人的资质、能力、水平等并不熟悉，所以在绝大多数司法实践中采取了前述随机抽取鉴定机构的办法来实现鉴定机构的选择。

随机抽取的方法表面看似不带主观色彩、公平公正，但本质上并不利于保障诉讼当事人的司法鉴定机构选择权。依据《决定》的规定，虽然在选择鉴定机构的过程中法院是中立且被动的角色，但笔者认为选择司法鉴定机构是法院应当主动承担的责任。由于选择司法鉴定机构是超出诉讼当事人认知的，若采取让诉讼当事人盲目地抽签决定，可以理解为法院推卸责任的一种做法，再加上当事双方的利益相对立，而鉴定意见又直接影响到案件结果，因此其中一方不认可鉴定意见的情况经常存在，败诉的一方难免会迁怒于鉴定机构的选择程序上，诱发重新鉴定的申请启动，形成恶性循环。

2. 法院司法技术辅助部门的职权模糊

2006年9月25日，最高人民法院发布《关于地方各级人民法院设立司法技术辅助工作机构的通知》（以下简称《通知》），将原来法院内部的鉴定机构变更为司法技术辅助部门，它们不再直接从事司法鉴定工作，而是从事技术咨询和技术审核工作，并承担组织当事人选择司法鉴定机构的工作。因此，在司法行政部门对司法鉴定机构进行管理的同时，法院的司法技术辅助部门实际上也行使着对鉴定机构的"二次管理"。对《规定》和《民事诉讼法》的立法思想及价值取向进行分析，可以发现这种"二次管理"模式并不与之相符，主要原因如下。

首先，依据《规定》和《民事诉讼法》的要求，赋予了法官鉴定启动权，即对于当事人申请鉴定的案件，是否进行鉴定的启动权应该在法官。但是，在实践中，由于法院司法技术辅助部门有履行技术审核的职责，即使法官同意当事人的申请，仍然需要将案件移送司法技术辅助部门再次审核，由该部门最终决定是否需要送检以及如何送检。因此，法官对于当事人申请鉴定的事项一般不予以审核，而直接送至司法技术辅助部门并由其决定，这样实际上是将鉴定决定权由法官转移给了司法技术辅助部门，剥夺了法官的鉴定启动权。

其次，当法官遇到一些以其自身知识无法解决的专门性问题时，无论是大陆法系的专家辅助人制度还是英美法系的专家证人制度，都是由具有专门知识的人来协助法官"将深奥的只有专业人员才能理解的专业知识转化为一般人能理解的知识"。这说明，从鉴定到认定事实的过程中，只存在鉴定人的协助和法官对事实的认定，两者之间没有第三方的介入。但依据《通知》的规定，法院的司法技术辅助部门是法院内部统一对外委托司法鉴定事项的机构，它的职责是为法官提供技术咨询与技术审核。也就是说，通过为法官提供技术咨询与技术审核，法院司法技术辅助部门作为第三方，介入到鉴定人与法官之间。

最后，法官在审理案件中遇到需要进行司法鉴定的事项，依据《通知》的规定，如果该事项需要对外委托，那么必须由司法技术辅助部门来完成委托，这样就剥夺了法官对鉴定机构的选择权；如果司法技术辅助部门工作人员认为该问题可以通过履行技术咨询职责，直接就该问题为法官作解释，那么由于司法技术辅助部门的人员并不一定具有鉴定人资格，他们向法官提供的意见是否能够作为法院采信的证据使用，这些问题需要进一步明确。

三、完善鉴定启动权、鉴定机构选择权的思考

鉴定启动权和鉴定机构选择权问题主要指鉴定事项的提出和鉴定人的选任，其实质是谁有权决定应否进行鉴定和让谁进行鉴定的问题，它是司法鉴定制度的核心内容。目前，世界各国的鉴定制度分为两种：一种是当事人委托鉴定制度；另一种是司法官授权鉴定制度。

英美法系国家由于其诉讼制度具有当事人主义的特征，所以这些国家一般都采用当事人委托鉴定制度。这种制度的主要特点为：它是一种对立的鉴定制度，即是否启动鉴定和鉴定事项的范围是由诉讼当事人自行决定的；鉴定机构或鉴定人是由当事人自行选任和聘请的，因此鉴定意见是为当事人服务的。由于双方都可以选任或聘请当事人，因此在对同一鉴定项目进行鉴定时，往往会持相对立的态度。大陆法系国家一般都采用司法官授权鉴定制度，由于这些司法官在理论上被赋予公正、中立的地位，因此这种授权鉴定制度也被视为"中立鉴定"。目前，两种司法鉴定制度互相取长补短是当今世界司法鉴定启动、鉴定机构选择问题上的发展趋势。

笔者认为，针对我国鉴定启动权、鉴定机构选择权目前存在的问题，可以借鉴其他国家的成功经验，进行一些改革。如构建双重鉴定制度。由于诉讼双方的利益本身是对立的，在鉴定人选择上达到双方满意比较困难，为了防止由于双方无法达成一致而出现随机选择的情况，可以构建一种双重鉴定制度。除个别极为简单的鉴定事项外，由法官主导，对同一个鉴定事项各方都聘请自己倾向的鉴定机构，各自独立地进行鉴定。法庭审判过程中，控辩双方平等地传唤己方鉴定人出庭作证，以作出有利于自己的证明。

第四节 司法鉴定救助制度研究

救助，也就是救济、帮助。司法鉴定的主要作用是通过鉴定意见提供科学证据，因此，司法鉴定的救助是法律意义上的救助，也就是帮助提供科学证据。

一、司法鉴定救助的概念

司法救助，是指司法机关对于当事人因经济确有困难，向政法委申报给予经济救助的制度。《最高人民法院关于对经济确有困难的当事人提供司法救助的规定》第二条指出：本规定所称司法救助，是指人民法院对于当事人为维护自己的合法权益，向人民法院提起民事、行政诉讼，但经济确有困难的，实行诉讼费用的缓交、减交、免交。《法律援助条例》第二条规定：符合本条例规定的公民，可以依照本条例获得法律咨询、代理、刑事辩护等无偿法律服务。规定了法律援助是针对律师费用的减免。由此可见，司法救助主要包括诉讼费用的减免、执行费用的减免、律师费用的减免、司法鉴定费用的减免等。

司法鉴定救助属于司法救助的一种，其概念有广义和狭义的区别。广义的司法鉴定救助既包括为经济困难或符合特定条件的人提供司法鉴定服务，还包括人民法院对无力支付司法鉴定费用的当事人减收、免收或暂缓收取鉴定费用。狭义的司法鉴定救助仅指司法鉴定机构和司法鉴定人根据法律援助机构的指派或相关人员的申请，为经济困难或符合特定条件的人员提供减、免、缓收费的一项司法保障制度。

根据"谁主张谁举证"的基本诉讼原理，当事人需要借助司法鉴定机构及司法鉴定人提供的鉴定意见来主张自己的诉讼权利。然而，在社会经济发展的过程中，贫富差距还未完全消除，当事人可能由于经济、地位不对等等原因而丧失获得司法鉴定意见来维护自己合法权益的机会。根据我国宪法规定的法律面前人人平等的原则，无论诉讼当事人的经济状况如何，他们都应当享有基于事实和证据，并依据法律获得诉讼胜利的平等的权利，不能因为经济、地位等原因阻碍他们应该享有的平等权，不能因为经济地位等原因使司法失去公正性。对社会弱势群体权利的保障，是现代社会衡量一个国家民主法制建设程度的重要标准之一。因此，国家有义务进行救助，不断建立和完善对社会弱势群体的救助制度，对保障社会稳定，提高我国民主法制建设水平具有重要意义。

二、司法鉴定救助的必要性

首先，司法鉴定的价值使得司法鉴定救助必然出现。司法鉴定的范围十分宽泛，只要是办案人员认为的专门性问题，都需要进行司法鉴定。普通当事人通过自身力量来获取这种专业领域里的证据几乎是无法实现的，这就意味着，在诉讼过程中需要进行司法鉴定时，当事人将别无选择。以司法鉴定意见作为证据不仅最为直接和有效，而且在某些案件中，也是唯一的途径。除了举证责任倒置的情形外，诉讼中绝大多数案件都遵循"谁主张谁举证"的原则，这就要求当事人在提出诉讼请求的同时，需要提供必要的证据作为支持。如果当事人无法提供相应的证据，那么法院很可能会不予立案或者由于证据不足而导致其诉讼请求无法得到支持。然而，在诉讼实践中，当事人可能由于经济原因无法负担该鉴定意见的价格，从而丧失获取司法鉴定意见支撑以实现自己合法权益的机会。

其次，司法鉴定救助有利于保障弱势群体的诉讼权利。罗尔斯认为："财富和权利上的不平等，只有在最终能对每一个人的利益，尤其是地位最不利的社会成员的利益进行补偿的情况下才是正义的。"司法鉴定救助制度就是为了保证符合条件的"地位最不利的社会成员"在司法程序上司法鉴定的平等，使其能不受自身经济、地位的限制，获得胜诉的平等权。"地位最不利的社会成员"在政治经济学上又被称为弱势群体，即社会生产生活中由于群体的力量相对较弱，因而在分配、获取社会财富时较少较难的一种社会群体。大体上说，弱势群体包括儿童、老年人、残疾人、精神病患者、失业者、贫困者、下岗职工、灾难中的求助者、农民工、非正规就业者以及在劳动关系中处于弱势地位的人。保障弱势群体的司法公正是保障司法公正的重要内容，对弱势群体的司法鉴定援助是保障司法公正不可或缺的重要手段。

最后，司法鉴定救助为实现司法救助提供必要前提。在某些涉及专门性知识的案件中，司法鉴定救助是整个司法救助的起始点，也是至关重要的一个环节。如果当事人由于经济原因无力缴纳鉴定费用而无法取得必要的证据，并最终无法进入到诉讼程序之中，那么之前提到的司法救助形式就无法启动，失去了发挥作用的可能。

三、司法鉴定救助程序

（一）申请

司法部公共法律服务管理局《关于印发〈司法鉴定与法律援助工作衔接管理办法（试行）〉的通知》规定：受援人应当向给予其法律援助决定的司法行政部门法律援助机构提出减免司法鉴定费用申请，填写《减免司法鉴定费用申请表》，并提交相应材料。法律援助机构收到受援人申请后，可以征求司法鉴定管理部门的意见，并在7个工作日内完成审查，按不同情况分别处理。

湖北省司法厅办公室《关于转发〈关于印发〈司法鉴定与法律援助工作衔接管理办法（试行）〉的通知〉的通知》规定，法律援助受援人申请减免司法鉴定费用时，应填写《减免司法鉴定费用申请表》，并提交身份证明，以及申请司法鉴定的法律援助案件已进入诉讼程序、办案机关已启动委托程序的相关材料等。司法鉴定机构完成鉴定后，应及时将《减免司法鉴定费用申请表》原件、司法鉴定意见副本或者复印件及相关材料送交法律援助机构归卷存档。法律援助机构收到上述材料后，应及时核报司法鉴定费用。

（二）审查

司法行政部门法律援助机构负责对申请人的申请进行审查，主要从申请人资格方面进行审查。一般参考《最高人民法院关于对经济确有困难的当事人提供司法救助的规定》第三条，当事人符合本规定第二条并具有下列情形之一的，可以向人民法院申请司法救助：

（1）追索赡养费、扶养费、抚育费、抚恤金的；

（2）孤寡老人、孤儿和农村"五保户"；

（3）没有固定生活来源的残疾人、患有严重疾病的人；

（4）国家规定的优抚、安置对象；

（5）追索社会保险金、劳动报酬和经济补偿金的；

（6）交通事故、医疗事故、工伤事故、产品质量事故或者其他人身伤害事故的受害人，请求赔偿的；

（7）因见义勇为或为保护社会公共利益致使自己合法权益受到损害，本人或者近亲属请求赔偿或经济补偿的；

（8）进城务工人员追索劳动报酬或其他合法权益受到侵害而请求赔偿的；

（9）正在享受城市居民最低生活保障、农村特困户救济或者领取失业保险金，无其他收入的；

（10）因自然灾害等不可抗力造成生活困难，正在接受社会救济，或者家庭生产经营难以为继的；

（11）起诉行政机关违法要求农民履行义务的；

（12）正在接受有关部门法律援助的；

（13）当事人为社会福利机构、敬老院、优抚医院、精神病院、SOS儿童村、社会救助站、特殊教育机构等社会公共福利单位的；

（14）其他情形确实需要司法救助的。

（三）批准

司法行政部门法律援助机构在收到申请人申请并对有关情况调查核实后，应依具体情况，对司法鉴定援助申请作出批准或不批准的决定：提交的材料不齐全的，应当要求受援人作出必要的补充或者说明，受援人未按要求作出补充或者说明的，视为撤销申请；符合条件的，应当接收申请表及相关材料，并在申请表上签署意见、盖章；不符合条件的，应当将申请表及有关材料退还受援人。

（四）实施

司法鉴定机构收到受援人递交的申请表等相关材料后，经核查无误的，可以根据案件情况减收、免收司法鉴定费用，并依法按程序及时开展鉴定工作。司法鉴定机构完成鉴定后，应当在申请表上注明办理情况并盖章，同时将申请表及相关材料送交法律援助机构。司法鉴定机构依法减免法律援助案件受援人的司法鉴定费用。

四、司法鉴定救助中存在的问题

目前，虽然法律中有关于司法鉴定救助的规定，但并无相应的保障机制及管理机制。因此，在司法鉴定救助的实施过程中，仍然存在一些问题。

第一，司法鉴定救助没有明确的经费来源。目前，司法鉴定救助的主要经费来源于各个鉴定机构自身，但在市场经济环境下，司法鉴定机构为了生存竞争，一味要求机构和鉴定人不计成本地进行司法鉴定救助是不符合其自身利益的。这样就造成了，由于其行政主管单位对其下达了每年完成司法鉴定救助的案件数量要求，各鉴定机构往往只按要求完成数量，对于多余的需要司法鉴定救助的案件积极性不高。因此，要建立和完善司法鉴定救助制度首先需要一定的途径解决鉴定费用。

第二，司法鉴定救助的内容模糊。目前的法律、法规中并未明确司法鉴定援助的具体内容和范围。如在人身损害案件中，根据《司法鉴定程序通则》的相关规定，病历资料通常由需要做司法鉴定的当事人通过委托方提供给鉴定机构，如果当事人无法提供相应的病历资料，就只能通过在司法鉴定前进行相关医疗检查来获取。但是，医疗检查必需的设备工具和检测药品基本上都存在于专业的医疗机构里，需要较高的成本。不论是要求医疗机构还是司法鉴定机构承担鉴定前的医疗检查费用都不太合理，这就需要通过建立相应的制度加以解决。

第五章

鉴定意见的基本知识及其法律特征研究

第一节 鉴定意见的概念及其法律特征

一、鉴定意见的概念

鉴定意见是指鉴定人运用专门知识和技能，对涉案客体进行检验，并就需要解决的专门性问题进行综合分析后作出的意见。鉴定意见是我国《刑事诉讼法》《民事诉讼法》所规定的法定证据之一。鉴定意见与其他证据比较并不具有特殊效力，也并不具有凌驾于其他证据之上的证明力。因此，如何正确评价与使用鉴定意见非常重要。

我国《刑事诉讼法》《民事诉讼法》《行政诉讼法》都将司法鉴定意见规定为一种独立的证据形式，它是一种特殊的证据形式，是审判方用以查明案件事实的重要依据，也是鉴别、认定其他证据是否真实、可靠的主要手段，它同时具有证据能力和证明力的属性。

二、鉴定意见的证据能力和证明力

司法鉴定自身的特殊性，鉴定意见的科学性和正确性，取决于鉴定所使用的基础材料的真实性和可靠性。以人身损害的损伤程度司法鉴定为例，鉴定机构只接收由公检法机关提供的并被其认可的基础材料，包括门诊/急诊病历、住院病程记录（包括手术记录、化验单、影像学资料）等，这些基础材料主要是由临床医务工作者完成的。法医鉴定人依据这些基础资料，结合法医自己对被鉴定人的人身检查所见，通过综合分析，对损伤程度作出科学正确的鉴定意见。

（一）鉴定意见的证据能力

1. 证据能力

证据能力源于大陆法系，属于大陆法国家的概念，指的是证据作为案件事实认定的资格。在大陆法系，证据能力又称证据资格；在英美法国家，证据能力被称为"可采性"或"容许性"，指的是依法可容许和可被采作证据的资格，又称证据适格性。"证据能力"一词移植到我国证据学理论中，是指是否满足诉讼活动对证据的基本要求；在证据"三性"中，是指证据是否具有合法性。证据能力与严格证明之间有着密切联系并相互依存，一般来说，只有经过严格证明的证据才涉及证据能力问题。

证据能力在诉讼的认证中起着解决证据是否采纳的作用。诉讼认证分为两个阶段：第一阶段是采纳；第二阶段是采信。采纳决定着所收集的证据能否进入诉讼大门，或者当事双方所列举的证据能否纳入审判认定案件事实的证据体系。因此，不具备证据能力就意味着不能进入诉讼大门，或者不能纳入审判认定案件事实的证据体系。简而言之，司法鉴定意见如果能够得到法律的承认，就具备了证据能力；得不到法律的承认，就不具备证据能力。

2. 证据能力与证据效力比较

证据效力是指证据对待证事实的证明作用及其证明程度，又称证据价值和证明力。在证据"三性"中，证据效力就是证据的客观性（真实性）和关联性。证据效力和证据能力的不同在于：证据效力是证据固有的属性，不由法律所赋予，是客观存在的，属于存在范畴；而证据能力是由法律规定所赋予的，能够体现立法者对证据的干预，是办案人员依照法律对证据资格的认定，属于主观范畴。在我国，根据现行法律规定，对于法律明确规定为绝对排除情形的，证据能力优于证据效力，即使该证据有证据效力，因无证据能力而失去了对其证据效力判断的前提；对于法律规定相对排除情形的，如果能够作出补证或合理解释，该证据在取得了证据能力的同时能够发挥其自身固有的证据效力的作用。

（二）鉴定意见的证明力

根据《刑事诉讼法》第五十条的规定，证据必须经过查证属实，才能作为定案的根据。也就是说所谓证明力，是指证据在具有证据能力之前提下，依据证据调查之结果，具有实质之证据价值。其可分为对于认定待证事实作用之实质的证据价值，以及对于证据实质内容之凭信性（信用度）程度。简而言之，证明力就是证据证明案件事实的能力，又可称为证据价值。鉴定意见的证明力，是指具备证据能力的鉴定意见对案件事实的存在或不存在所具有的证明效果。

证明力是鉴定意见的本质属性，主要通过借助鉴定人基于其所擅长的专门知识的判断来对案件的事实真伪或与案件事实之间是否存在联系来产生证明力。法律对鉴定意见的证明力一般不作规定，允许法官在审理案件中自由地判断。同时，由于鉴定意见属于一种具有专门知识的人的判断意见，为了防止鉴定意见左右审判人员的判断，法律一般规定，鉴定意见没有预设的效力，这样做的目的是防止鉴定人代替审判人员行使认定证据的权力。

（三）鉴定意见的证据能力的特点

鉴定意见的证据能力，也被称为鉴定意见的证据资格，是指其能够作为证据进行法庭调查的资格。司法鉴定意见作为证据证明案件的诉争事实应该具有证据能力，也就是说应该具有用于严格证明的能力。鉴定意见的证据能力有如下特点。

1. 鉴定意见只有具备了证据能力才能作为证据使用

如前所述，从证据的本身来说，鉴定意见的证据能力不是其天然具有的，而是法律为满足某种价值观念的需要而从外部赋予鉴定意见的。因此，法律必须明确规定鉴定意见的证据能力，一般从正面标榜有证据能力来明确其要件，或从反面规定无证据能力暗含其消极要件。其中《决定》从强化司法鉴定管理入手，在有关条文中明确规定了关于司法鉴定证据能力的要求。2010年，最高人民法院、最高人民检察院、公安部、国家安全部和司法部联合发布的《关于办理死刑案件审查判断证据若干问题的规定》和《关于办理刑事案件排除非法证据若干问题的规定》（"两个证据规定"）则运用逆向的方法，通过鉴定证据排除规则初步构建了我国鉴定意见的证据能力规则体系，对鉴定意见进行系统规制。如根据《决定》，鉴定机构没有经过省级人民政府司法行政部门审核、登记、编入鉴定机构名称并公告，或者不具备《决定》所规定的条件，或者鉴定事项超出鉴定机构项目范围或者鉴定能力的，其鉴定意见没有证据能力。又如《决定》中规定：鉴定人不具备法定资格和条件，没有取得公安部、最高检、司法部颁发的鉴定人资格证或者不具备相关鉴定领域的专业知识，所做的鉴定意见无证据能力。根据《刑事诉讼法》第二十九条、第三十一条，以及司法部《司法鉴定程序通则》第二十条、《公安部刑事技术鉴定规则》第四条、最高人民检察院《人民检察院鉴定规则（试行）》第八条的规定，鉴定人应当实行回避，应当回避而未回避的，其鉴定意见无证据能力。对鉴定人资格、条件及相关专业技术或职称的规制是为确保鉴定人具有鉴定能力；对鉴定人回避的规定是为确保其中立性。这些规定都是从司法鉴定的管理层面入手，正面明确规定了有关司法鉴定证据能力的要求。

2017年发布的《关于办理刑事案件严格排除非法证据若干问题的规定》第七条规定：收集物证、书证不符合法定程序，可能严重影响司法公正的，应当予以补正或者作出合理解释；不能补正或者作出合理解释的，对有关证据应当予以排除。《关于办理死刑案件审查判断证据若干问题的规定》第二十四条规定，鉴定意见具有下列情形之一的，不能作为定案的根据：

（1）鉴定机构不具备法定的资格和条件，或者鉴定事项超出本鉴定机构项目范围或者鉴定能力的；

（2）鉴定人不具备法定的资格和条件、鉴定人不具有相关专业技术或者职称、鉴定人违反回避规定的；

（3）鉴定程序、方法有错误的；

（4）鉴定意见与证明对象没有关联的；

（5）鉴定对象与送检材料、样本不一致的；

（6）送检材料、样本来源不明或者确实被污染且不具备鉴定条件的；

（7）违反有关鉴定特定标准的；

（8）鉴定文书缺少签名、盖章的；

（9）其他违反有关规定的情形。这些规定都是运用逆向的方法，通过鉴定证据排除规则初步构建了我国鉴定意见的证据能力规则体系，对鉴定程序、鉴定意见等进行系统的规制。

2. 鉴定意见的证据能力应该具有严格证明的能力

严格证明是大陆法系国家证据法学中的概念，它的提出是针对"法院使用的证据方法有无限制"和"待证事项应该经过如何的调查证据程序始属合法"两个问题的不同回答，将调查证据的程序分为严格证明与自由证明。严格证明是指上述两者均受到"严格的形式性"支配的法则。

在证明的程度上，任何证明方法都应当有其相对应的标准，但对是否需要严格遵守法定的调查方式上，不同的证明方法间存在差异。主要原因是不同的调查方式对证据的要求不同，严格证明对证据的要求要高于自由证明，它除了要求证据具有证明案件事实的证明力外，还要求证据要符合法律的基本要求。对于鉴定来说，无论大陆法系所应用的证明方法还是我国刑事诉讼法所规定的证据种类均包括鉴定，鉴定人作出的鉴定（区别于法定证据种类中的鉴定意见）在未经严格证明之前只能算作证据资料而不能以法定的证据方法或种类出现在法庭当中，只有满足法律对鉴定意见这一证据的严格规定的鉴定，才能用作刑事证据。

3. 鉴定意见的证据能力受到多重科学条件的限制

鉴定意见需要判断的是科学领域的问题，这些问题涉及物理、化学、生物、医学等领域，不是根据一般性常识就能得出正确反映案件事实真相的意见，需要这些领域的专业人员运用科学的原理、技术和方法才能得出反映案件事实真相的意见。鉴定意见是科学性与法律性的有机结合，是以科学的手段发现法律的目的的有机结合。没有进入诉讼领域的纯粹的科学活动不具有诉讼意义，也不能成为诉讼意义上的鉴定。所以，鉴定意见的证据能力的影响因素是多重的，包括鉴定人是否经过法定程序登记获得鉴定资格，鉴定人的专业知识、技能是否成熟，鉴定所使用的仪器设备是否稳定可靠，鉴定的原理是否科学，鉴定过程是否遵循严格的科学程序等。

第二节　鉴定意见的举证、质证、认证

一、鉴定意见的举证

举证责任，是指当事人对于诉讼中所主张的案件事实，有提供证据加以证明的责任，即国外所称的主观的举证责任或提供证据的负担；同时还包括在诉讼结束后，如果案件的真实情况仍处于真伪不明的状态，应当由当事人承担败诉或不利的诉讼后果的责任，即国外所称的客观的举证责任或证明负担。在我国，对于举证责任的概念，比较认同的观点是，举证责任是指在民事诉讼活动中，诉讼双方当事人必须就其主张的事实提供证据加以证明的责任。如果就其主张该当事人无法提供证据或者其提供的证据并不能够证明其主张，提出该诉讼主张的一方当事人将可能由此承担败诉的后果。苏联学者特列乌什尼科夫认为证明义务具有双重内容，即实体法内容和诉讼法内容。我国学者一般认为举证责任包括行为意义上的举证责任和结果意义上的举证责任。在我国，举证责任作为一项诉讼制度，是由刑事诉讼法、民事诉讼法及行政诉讼法三部诉讼法加以规定的，但这三部诉讼法中都没有明确规定举证责任的性质。

关于举证责任的性质，我国理论界有三种学说。第一，行为责任说。行为责任说是指对于自己所主张的事实，当事人负有责任提供证据来证明主张事实的真实性。现在持此观点的学者很少，因为此学说无法解决当事实真伪不明时应该由谁承担举证责任，有很大的弊端。第二，结果责任说。该学说认为举证责任由法律预先规定，在案件事实真伪难辨的

情况下,由一方当事人承担风险及不利后果,这种不利结果是一种风险责任,既表现为实体法上的权利主张得不到法院的确认和保护,又需要为败诉而负担诉讼费用。第三,双重含义说。此学说将举证责任分为行为意义上的举证责任和结果意义上的举证责任。前者又被称为主观上的举证责任,这一概念和行为责任说概念很相似,是指事实主张者应当提供证据的责任。后者又被称为"客观上的举证责任",是指在事实处于真伪不明状态时,主张该事实的当事人所承担的不利的诉讼后果。由于双重含义说较为全面地揭示了举证责任的本质和诉讼价值,反映了举证责任是主观责任和客观责任的统一,承担举证责任的一方既要提供证据,也要承担因为举证不能导致案件事实真伪不明的败诉后果,所以为大多数学者所认同。

举证责任分配,是指由法律对举证责任进行预先分配,原告对一部分法律要件负有证明责任,被告对其他部分法律要件承担证明责任。关于如何分配举证责任,有不同的理论学说。

(1) 法律要件说。以罗森贝克的规范说为主要代表,认为举证责任的分配应该在不同法律要件的基础上进行确定。

(2) 危险领域说。所谓危险领域,是指在实践中或法律中能够被当事人所控制的领域,受害人如果在这一领域遭受到损害,则由加害方承担举证责任。

(3) 盖然性说。盖然性说彻底否定了规范说,该学说认为,当案件事实处于真伪不明时,根据一般人的常识或者统计分析来判断事实发生的可能性较高,法院可以通过认定的事实具有高度盖然性来确定待证事实。其中,主张事实发生的一方当事人对于具有高度盖然性的事实无须再举证,而另一方当事人则需要对此事实没有发生承担举证责任。

(4) 利益衡量说。该学说认为举证责任的分配要综合各种利益进行衡量,例如举证的难易程度、距离证据的远近以及损害发生的盖然性的高低等若干分配要素,然后针对案件具体问题具体分析。

不管是在民事诉讼、刑事诉讼还是行政诉讼案件中,都存在举证责任由谁承担的问题。由于三部诉讼法所要解决的案件性质上的差异,因此,举证责任的承担主体和法律规定也有区别。

(一)民事诉讼法的举证责任分配

我国民事诉讼法关于举证责任分配的法律规定主要有三个方面。

一是"谁主张谁举证"。在一般情况下,无论当事人所处诉讼地位如何,只要他主张有利于自己的案件事实,就应提供相应的证据来予以证明,而不应要求对方举证。

二是举证责任倒置。随着特殊侵权纠纷诉讼的发展,一般的举证责任分配不能满足这些纠纷诉讼的证明,诉讼双方当事人的地位不平等,作为受侵害的原告一方常常因为证据收据困难、专业知识掌握不足等客观原因导致败诉。在这种情况下,让原告承担侵权行为构成要件事实的举证责任是不适当的,会造成诉讼结果实体上的不公平。因此,我国民事诉讼法和有关司法解释作出规定,实行举证责任倒置,即原告提出的事实主张不能提供证据加以证明,而由被告承担举证责任。

三是人民法院的查证责任。《民事诉讼法》第六十七条规定:当事人对自己提出的主张,有责任提供证据。当事人及其诉讼代理人因客观原因不能自行收集的证据,或者人民法院认为审理案件需要的证据,人民法院应当调查收集。人民法院应当按照法定程序,全面地、客观地审查核实证据。民事诉讼法学者称其为人民法院的查证责任。查证责任虽然也是人民法院的一项职责,但与举证责任是有本质区别的。

(二)刑事诉讼法的举证责任承担

《刑事诉讼法》第五十一条明确规定了举证责任承担:公诉案件中被告人有罪的举证责任由人民检察院承担,自诉案件中被告人有罪的举证责任由自诉人承担。第五十二条规定了证据收集的一般原则:审判人员、检察人员、侦查人员必须依照法定程序,收集能够证实犯罪嫌疑人、被告人有罪或者无罪、犯罪情节轻重的各种证据。说明刑事诉讼的举证责任指的是司法机关应当以令人信服的证据证明被告人或犯罪嫌疑人的罪行,否则不能认定被告人有罪。刑事诉讼中举证责任的承担是与无罪推定的原则联系在一起的。《刑事诉讼法》第十二条即明确了法院定罪原则:未经人民法院依法判决,对任何人都不得确定有罪。此条法律规定也与前述《刑事诉讼法》第五十一条的规定思路相吻合，即刑事诉讼中，被告人不负举证责任，举证责任应由公诉人或自诉人负担。

（三）行政案件的举证责任承担

行政诉讼中的举证责任承担的主体既不同于刑事诉讼也不同于民事诉讼。它不是由双方当事人分担，也不是由原告负责，而是由被告承担。行政诉讼的举证责任由被告承担，是一项基本原则，它同刑事诉讼、民事诉讼在举证责任设定的原理和价值取向不同，属于举证责任倒置。行政诉讼中被告承担举证责任的原因是：首先，在行政诉讼中，原告虽然在形式上处于主张的地位，但其主张的标的是行政机关作出的具体行政行为的合法性，因此被告应当对该行政行为的合法性负举证责任；其次，行政机关掌握了作出该行政行为的证据和依据，而原告不具备现实的举证条件；最后，由行政机关负举证责任，意味着只有提供证据证明具体行政行为合法才能胜诉，这样做有利于促进行政机关依法行政。

二、鉴定意见的质证

所谓质证，从广义上讲，是指在诉讼过程中，由法律允许的质证主体借助各种证据方法，旨在对包括当事人提供的证据在内的各种证据采取询问、辨认、质疑、解释、质询、辩驳等形式，从而对法官的内心确信形成特定证明力的一种诉讼活动。我国的立法和司法实践采用狭义的质证，即主要指当事人、诉讼代理人及第三人在法庭的主持下，对当事人及第三人提出的证据就其真实性、合法性、关联性以及证明力的有无、大小予以说明和质辩的活动或过程。

《民事诉讼法》第六十六条规定，证据包括：当事人的陈述；书证；物证；视听资料；电子数据；证人证言；鉴定意见；勘验笔录。鉴定意见作为证据材料中的一种，其必须要满足证据的基本属性，因此，鉴定意见的有效质证是指在庭审中，控辩双方就鉴定意见的真实性、合法性和关联性等问题进行充分辩论，以保证鉴定意见的证据能力并体现其证明力。在民事诉讼中，审判公正是与当事人的诉讼地位平等不可分割的，没有这种平等就不可能体现审判公正。为此，《民事诉讼法》在程序构造设计上为双方实施诉讼行为提供了充分、平等的机会,将法官置于中立地位,通过双方当事人的积极举证,对任何可能作为裁判基础的证据进行质证,就事实展开辩论,有利于法官查明案件事实。《民事诉讼法》第七十一条规定:证据应当在法庭上出示,并由当事人互相质证。第一百四十二条规定:当事人经法庭许可,可以向证人、鉴定人、勘验人发问。这体现了双方当事人诉讼地位的平等。

新的《刑事诉讼法》实施后,将"鉴定结论"改为"鉴定意见",对其法律地位有所调整,其权威性下降,需要经过法庭质证才得以成为定案的依据。《刑事诉讼法》第一百九十四条规定:公诉人、当事人和辩护人、诉讼代理人经审判长许可,可以对证人、鉴定人发问。第一百九十八条规定:经审判长许可,公诉人、当事人和辩护人、诉讼代理人可以对证据和案件情况发表意见并且可以互相辩论。这说明,我国刑事诉讼法中有条件地确立了交叉询问的规则,进一步完善了质证制度。

三、鉴定意见的认证

所谓认证,是指法官在诉讼过程中,就当事人举证、质证、法庭辩论过程中所涉及的与待证事实有关联的证据加以审查认定,以确认其证据力的大小与强弱的诉讼行为与职能活动。认证作为与举证、质证三位一体的诉讼阶段构造,体现了司法公正、正当程序等新的诉讼理念。

认证实际上是法官对客观事物的分析、判断和认定过程。在审判实践中,主要的认证方法有以下几种。一是甄别法,即法官对于当事人提供和法定职能机关收到的与案件事实有关的证据逐一地进行单个审查,判断其证据力和证明力的方法。二是相互对比法,是指涉及两个或两个以上的具有可比性的证据进行认证时,根据事物的本质特征或内在属性的同一性原理,进行比较、分析,从而确认其具有异同结论的方法。三是综合印证法,是指对与案件事实有关的所有证据加以综合分析、判断,以认定证据之间是否相互照应、协调一致的认证方法。

对鉴定意见的认证主要包括两个方面:一是对鉴定意见的证据能力的认证;二是对鉴定意见证据力的认证。对鉴定意见的证据能力的认证,可以通过审查鉴定人是否合法,以及鉴定人是否具有解决专门性问题所应具备的知识、技能和经验，审查检材、样本或与鉴定对象有关的其他鉴定材料是否符合鉴定条件，审查鉴定人是否具有我国诉讼法上所规定的应当回避的情形，审查鉴定人是否受到外界的影响等方面来完成。对鉴定意见证据力的认证主要包括：审查鉴定人所使用的技术设备是否先进，采取的方法和操作程序是否规范、实用，其技术手段是否有效、可靠。审查鉴定人在鉴定过程中检验、试验的程序规范或者检验方法是否符合有关法定标准或行业标准的要求。审查鉴定意见的论据是否充分，推论是否合理，论据与意见之间是否存在矛盾。

对鉴定意见的认证需要一定的标准，这种标准应仅限于对证据力的认定，即对构成诉讼证据的实质要件或证明价值的认定。因此，认证标准仅涉及证据力的大小和强弱，也就是对证据价值的判断与评估标准。《刑事诉讼法》第二百条规定：在被告人最后陈述后，审判长宣布休庭，合议庭进行评议，根据已经查明的事实、证据和有关的法律规定，分别作出以下判决：

（1）案件事实清楚，证据确实、充分，依据法律认定被告人有罪的，应当作出有罪判决；

（2）依据法律认定被告人无罪的，应当作出无罪判决；

（3）证据不足，不能认定被告人有罪的，应当作出证据不足、指控的犯罪不能成立的无罪判决。这里所指的证据不足，具有对鉴定意见的认证未通过的含义。由此可见，作为证据的鉴定意见，其是否确实、充分，是鉴别证明力大小的关键所在。

第三节 鉴定意见的影响因素研究与解决机制的思考

司法鉴定意见是一种法定证据和证据调查方法，具有特殊的证明效力，在证据体系中处于核心地位，发挥着关键作用。司法鉴定的质量不仅是查明案件事实的保证，也是实现司法公正的基础。但我们也应认识到，鉴定意见是对鉴定对象作出的判断性意见，既为"意见"，就带有主观性。影响鉴定意见的质量高低的因素多而复杂，鉴定意见的科学性、准确性、客观性，除鉴定人的技术水平、实践经验外，还受到多种因素的制约与限制，需要司法人员对鉴定意见进行客观的审查。

一、影响司法鉴定意见的原因分析

（一）鉴定人方面的原因

鉴定人虽然是具有专门性知识的人，但其认识能力仍然是有限的，而鉴定意见是鉴定人对鉴定对象进行加工后根据自己的知识、经验得出的判断性意见；同时，作为具有客观性的鉴定对象，其也受提供者主观的影响，鉴定人会选择其认为对案件有意义、有价值的鉴定对象，鉴定人有目的、有价值地选择鉴定对象的行为也使得鉴定意见染上了鉴定人的主观色彩。所以，鉴定人认识事物的主观差异会使鉴定意见产生不同。

同时，鉴定人是司法鉴定的主体，鉴定意见体现的是鉴定人的鉴定能力，我国现行法律、法规虽然实施鉴定人准入制度，但过于笼统、泛化，在鉴定中可能会出现具有鉴定资格却不具备鉴定所需的专业素养、能力的鉴定人。可以推知这些人员出具的鉴定意见也难以保证其真实性、可靠性和科学性。

（二）鉴定过程的影响

鉴定过程包括鉴定材料的收集、保管，鉴定采用的方法、步骤，以及鉴定意见的制作三个方面。鉴定材料的收集、保管是鉴定的第一步，要求侦查机关严格遵守鉴定规则，完整、无污染地收集、保管鉴定材料；然后根据不同的鉴定材料分类采取不同的鉴定方法、步骤，在此环节中，适用国家标准、行业标准认同的方法；最后，制作的鉴定意见应准确记录鉴定的整个程序，并由鉴定人和鉴定机构签字盖章。

前述过程中任一过程出现疏漏，都会对鉴定意见造成影响。如鉴定材料的收集和保管出现变质或者丢失的问题；使用仪器设备对鉴定材料进行检验时，可能会损害鉴定材料或改不了鉴定材料的原貌或使鉴定材料发生污染等情况；在制作鉴定意见时没有完整记录鉴定过程，鉴定人没有参与鉴定却违规署名，伪造鉴定时间等情况。

（三）鉴定标准的影响

各种伤残评定标准，由于标准的作用不同，赔偿的标准不同，制定标准的主体身份不同，确定残疾等级的尺度差别比较大。在民事纠纷及自诉案件中，当事各方出于不同的鉴定及赔偿要求，有的会指定鉴定标准。如涉及伤残等级评定的人身损害案件中，目前常用的标准并不统一，有时采用《人体损伤致残程度分级》，有时采用《劳动能力鉴定职工工伤与职工职业病致残等级》，有时采用《人身保险伤残评定标准》。虽然这三种标准都将伤残等级划分为十级，但因这些标准所涉及法律关系的性质不同，标准制定的基本原则、方法、主要内容与赔偿的关系均不一致，多处伤残赔偿指数的晋级或者计算方法也不同，导致对同一损伤采用不同的鉴定标准所得到的伤残等级并不一定相同。如脾切除在《人体损伤致残程度分级》中，未成年人可评为七级伤残，成年人可评为八级伤残；而在《劳动能力鉴定 职工工伤与职业病致残等级》中则不分年龄大小，均评为七级伤残。

（四）法律规定及法官的影响

鉴定意见的质证是指在法庭审理中，由质证主体就司法鉴定意见向鉴定人进行询问、质疑、辩驳，以及专家辅助人对鉴定人进行询问，鉴定人针对司法鉴定意见作出回答、说明，以查明证据效力的诉讼活动。对鉴定意见进行质证符合证据必须经过查证属实才能作为认定案件依据的规定，也是对证据去伪存真的重要手段。

《刑事诉讼法》《最高人民法院关于适用〈中华人民共和国刑事诉讼法〉的解释》相关规定中，对鉴定意见的质证顺序是：先由要求传唤的一方向鉴定人发问；对方当事人在经审判长同意后对鉴定人发问；审判人员认为有必要时可以询问鉴定人。也就是说如果审判长不同意，对方当事人则无法发问，这样的质证程序部分阻碍了诉讼中双方对鉴定意见的对质和诘问。

实践中法官对鉴定意见的可信赖性缺乏审查，主要原因有两个方面。一方面，公检法机关相互配合的"流水式作业"的诉讼结构。法官在具体操作上配合公安司法机关的做法，使得由上述机关提供的鉴定意见只要不存在明显的形式问题，如鉴定人不具有相应的鉴定资格、鉴定人的鉴定超出了其执业范围、鉴定机构不具备鉴定资质等，一般都被法官认为具有证据资格。另一方面，审理案件的法官缺乏可信赖性审查所需的专业知识。法官一般具备良好的法律专业知识和素养，但鉴定涉及医学、物理、化学、生物等方面的专门性知识，法官无法对鉴定依据的此类学科的原理、技术和方法是否科学作出有效判断，导致其对控辩双方提供的鉴定意见依据的方法、技术、原理等难以进行分析、评判，进而作出鉴定意见是否具有科学性的判定。

（五）鉴定时机的影响

对鉴定时机的把握也影响鉴定意见的不同。多数情况下鉴定时机对鉴定意见影响不大，但有时同一个案件因鉴定时机不同，会对鉴定意见产生重大影响，导致不同的鉴定意见。不同的鉴定项目有不同的鉴定时机，在伤残等级评定中，鉴定时机以治疗终结为限；在损伤程度评定中，则应以损伤当时情况为主，结合治疗终结后，全面分析，综合评定。但在实际工作中，大量的损伤程度评定针对的是被鉴定人治疗终结后的情况，这就存在损伤与治疗、鉴定之间的时间差异，某些损伤当时显得较重，治愈后不留后遗症，某些则相反。另外，我国不同地区对鉴定时机的要求也不同。如对骨折的临床法医学鉴定，我国有的地区规定必须要在内固定物取出后进行鉴定，有的地区对内固定物是否取出没有要求，难免出现有内固定物时伤残等级偏高的情况。

二、解决机制探究与思考

如前所述，鉴定意见作为鉴定人的鉴别和判断意见，除了受到鉴定人的专业素养、业务水平和实践经验的影响，还受到其所使用的仪器设备、检验方法及所在环境的条件制约。对于同一个专门性问题，特别是疑难的专门性问题，不同的鉴定机构作出不同的鉴定意见是常见的，甚至同一个鉴定机构不同的鉴定人也会作出不同的鉴定意见。对于侦查、审判工作，特别是审判工作中，如何评断这些不同的鉴定意见，解决鉴定意见的争端，是鉴定意见适用制度的重要问题。

（一）构建科学的对鉴定意见可信赖性审查规则

《最高人民法院关于适用〈中华人民共和国刑事诉讼法〉的解释》第九十七条规定，对鉴定意见应当着重审查以下内容：

（1）鉴定机构和鉴定人是否具有法定资质；

（2）鉴定人是否存在应当回避的情形；

（3）检材的来源、取得、保管、送检是否符合法律、有关规定，与相关提取笔录、扣押清单等记载的内容是否相符，检材是否可靠；

（4）鉴定意见的形式要件是否完备，是否注明提起鉴定的事由、鉴定委托人、鉴定机构、鉴定要求、鉴定过程、鉴定方法、鉴定日期等相关内容，是否由鉴定机构盖章并由鉴定人签名；

（5）鉴定程序是否符合法律、有关规定；

（6）鉴定的过程和方法是否符合相关专业的规范要求；

（7）鉴定意见是否明确；

（8）鉴定意见与案件事实有无关联；

（9）鉴定意见与勘验、检查笔录及相关照片等其他证据是否矛盾；存在矛盾的，能否得到合理解释；

（10）鉴定意见是否依法及时告知相关人员，当事人对鉴定意见有无异议。

这十条规定是审查鉴定意见证据能力的基本要求，但这些要求只是对鉴定意见进行了形式方面及实质方面的审查。笔者认为，除基本要求外，还应增加对鉴定意见可信赖性的审查，即审查对鉴定意见证据能力有实质影响的鉴定依据的原理、技术和方法是否科学，保证鉴定意见的原理、技术、方法的可靠性。

为保证鉴定意见的可信赖性，必须有令人信服的科学理论、技术和方法作支撑。鉴定过程中依据的科学原理应当为社会所公认，并且有科学的理论依据保证。为避免鉴定意见错误所导致的错案发生，当案件双方对鉴定意见有异议时，有必要建立起一套科学的鉴定意见可信赖度审查规则，通过程序来规范鉴定意见的使用。可以通过四个方面来审查鉴定意见的可信赖度。第一，审查鉴定作出的时间。一般而言，在其他因素不变的前提下，事故发生之后最先进行的鉴定所具有的证明力比较高。第二，审查鉴定人的素质。鉴定人的知识构成与待鉴定事项的相关性越大，那么其出具的鉴定意见的证明力就越大。当学历、职称与专业性发生冲突时，一般情况下，可以考虑赋予专业性更高的比重。第三，审查鉴定机构的设备条件。鉴定机构的设备越先进，其出具的鉴定意见的正确性相对较高，因此其证明力就越大。第四，审查作出鉴定所依据的原理的可靠程度。鉴定人在作出鉴定时所依据的原理越先进，鉴定意见的可靠性就越大，其证明力也就越大。这四个方面不是孤立的，在审判中，法官可以根据案件需要对这四个方面的权重进行权衡和综合考虑，为判定鉴定意见的证明力大小提供可信赖性审查的途径与方法。

（二）构建司法鉴定标准化体系

在当代司法程序中，用科学评判标准增强证据的可靠性已成为趋势。在鉴别真伪、还原事实真相的活动中，法庭科学标准是最大限度地保障鉴定质量的重要手段。标准化体系建设是现代国家治理体系的重要组成部分，实施国家标准化战略是全面深化改革、推进国家治理现代化的重要举措。因此，加强司法鉴定/法庭科学标准化建设，是提升司法鉴定公信力的手段，有利于助力行业高质量发展。

司法鉴定标准，主要用于规范鉴定人的鉴定活动。我国司法鉴定标准按照层级的不同，可以分为司法鉴定国家标准、行业标准、技术规范三种。在司法实践中，一般是由不同行业或领域的主管部门分别制定内容相近的鉴定标准或技术规范，由于缺乏一致性和协调性，行业标准在效力层面并没有强制性，在实施层面仅具有参考作用。再加上标准等级的不同，对鉴定人的规范力度也不同，易引起社会公众对司法鉴定公平性、公正性的质疑。此外，由于司法鉴定需要运用鉴定人的专业知识，因此鉴定活动通常会具有一定的主观性，而鉴定标准又属于客观范畴，二者很难进行融合。

以人身损害的赔偿为例，它是司法实践中最常见的民事问题，也是最为复杂的实务问题。但我国涉及侵权责任的法律、法规较多，这些法律、法规对人身损害赔偿的范围、项目、赔偿方式都分别给予了规定，在司法实务中，均需要相应的伤残评定标准予以技术支撑。目前，我国法医鉴定领域仅有1项强制性国家标准，即《车辆驾驶人员血液、呼气酒精含量阈值与检验》，在全国范围内缺乏统一适用的人身伤害伤残评定标准，因此出现了"同伤不同残、同伤不同价"的现象，影响了司法的权威性。2016年4月18日，"两院三部"联合发布了《人体损伤致残程度分级》，并于2017年1月1日起正式实施，部分解决了人身损害赔偿领域内缺乏全国统一的伤残评定标准的问题。但该文件不是严格意义上的由国家标准化委员会颁布实施、有明确的标准号的国家标准，只是有标准形式但并非标准的规范性文件。同时并存着《劳动能力鉴定 职工工伤与职业病致残等级》《人身保险伤残评定标准及代码》等伤残评定标准，在实践中无法准确适用何种标准的现象大量存在。国家强制性标准的稀缺，不利于法医学鉴定的发展，从而影响司法审判的效率和公正，不利于保障公民的人身健康和财产权益。

党的十八大以来，习近平总书记就依法治国发表的一系列重要论述，强调了要完善司法管理体制和司法权力运行机制的重要性，要求加强司法监督，规范司法行为。中央全面深化改革领导小组第三十七次会议指出，健全统一司法鉴定管理体制，要适应以审判为中心的诉讼制度改革，完善工作机制，严格执业责任，强化监督管理，加强司法鉴定与办案工作的衔接，不断提高司法鉴定质量和公信力，保障诉讼活动顺利进行，促进司法公正。2015年3月，国务院发布了《关于〈深化标准化工作改革方案〉的通知》，点明了国家标准化战略有利于全面深化改革、推进国家治理现代化，强调了标准化工作改革的必要性和紧迫性。同年12月，《国家标准化体系建设发展规划（2016—2020年）》出台，明确了总体要求，确定了指导思想、基本原则和发展目标，在标准化建设的主要任务、重点领域、重大工程和保障措施方面作了细致的规划。

我国新修订的《标准化法》明确规定，制定标准应当基于科学成果，基于社会经验，通过深入调查论证，广泛征求意见来获得。2020年1月颁布的《强制性国家标准管理办法》也强调了制定强制性国家标准应当在科学技术研究成果和社会实践经验的基础上，深入调查论证，保证标准的科学性、规范性、时效性；要跟踪评估强制性标准的实施情况，及时反馈和处理存在的问题。笔者认为，可以以前述法律及管理办法为依据，制定具有强制执行力的、统一的法医司法鉴定标准，完善司法鉴定标准体系，促进最优方法及其一致适用，进而确保鉴定意见的可靠性。

（三）构建司法鉴定诚信体系框架

司法鉴定机构诚信的基础是司法鉴定人执业诚信，机构所有鉴定的诚信构成了司法鉴定机构的诚信。我国不承认法人鉴定人，但是鉴定人必须在一个司法鉴定机构执业，司法鉴定意见书出具必须加盖司法鉴定机构的司法鉴定专用章。同时，我国依法实施司法鉴定机构对鉴定意见的质量管理。因此，司法鉴定机构必须以维护鉴定诚信作为机构存在的基础和实现质量管理的基础。

司法鉴定机构诚信是指司法鉴定机构为了实现质量管理的目标，在管理过程中，以客观事实为基础，尊重司法鉴定人独立实施鉴定，尊重科学技术，严守法律、法规及鉴定技术规范和标准，通过管理实现鉴定人执业诚信、服务和保障鉴定实施诚信，要求鉴定人杜绝主观臆断和社会不良因素干扰的一种企业精神及管理要求。

司法鉴定人执业诚信是指司法鉴定人在执业过程中，以客观事实为基础，尊重科学技术，遵守法律、法规及鉴定技术规范和标准，杜绝主观臆断和社会不良因素干扰价值标准，出具合法、公正、可靠的鉴定意见，从而实现为诉讼服务的一种品质及要求。

司法鉴定诚信体系所涉及的关系主体包括司法鉴定人、司法鉴定机构、司法鉴定行政管理部门以及司法鉴定行业协会。其中，司法鉴定人和司法鉴定机构是履行诚信义务的主体，而司法鉴定行政管理机构和司法鉴定行业协会是管理、监督的义务主体。构建司法鉴定诚信体系框架可以通过建立司法鉴定信用体系制度，建立全国统一的司法鉴定协会制度，完善司法鉴定机构和司法鉴定人执业管理制度，完善司法鉴定收费管理制度等四个方面来进行。

1. 建立司法鉴定信用体系制度

第一，建立司法鉴定主体诚信征信制度。可以借鉴金融行业的做法，实行诚信征信制度，在司法鉴定执业过程中，对鉴定人进行征信，建立档案数据库，可以更好地实现对其执业的监督，有效保障其诚信执业。

第二，建立诚信档案制度。在对鉴定主体信用数据信息进行征信的基础上，需要对鉴定主体建立档案以备检查。对于鉴定主体的档案建设，可以分为鉴定人个人信用档案建设和鉴定机构信用档案建设。对司法鉴定机构和司法鉴定人建立档案，可以对其信息进行方便的查询，在资质审核过程中，诚信档案制度也可以作为评价指标。

第三，完善诚信等级评价制度。可以借鉴其他行业的理论，在司法鉴定诚信体系构建中，完善诚信评价制度。如借鉴企业信用中采用的5C认证标准，对鉴定人的品德、能力等进行考核；还可以采用教学评价中的自评与互评相结合、小组评价与单位评价相结合等形式开展评价。

第四，实行其他制度。如在部分地区实行"司法鉴定红黑名单"制度、失信惩戒制度、信息发布制度等。

2. 建立全国统一的司法鉴定行业协会制度

目前我国各省都有司法鉴定人协会，但司法鉴定行业却没有全国统一的行业组织或者委员会对于全国司法鉴定机构进行统一规范、管理和监督。因此，可以借鉴相关行业经验（如银行业的银监会、证券业的证监会等），在司法鉴定领域，建立全国统一的司法鉴定行业协会制度。行业协会可定期组织开展全国性的业务培训，对成员进行培训并监督、检查，对司法鉴定主体执业过程中的纠纷予以调节，对奖惩机制予以落实等。

3. 完善司法鉴定机构和司法鉴定人执业管理制度

如前所述，在司法鉴定管理问题中，存在多头鉴定、重复鉴定的情况，主要原因就是不同的鉴定标准在法律规范上属于同一层面，无法判定其效力高低，从而存在理论和实践矛盾的情形。同样，在设立司法鉴定机构的权限上，法律应该有统一的规定，以明确各级鉴定机构之间的关系。此外，在目前的管理规范中，进一步严格准入管理，完善退出机制。提高准入门槛，可以促进鉴定人专业素质和道德素养的提升，更能保证执业过程中诚实守信。完善退出机制，有助于优化司法鉴定行业环境。加强执业监管。督促鉴定机构及鉴定人在鉴定过程中，严格按照法律、规章及职业道德、执业纪律来进行鉴定活动，通过监管杜绝鉴定机构及鉴定人执业失信。

4. 完善司法鉴定收费管理制度

由于缺乏全国统一管理的标准，即便有的地区物价部门对鉴定活动收费标准做了规定，但地区差异较大，各项收费标准参差不齐。司法部办公厅《关于进一步加强司法鉴定收费行为监督管理工作的通知》要求，对司法鉴定收费行为实施监督管理，明确要求严格规范、统一执行收费标准，严肃查处乱收费行为。笔者认为，可以借鉴不同地区的司法鉴定收费管理办法，结合调查研究，尽快出台统一的司法鉴定执业收费管理制度。如《上海市司法鉴定收费管理办法》，是由上海市司法行政主管部门会同上海市价格主管部门，按照有利于司法鉴定事业可持续发展和兼顾社会承受能力原则，规定了司法鉴定收费按不同鉴定项目分别实行政府指导价和市场调节价管理，以及实行政府指导价管理的司法鉴定收费标准，产生了良好的社会示范效应。

第六章 司法鉴定的程序

司法鉴定程序是对司法鉴定过程的一种法律规定,在司法鉴定活动中处于主导地位。制定司法鉴定程序是保证司法公正,促进面向社会服务的司法鉴定工作朝着科学化、规范化、程序化方向发展的重要措施之一。

司法鉴定的过程一般包括以下几个环节:当事人向有关单位主要是司法机关提出鉴定申请的要求;司法机关(或有关单位)决定是否需要进行鉴定;司法机关(或有关单位)向司法鉴定机构提出委托鉴定的要求,明确委托鉴定的项目;司法鉴定机构受理鉴定;司法鉴定机构的鉴定人实施鉴定,作出司法鉴定意见,出具司法鉴定文书等。

第一节 司法鉴定的申请

一、申请的主体及必备条件

在各类诉讼案件中,提出鉴定申请的主体可以是犯罪嫌疑人、被告人、被害人和代理人,他们都有权向司法机关提出鉴定或者重新鉴定的申请。由犯罪嫌疑人、被告人、被害人和代理人提出鉴定申请时,应当必备的条件是：首先，案件已经进入了侦查或者诉讼阶段；其次，提出鉴定申请要有合理的理由，要求鉴定的项目一定是有助于事实真相的发现；再次，提出鉴定要求的申请人具有刑事责任能力和民事行为能力，且能实事求是地提供鉴定所需的检材及资料；最后，鉴定费用已落实。

我国有明确的法律规定诉讼案件中决定鉴定的主体。《刑事诉讼法》第一百四十六条规定：为了查明案情，需要解决案件中某些专门性问题的时候，应当指派、聘请有专门知识的人进行鉴定。《民事诉讼法》第七十九条规定：当事人可以就查明事实的专门性问题向人民法院申请鉴定。当事人申请鉴定的，由双方当事人协商确定具备资格的鉴定人；协商不成的，由人民法院指定。当事人未申请鉴定，人民法院对专门性问题认为需要鉴定的，应当委托具备资格的鉴定人进行鉴定。

二、鉴定的审核

刑事公诉案件的鉴定是否启动，在侦查阶段由公安机关或人民检察院决定，在起诉阶段由人民检察院决定，在审判阶段由人民法院决定。刑事自诉、民事、行政等案件的鉴定是否启动由当事人或人民法院决定。抗诉案件的鉴定是否启动由人民检察院或人民法院决定。刑事诉讼案件鉴定的审核范围一般包括：涉及人身状况的检验鉴定；涉及责任能力，以及对证人或被害人的作证能力、陈诉能力的司法精神病鉴定；对案件中的文证进行审查；侵权责任中的赔偿问题的评定；与案件事实有关的物证、痕迹、毒物的检验或化验等。民事诉讼案件或诉前案件中，当事人提出鉴定申请的情况主要有人身损害的鉴定，亲权鉴定、精神残疾的鉴定等。对于刑事诉讼案件，司法机关依据相关法律规定，可以对鉴定要求进行审核后作出鉴定的决定；对于民事诉讼案件或诉前案件的鉴定，由当事人自行决定是否鉴定，或者人民法院认为需要鉴定的，由人民法院委托鉴定机构进行鉴定。

第二节　司法鉴定的委托和受理

一、委托鉴定的主体

委托鉴定的主体由不同的案件类型、不同的诉讼阶段所决定。刑事诉讼案件的司法鉴定只接受司法机关或律师的委托；民事诉讼案件的司法鉴定接受行政机关、企事业单位、社会团体及个人的委托。在侦查、起诉、审判等案件诉讼的不同阶段，鉴定机构分别接受公安机关、人民检察院及人民法院的委托。

二、委托鉴定事项的确定

提出鉴定委托的司法机关应当出具鉴定委托书，填写鉴定机构提供的委托鉴定登记表、风险告知书等材料。鉴定委托书要说明委托鉴定事项，明确鉴定要求，并对案件具体情况进行介绍，向鉴定机构提供客观、详细的鉴定文字材料以及与鉴定事项相关的检材。鉴定委托书的内容主要包括：委托的鉴定机构的名称，简要的案件情况介绍，委托鉴定事项，送检文书材料或检材的名称和数量，具体委托承办人的联系方式，委托日期，鉴定委托机关公章等。如果是个人委托，当事人应该填写委托鉴定登记表，并按鉴定机构的要求，提供相关鉴定所需的文书材料和检材。

三、受理鉴定

鉴定机构在接待时首先要了解委托鉴定的目的和要求，确认送检材料是否符合检验鉴定的要求。司法鉴定机构应当对委托鉴定事项、鉴定材料等进行审查。对属于本机构司法鉴定业务范围，鉴定用途合法，提供的鉴定材料能够满足鉴定需要的，应当受理。具有下列情形之一的鉴定委托，司法鉴定机构不得受理：

(1) 委托鉴定事项超出本机构司法鉴定业务范围的；

(2) 发现鉴定材料不真实、不完整、不充分或者取得方式不合法的；

(3) 鉴定用途不合法或者违背社会公德的；

(4) 鉴定要求不符合司法鉴定执业规则或者相关鉴定技术规范的；

(5) 鉴定要求超出本机构技术条件或者鉴定能力的；

(6) 委托人就同一鉴定事项同时委托其他司法鉴定机构进行鉴定的；

(7) 其他不符合法律、法规、规章规定的情形。

《司法鉴定程序通则》第十三条规定：司法鉴定机构应当自收到委托之日起七个工作日内作出是否受理的决定。对于复杂、疑难或者特殊鉴定事项的委托，司法鉴定机构可以与委托人协商决定受理的时间。

（一）受理委托鉴定的主体

受理委托鉴定的主体主要指鉴定人。我国目前没有实行自由鉴定人制度，鉴定人一般都以专职或兼职的形式服务于某个鉴定机构，司法鉴定机构受理鉴定委托后，指定本鉴定机构具有该鉴定事项执业资格的司法鉴定人进行鉴定。因此，鉴定人是受理鉴定的主体，司法鉴定实行鉴定人负责制度。鉴定人应当独立进行鉴定，对鉴定意见负责并在鉴定书上签名或者盖章。多人参加的鉴定，对鉴定意见有不同意见的，应当注明。在鉴定意见书上加盖鉴定机构的鉴定专用章，主要目的是证明鉴定人的身份。

（二）受理委托鉴定的条件

1. 鉴定人资格

鉴定机构的鉴定人通过个人申请，司法行政机关登记，并通过资格考试、审批、年检等手续获得鉴定资格和执业资格。对鉴定人的基本要求是：鉴定人应当拥护党的基本路线，热爱社会主义，工作认真，作风正派；鉴定人必须严格按照国家的法律和法规从事鉴定活动；鉴定人必须以事实为依据，以法律为准绳，严格按照客观事实的真相，科学、准确、公正、及时地进行司法鉴定；鉴定人必须恪守司法鉴定人员职业道德规范和执业纪律；鉴定人实行回避、保密、时限、出庭作证、错鉴责任追究和处罚制度；鉴定人不能超出授予的鉴定人资格和权限进行检验、鉴定。根据不同的鉴定类型，对鉴定人的要求也是不同的。如初次鉴定的案件，对第一鉴定人的要求是应当具有中级及以上专业技术职称、从事相关专业的司法鉴定工作两年以上、具有大学本科以上学历（或具有专科以上学历，经过司法鉴定相关专业培训，取得结业证书）的人员。复核人必须是取得第一鉴定人资格并具有高级专业技术职称的人员；签发人原则上是鉴定机构内部主管业务的负责人。进行重新鉴定的司法鉴定人中应当至少有一人具有高级专业技术职称。

2. 鉴定材料的审核

鉴定材料是证据的一部分，它是鉴定人能够科学、准确、公正地作出鉴定意见的重要依据。鉴定材料一般包括文书资料和各类检材。文书资料一般指司法机关的法律文书（如调查笔录、立案卷宗、证人证言等），医疗机构的病历资料、鉴定文书等。检材主要包括各类生物检材（血液、分泌物、排泄物、指甲、毛发等）、非生物类检材（毒物、药物、文书、视频等）。

刑事诉讼案件的鉴定材料由司法机关或个人负责收集提供，《刑事诉讼法》第五十一条规定：公诉案件中被告人有罪的举证责任由人民检察院承担，自诉案件中被告人有罪的举证责任由自诉人承担。民事诉讼案件的鉴定材料由委托方收集并提供。人民法院、人民检察院和公安机关有权向有关单位和个人收集、调取证据，所有社会组织和公民都有依法向司法机关和鉴定人提供鉴定材料的义务。

鉴定材料的真实性和合法性由送检方负责。在刑事诉讼案件中，为了表明鉴定委托机关送检材料的真实性和合法性，司法机关应该对材料进行封存并加盖公章。鉴定人作出的鉴定意见只对所提供的文书资料和检材的事实进行认定，所提供的鉴定材料不真实而造成鉴定人作出错误的鉴定意见的，责任由委托方承担。

鉴定人无权将鉴定材料用于鉴定之外的用途，无权损坏和遗失鉴定材料，无权泄露鉴定材料的秘密或授予他人使用。如确实因鉴定需要而留取部分样品，或者检测量太少而无法留存时，必须事先予以说明，并征求委托机关或当事人的同意。检验鉴定完成后，鉴定的文书材料要妥善存档备查，鉴定检材应予以退还。在鉴定文书发出六个月之后，鉴定委托机关或当事人不取回的鉴定检材，鉴定机构有权自行处理。

（三）鉴定的受理

《民事诉讼法》第八十条规定：鉴定人有权了解进行鉴定所需要的案件材料，必要时可以询问当事人、证人。鉴定人在受理鉴定委托时，首先应明确委托要求和鉴定事项，认真仔细地了解案件相关情况，审核委托方所提供的文书资料是否完整、检材是否足够、委托鉴定的项目是否完备，并根据实际情况决定是否受理。司法鉴定机构决定受理鉴定委托的，应当与委托人签订司法鉴定委托书。司法鉴定委托书应当载明委托人名称、司法鉴定机构名称、委托鉴定事项、是否属于重新鉴定、鉴定用途、与鉴定有关的基本案情、鉴定材料的提供和退还、鉴定风险，以及双方商定的鉴定时限、鉴定费用及收取方式、双方权利义务等其他需要载明的事项。司法鉴定机构决定不予受理鉴定委托的，应当向委托人说明理由，退还鉴定材料。

第三节 司法鉴定的实施

一、鉴定时限和鉴定地点

《司法鉴定程序通则》第二十八条规定：司法鉴定机构应当自司法鉴定委托书生效之日起三十个工作日内完成鉴定。鉴定事项涉及复杂、疑难、特殊技术问题或者鉴定过程需要较长时间的，经本机构负责人批准，完成鉴定的时限可以延长，延长时限一般不得超过三十个工作日。鉴定时限延长的，应当及时告知委托人。司法鉴定机构与委托人对鉴定时限另有约定的，从其约定。在鉴定过程中补充或者重新提取鉴定材料所需的时间，不计入鉴定时限。

鉴定委托机关和被鉴定人应根据鉴定部门的安排，在指定的时间到指定的地点接受检查或检验。

二、鉴定检查

鉴定过程中，需要对被鉴定人身体进行法医临床检查的，应当采取必要措施保护其隐私。需要对无民事行为能力人或者限制民事行为能力人进行身体检查的，应当通知其监护人或者近亲属到场见证；必要时，可以通知委托人到场见证。对被鉴定人进行法医精神病鉴定的，应当通知委托人或者被鉴定人的近亲属或者监护人到场见证。对需要进行尸体解剖的，应当通知委托人或者死者的近亲属或者监护人到场见证。到场见证人员应当在鉴定记录上签名。见证人员未到场的，司法鉴定人不得开展相关鉴定活动，延误时间不计入鉴定时限。

三、鉴定记录

司法鉴定人应当对鉴定过程进行实时记录并签名。记录可以采取笔记、录音、录像、拍照等方式。记录应当载明主要的鉴定方法和过程，检查、检验、检测结果，以及仪器设备使用情况等。记录的内容应当真实、客观、准确、完整、清晰，记录的文本资料、音像资料等应当存入鉴定档案。

四、鉴定质量控制

（一）实行鉴定人、复核人、签发人三级审核责任制度

司法鉴定机构对同一鉴定事项，应当指定或者选择二名司法鉴定人进行鉴定；司法鉴定实行第一鉴定人负责制，其对鉴定意见负主要责任，其他鉴定人负次要责任；复核人一般应是具有高级职称的鉴定人（一般是该鉴定项目的专业负责人），主要承担鉴定意见的复核；司法鉴定人完成鉴定后，司法鉴定机构应当指定具有相应资质的人员对鉴定程序和鉴定意见

进行复核；对于涉及复杂、疑难、特殊技术问题或者重新鉴定的鉴定事项，可以组织三名以上专家进行复核。复核人员完成复核后，应当提出复核意见并签名，存入鉴定档案。签发人是鉴定机构内部主管业务的负责人或者是由其指定的代行其签发职责的人员，签发人承担鉴定文书的行政签发职责。

（二）实行专家聘请或会鉴制度

对复杂、疑难或者特殊鉴定事项，可以指定或者选择多名司法鉴定人进行鉴定，以集体讨论的方式进行部门内部会鉴，讨论内容要记录在案。如不能得出比较统一的意见的话，还可以向本机构以外的相关专业领域的专家进行咨询，但最终的鉴定意见应当由本鉴定机构的司法鉴定人出具。专家提供咨询意见应当在咨询意见上签名，并存入鉴定档案。对于涉及重大案件或者特别复杂、疑难、特殊技术问题或者多个鉴定类别的鉴定事项，办案机关可以委托司法鉴定行业协会组织、协调多个司法鉴定机构进行鉴定。

五、鉴定收费及标准

公安机关由于侦查等履行法定职能需要其内部鉴定部门作出鉴定的行为属于诉讼行为的一种，因此不必向内部鉴定部门支付报酬，也不向当事人收取鉴定费用。

面向社会服务的司法鉴定是一种具有创造性价值特征的活动，其鉴定意见作为一种技术成果，应当由当事人对其创造性劳动支付合理的报酬，因此，面向社会服务的司法鉴定实行收费制度。司法鉴定收费主要根据国家发改委和司法部联合制定的鉴定项目名称和收费标准，按照属地化原则，由鉴定机构所在地的物价部门具体决定。如湖北省发改委、湖北省司法厅《关于进一步加强司法鉴定服务收费管理的通知》中规定，经省司法厅审核登记的司法鉴定机构依法接受委托，提供法医类、物证类、声像资料类司法鉴定实行政府定价，其鉴定服务收费按标准执行。疑难、复杂和有重大社会影响的司法鉴定案件的认定标准，由省司法行政主管部门制定，其收费标准由委托双方协商确定。司法鉴定机构在鉴定过程中，单方邀请专家参与鉴定或者提供咨询意见的，发生的费用由司法鉴定机构承担；经委托人同意的，从其约定。司法鉴定机构向当事人或委托人收取司法鉴定费用，应当出具合法票据。收取符合规定的其他相关费用，应当提供费用清单及有效凭证。不能提供的，当事人或委托人可以不予支付。

六、鉴定完成的标志

鉴定机构如果已经依照司法鉴定程序完成了下述工作，则认为其完成了鉴定：对受理的鉴定委托已登记编号；收取了鉴定费用；完成了检查或检验；得出了鉴定意见；出具了司法鉴定文书；鉴定人在文书上亲笔签名及盖章；盖好鉴定机构鉴定专用章。

第四节 司法鉴定文书

司法鉴定文书是运用现代科学技术手段，为表达对客观事物的属性进行检验、作出鉴定意见而出具的法律文书，是一种诉讼证据。司法鉴定文书中的鉴定意见只有经过法院庭审质证后，才能发挥其证据作用。司法鉴定意见的证据作用在刑事诉讼法、民事诉讼法及行政诉讼法中均有体现。

一、司法鉴定文书的种类

根据司法鉴定的程序，司法鉴定文书可以分为初次鉴定意见书、补充鉴定意见书、重新鉴定意见书、复核鉴定意见书等四种，它们是在司法鉴定过程的不同阶段制作的司法鉴定文书，适用于诉讼程序的不同阶段。

根据司法鉴定意见的性质和作用的不同，又可以分为司法鉴定意见书、检验报告书、咨询意见书和文证审核意见书等四种。司法鉴定意见书是一种通过科学检验、对具体案件的某种事实得出判断的鉴定意见。正确的鉴定意见的形成要求鉴定委托项目明确，鉴定所使用的文书资料完整、翔实，案件发生的情况详细、具体，鉴定人具有职业及执业资格、鉴定人在检验时符合司法鉴定程序，检验所使用的技术方法和设备符合标准，检验结果真实可靠等。正确的鉴定意见属于科学证据，适用于诉讼的各个阶段。检验报告一般不针对某个具体的案件，而是对某一特定的对象进行检验、分析后，客观地指明和总结实验或测试的结果。检验报告不能单独使用，它必须结合案情和其他证据材料一起使用。咨询意见是一种因受到资源限制或现有的技术手段无法达到等因素制约，而暂时无法得出可靠的鉴定意见，或因不符合司法鉴定程序要求等而出具的咨询意见，它只能作为其他证据材料的参考。文证审核意见是一种根据特定案件所提供的仅依据书面资料，由鉴定人通过分析、比较和审查而作出的一种书面审查意见，它不对检材直接进行检验，而是一种文证审查意见。

二、司法鉴定意见文书的原则及制作要求

首先，司法鉴定意见文书要符合实事求是的原则。由于司法鉴定提供的是一种科学证据，因此，它对事实的鉴定是一种追求真理、探明事实的过程。鉴定文书上的记载应该是对客观事物的真实反映，鉴定人作出的鉴定意见应该不受任何外界因素干扰，符合客观事物的真实性。其次，鉴定文书的制作要系统而全面。司法鉴定文书要系统全面地反映客观事实真相，因此鉴定人在鉴定的每一个环节，都应该全面地考虑问题，仔细地检查检材，严密地设计实验，确保其所采用的技术路线先进；在鉴定文书中要做到记录详尽、分析说明逻辑性强、鉴定意见准确无误。最后，鉴定文书的制作要准确无误。鉴定文书是一种法律文件，它从形式和内容上都应该准确，包括引用的资料准确、使用的技术方法和鉴定标准准确、语言文字表达准确等，只有具有严肃性和权威性的司法鉴定文书才能作为证据使用。

司法鉴定文书的制作属于司法鉴定过程中的一个环节，其作用十分重要。鉴定文书的制作质量对司法公正产生直接影响，鉴定人的业务素质与鉴定文书的制作水平密切相关。鉴定人只有具备较高的政治理论水平、法律知识和专业素养，才能做到对事物进行客观的分析和判断，运用自己扎

实的司法鉴定理论、技能，结合较强的语言组织能力和逻辑思维能力，制作出具有证据价值的司法鉴定文书。

三、司法鉴定文书的格式和内容

司法鉴定文书并无统一的格式，现在实际应用的格式主要分为两种：一种是书写格式；另一种是表格式。一般由以下部分组成。

（1）标题。简明扼要地表明鉴定文书的主要内容。

（2）编号。包括鉴定机构名称简写、年份、编号和鉴定类别等。

（3）一般情况。包括委托单位的名称、联系人；委托日期，案件发生日期，被鉴定人的姓名、性别、年龄、籍贯、职业、住址，送检材料的名称、页数，委托项目或鉴定要求，一般情况部分可用表格式或逐项书写。

（4）案情和送检文书摘要。根据送检的书面材料，简要叙述案件发生的时间、地点、受伤情况。根据送检病历记录（包括门诊、住院病历或出院证明书），摘要叙述诊断治疗情况。如为受检者或其陪同人在鉴定时自述或代述的情况，则应写明根据其自述或代述，勿与病历记录混淆。

（5）检验鉴定过程。检验鉴定过程是司法鉴定文书的核心部分，其检查和测试结果直接关系到鉴定意见的准确性。主要包括检查时间、地点，检材处理和检验的方法，检查和检验的结果等。需要注意的是，在临床法医学的检查中，体格检查和各种特殊检查的记录应使用医学术语，按照临床病历的书写规范书写。

（6）分析说明。分析说明是司法鉴定文书的关键部分，也是检验司法鉴定文书质量的重要标志。其主要根据送检材料和检查检验结果，针对鉴定要求，逐条分析要回答的问题。分析意见实质上是对鉴定意见的说明，因此，分析内容要有的放矢、简明扼要，分析说明用语应通俗易懂、言简意明，对与鉴定意见无关的医学理论机理应当删减，以免因为对医学术语的误解而带来不必要的争议。

（7）鉴定意见。根据检查结果和分析意见，引用相关标准，作出科学的鉴定意见。鉴定意见要求词意明确、文字简练。

（8）结尾。《民事诉讼法》第八十条规定：鉴定人应当提出书面鉴定意见，在鉴定书上签名或者盖章。因此鉴定文书的结尾须注明鉴定人姓名、专业技术职称、工作单位、鉴定书完成的日期、鉴定人签名盖章、鉴定单位盖章。

（9）附录。包括必要的数据、图表、照片、音像资料、医学影像学资料、文书资料、参考文献，以及退还检材的名称和数量等。

四、司法鉴定文书的出具

《刑事诉讼法》第四十条规定：辩护律师自人民检察院对案件审查起诉之日起，可以查阅、摘抄、复制本案的案卷材料。其他辩护人经人民法院、人民检察院许可，也可以查阅、摘抄、复制上述材料。这里所提到的案卷资料也包括司法鉴定文书，因此，鉴定人在得出鉴定意见后，应该按照要求制作司法鉴定文书。鉴定文书一般需要一式三份，正本和副本交委托单位，其余一份由鉴定机构存档保管，鉴定意见对控辩双方公开。

第五节 司法鉴定的质量保障制度

一、司法鉴定执业活动的投诉机制

司法鉴定执业活动的投诉是指与鉴定事项有利害关系的公民、法人和非法人组织认为，司法鉴定机构或者司法鉴定人违法违规执业，侵犯其合法权益，而向司法行政机关进行投诉。根据《司法执业活动投诉处理办法》的规定，投诉人应当自知道或者应当知道被投诉人鉴定活动侵犯其合法权益之日起三年内，向司法行政机关投诉，法律另有规定的除外。投诉材料齐全的，司法行政机关应当自收到投诉材料之日起七个工作日内，作出是否受理的决定，并书面告知投诉人。情况复杂的，可以适当延长作出受理决定的时间，但延长期限不得超过十五个工作日，并应当将延长的时间和理由书面告知投诉人。司法行政机关开展司法鉴定执业活动投诉处理工作，应当遵循属地管理、分级负责、依法查处、处罚与教育相结合的原则，耐心细致地做好投诉人的接待工作，认真做好登记、记录；投诉人涉及的问题与委托鉴定的司法机关有关的，要及时沟通、协调和处理；对信访投诉需要复函的，要连同原始信件一并存档备查。

二、司法鉴定行业惩戒制度

《刑事诉讼法》第一百四十七条规定：鉴定人故意作虚假鉴定的，应当承担法律责任。在司法实践中，需要鉴定人纠错或承担法律责任的情况远远不止这一种。鉴定人的违规行为一般包括：

（1）在受理或鉴定过程中，向委托人或当事人作虚假宣传、不当承诺、恶意竞争的；

（2）接受委托后，不与委托人签订司法鉴定委托书或因工作失误导致鉴定委托事项遗漏的；

（3）在鉴定过程中违反司法鉴定技术规范从事司法鉴定活动的；

（4）在鉴定过程中，遇到超出本机构技术条件或鉴定能力应当中止鉴定而未中止；或未经委托人同意、擅自将鉴定事项转委托其他鉴定机构或人员办理的；

（5）超过约定的时限出具鉴定文书且无正当理由的；

（6）丢失、损毁、隐匿、涂改鉴定材料的；

（7）鉴定程序未达到规范要求，或因鉴定机构和鉴定人失职（过失），导致鉴定文书质量缺陷或瑕疵，造成鉴定意见失去证据效力的；

（8）在媒体或公开场合故意贬损同行的业务能力或执业声誉的；

（9）利用网络、报刊等媒体或通过其他方式做不实宣传的；

（10）泄露执业过程中知悉的国家秘密、商业秘密和个人隐私的，或利用所获悉的涉密信息为自己或第三方谋取利益的；

（11）违反司法鉴定收费管理相关规定，不按收费项目标准收取费用的；超出收费浮动比例收费的；私自收费的；协议收费提出不合理要求的；

（12）未经司法行政部门批准，在公告住所以外，私自以任何形式、任何名称设立与开展鉴定业务有关的场所的；

（13）拒绝接受司法行政机关、司法鉴定协会监督、检查或者在接受监督、检查中提供虚假材料、作虚假陈述的；

（14）其他违反司法鉴定相关法律、法规、规章、行业规范的情形。

司法鉴定行业的惩戒根据鉴定人情节和后果的严重程度，可以由当地的司法鉴定协会向司法行政机关提出行政处罚的建议，包括训诫、警告、通报批评、除名等；情节严重构成犯罪的，移送司法机关依法追究其法律责任。

三、鉴定人出庭制度

《刑事诉讼法》第六十一条规定：证人证言必须在法庭上经过公诉人、被害人和被告人、辩护人双方质证并且查实以后，才能作为定案的根据。法庭查明证人有意作伪证或者隐匿罪证的时候，应当依法处理。因此，鉴定意见是否被法庭采信，应该通过在法庭的举证和质证，并经过查实后，才能作为定案的证据使用。这就需要鉴定人出庭作证。鉴定人出庭作证的有关程序和规定主要有：鉴定人在接到人民法院的出庭通知后，应当按时出庭；当案件公诉人、辩护人、当事人及代理人依照法律程序对鉴定意见提出有关问题时，鉴定人应如实地予以回答；对与鉴定无关的问题，鉴定人有权拒绝回答；鉴定人经控辩双方发问或审判人员询问后，审判长应告知其退庭，鉴定人和证人不得旁听案件的审理；在证人和鉴定人举证并质证后，由审判长主持进行法庭辩论，控辩双方可以对鉴定意见发表评论，并且控辩双方有权申请重新鉴定，最终由审判长决定鉴定意见是否作为定案的根据或是否需要重新鉴定。

第七章

司法鉴定的原理与方法

司法鉴定的本质是对有法律意义的专门性问题的客观事实进行检验、认定和评断。司法鉴定的方法分为一般方法和专业技术方法。

第一节 司法鉴定的原理

随着现代科学技术的发展,物质概念的范围也在不断拓展,能够进行司法鉴定的物质主要包括以下三类。第一类是实物类物质,即有形的,可以被肉眼和仪器设备观察到的实体物质。如毒物毒品、微量物证、血痕、精斑等。第二类是痕迹类物质,它是实物类物质的表面全部或部分形态因机械运动、理化作用或生物作用在承痕体上形成的痕迹。如手印、足迹、工具痕迹、书写笔迹、印刷字迹等。第三类是信息类物质,它是由于电子信息技术的发展而出现的新的物质类型。如各类介质上储存的电子信息,计算机网络上留存的电磁痕迹及内容等。

一、物质交换与物质转移原理

物质交换原理(又称为洛卡德原理),这一理论最早是法国著名侦查学家艾德蒙·洛卡德 1910 年在其编著的《犯罪侦查学教程》中提出的。

该原理认为，任何客体发生接触，都会产生物质交换现象。具体来说，每个作案人都一定会与现场产生物质交换，除了他留下的手纹、脚印等，他的头发、衣服上的纤维、刮擦下来的涂料、遗留的工具痕迹、留在现场的血痕等，都是客观存在的证据，不可能在犯罪现场全部消失。人们通过发现这些证据并研究它们来侦查破案。洛卡德原理对刑事案件的侦破工作具有非常重要的意义。犯罪活动一定是在特定的时空发生的，存在特定的侵害对象，因此，只要发生犯罪活动，犯罪嫌疑人就一定会通过与特定的地点、侵害对象、物品之间发生接触，进而留下痕迹和物质。这些痕迹和物质通过发现、提取和司法鉴定，才能产生证据价值。

物质转移原理的范围比物质交换原理的范围更为广泛，既包括物质转移各方的形态变化、物质量的增减，还包括某些物质体的信息被其他物质体所复制、吸收等。随着侦查学和痕迹学基础理论的发展，单纯的物质交换原理已不能解释多种痕迹的形成机理和证人证言信息的交换规律。它们的形成是以接触、复制等方式，或者以记忆方式发生转移，这种转移现象已经超出了物证交换的范围，于是物证技术专家将物质交换原理扩展为物质转移与交换原理。

二、物质转移与交换原理的指导意义

物质转移与交换原理揭示了一个重要的现象，就是任何犯罪嫌疑人在犯罪现场一定会留下物质，没有任何物质残留的犯罪现场是不存在的。它揭示了与案件相关的任何物质都可以证明案件事实的客观规律，这一规律作为案件中获取鉴定材料的科学基础，不仅为选择鉴定方法提供了有力依据，还为司法鉴定提供了理论支撑。

1. 有利于强化对案件物证的科学认识

根据物质转移与交换原理所揭示的客观规律，案件中的行为与活动是一种特殊的物质运动，行为人在实施特定活动时，必然与相关物质性客体以及周围环境相接触，并引发物质转移的全过程，从而将行为人与案件事实联系在一起。例如，在杀人案件中，当被害人与作案人殊死搏斗时，作案人的毛发、纤维、被撕破的衣服碎片以及被抓破的皮肤组织等会遗留在被害人身体上或者现场，而被害人的血迹、身上的纤维以及现场的灰尘、泥土等又转移到作案人身上被其带离现场。通过检验、鉴定就可以确定从犯罪嫌疑人身体上遗留的特定物质是否来源于现场或者被害人，以及被害人身体上或者现场遗留的特定物质是否来源于犯罪嫌疑人，从而将犯罪嫌疑人与案件紧密联系起来。而此类与案件有关的物质就自然成为物证，可以为证明案件事实提供依据。

2. 有利于及时、全面获取鉴定材料

案件中的鉴定材料尤其是证据材料，很多不是原封不动地保存于相关场所和当事人处，而是杂乱地、零星地散落或分布，这就需要技术人员根据物质转移与交换原理的有关规律，运用相应的科学技术手段和方法，对相关处所、物体、人体进行反复勘验、检查、发现、固定、提取。尤其是刑事诉讼中的鉴定材料，主要来源于勘验、检查、搜查等活动，技术人员如果未掌握物质转移与交换原理的基本知识和各种规律，就很难有效地获取鉴定材料。

3. 有利于对鉴定活动实行分类管理

刑事科学技术鉴定执业分类，是鉴定机构与鉴定人执业许可的依据，也是案件当事人和侦查机关申请与决定鉴定范围、鉴定要求的依据，还是确定鉴定意见证据效力的一个要素。而鉴定执业分类的一个重要标准，就是鉴定对象形成的方式与性质。仅就鉴定领域而言，物质转移与交换原理的核心问题就是鉴定材料形成的方式问题。物质的转移形式，实质上就是鉴定材料的不同形成方式。在实践中，很多鉴定材料是因物质交换或物质转移形成的，如声像资料和电子数据类鉴定材料多是依据信息转化（传递）原理而形成的。

4. 有利于选择科学的鉴定方法

鉴定要求一般是由其对象所属学科的科学原理和鉴定材料形成方式决定的，而鉴定方法又是根据鉴定要求而产生的。鉴定人在开展具体的鉴定业务时，必须熟练掌握物质转移与交换原理的基本知识，依据鉴定材料所属物质类型，选用恰当的、可靠的鉴定方法。在一般情况下，因物质交换形成的鉴定材料，需要通过鉴定来解决物质的定性、定量问题，鉴定人可以采取理化法、生化法等鉴定方法；因物质复制转移形成的鉴定材料，需要通过鉴定来解决"同一"问题，鉴定人可以选用物理学比较法、电子学比较法和数学统计法等鉴定方法；因信息转化（传递）形成的鉴定材料，鉴定主要是为了达到恢复事实、显示事实、辨明事实真伪的目的，可以通过计算机检验法、电子学检验法等技术手段来实现。

第二节 司法鉴定的步骤

司法鉴定的步骤包括同一认定、种属认定和因果认定。

一、同一认定

（一）同一认定的概念与特征

同一认定是一种科学的认识方法。司法鉴定中的同一认定是指鉴定人利用专门的知识及检验手段，对案件中先后出现的客体进行比较、分析，判断其是否来源于同一个客体的方法。如在笔迹鉴定中，根据不同时间、地点遗留的签名的笔迹特征相符，认定为同一人。

同一认定具有五大特征：第一，同一认定的主体必须是具有专门性知识的鉴定人；第二，同一认定的客体是与专门性问题相关的，需要鉴定的物体、人身以及某些事实与现象；第三，同一认定的目的是解决客体是否为同一的问题；第四，同一认定的方法是比较客体特征；第五，同一认定的活动属于判断型的认识活动。

（二）同一认定的条件

客体是否能够进行同一认定，取决于客体自身所具有的特征与其他客体的特征不同，并且这些特征在一定时期保持不变，能够反映出来而被人们发现与认识。因此，进行同一认定的客体必须具备三个前提条件。

1. 客体的特定性

客体本身具有不同于其他客体的特征，如 DNA 人各不同，特定性极强。

2. 客体的相对稳定性

客体的相对稳定性是指客体所具有的特征在较长时间内保持稳定不变的特征。辩证唯物主义认为，世界上没有不运动的物质，也没有无物质的运动，客体的相对稳定性就是物质在一定的时间内没有发生质变，也就是其基本属性保持不变。不同的客体，其特征的相对稳定性也不同，如血型终身不变。

3. 客体的反映性

客体的特定性和相对稳定性是对物质进行同一认定的基础，但这些特征只有被反映出来，才能对其进行分析鉴定，进而被人们所认识。同一认定要求所检验的对象的特征反映必须达到一定的条件，必须能够反映出进行个体识别的足够特征。

（三）同一认定的步骤及方法

按照检验程序的先后顺序，同一认定的步骤可以分为准备检验、分别检验、比较检验和综合判断。

1. 准备检验

准备检验阶段是同一认定的起始阶段，在接到鉴定委托后，鉴定机构要了解案件情况，明确鉴定委托项目。如果委托项目属于本机构的业务受理范围，检验的用途和鉴定要求合乎法律规定，提供的鉴定文书材料和检材真实、完整、充分，则鉴定机构应当予以受理。案件受理后，鉴定人应对需要检验的客体情况进行了解，可以通过向委托人询问、查阅鉴定文书材料、询问被鉴定人等方式完成。鉴定人还要注意对委托人提供的检材与样本进行核查。主要核查检材是否完整、有无损坏、检材的名称和实际数量与清单是否一致等，并从检材的质量以及数量上判断其是否具备鉴定条件。未知客体称为检材，已知客体称为样本，样本是与检材进行比对的重要材料，如在犯罪现场发现的血痕是检材，提取到的犯罪嫌疑人的血液是样本。鉴定人应当检查样本是否来源于受审查课题，样本的质量、数量是否符合鉴定要求，是否具备比对条件。最后，对于已经受理的案件，鉴定人应当根据鉴定事项，准备好必要的物质材料，调适好需使用的仪器设备，以保障顺利完成鉴定工作。

2. 分别检验

分别检验的任务是发现和确定鉴定客体各自的特征，为下一步的比较检验提供条件。分别检验主要采用直接观察法、显微观察法、理化显现法、模拟实验法等方法，分别对检材和样本进行观察和分析，判断它们的特征、形状、数量、性质有无变化以及变化的原因、程度等。分别检验应按照顺序进行。第一，先检验检材，后检验样本，因为同一认定的依据是由检材反映出来的，只有掌握了检材的特征，在检验样本时，才有明确的方向和目标。第二，先检查一般特征，后检查细节特征。一般特征是同类客体都具有的特征，如毒品中冰毒的外观和化学成分。细节特征是客体局部的微小特征，如由冰毒合成的摇头丸的外观和化学成分。

3. 比较检验

比较检验是在分别检验的基础上，通过比较检材和样本的细节特征，从而确定两者本质属性的符合点及差异点，为肯定或否定两者同一性提供依据的检验方法。比较检验的主要方法有：特征比对法，如在手印比对中，将检材和样本手印放在同一视野下，对其相应部位的特征进行比对研究；特征接合法，如在剪切痕迹检验中，将断端在相同的切割线处接合，以观察切割线边缘特征是否对应；特征重叠法，是将两个被比较的客体，以同等的比例拍摄成透明胶片并将其在相同位置进行重叠，观察特征点是否重叠。如果经过检验，发现检材与样本的一般特征相符合，则下一步可以对细节特征进行认真细致的比较检验来进一步确定。

4. 综合评断

综合评断，是指分析、确定检材与样本之间的符合点和差异点的价值和性质，对同一认定问题进行认识、评价并作出科学鉴定意见的过程。综合评断一般从研究差异点开始。

1）对差异点性质的评断

差异点，是指检材和样本之间特征不相符的地方。差异可分为本质性差异和非本质性差异。本质性差异是指可能因来源于两个不同客体的特征而形成的差异，可以否定检材与样本之间的同一性；非本质性差异指客体自身可能因时间、环境的影响而形成的差异，不影响同一认定意见的作出。对差异点性质的评断，就是鉴别检材与样本之间的差异是本质性差异还是非本质性差异。

2）对符合点性质的评断

符合点是指检材和样本之间特征相符之处。对符合点性质的评断主要是分析符合点总和的数量与质量的关系及意义，也就是符合点是由哪些方面的特征构成的、这些特征鉴定价值的大小。如果达到特定化的程度，就是本质性符合，反之，则是非本质性符合。

3）综合评断符合点和差异点

首先，比对数量，主要是看符合点和差异点在数量上的多少，如果符合点数量足够多，一般可作为同一认定；如果差异点数量占绝对优势，一般否定同一。需要注意的是，数量比对并不是简单的数量比对，还需要特征种类的数量比对，也就是说，既要比对符合点和差异点的数量，还要比对特征种类是否齐全，而且特征种类更能说明问题的本质。其次，比对质量。质量比对主要是看符合点与差异点的质量高低，质量高的在鉴定意见中起主要作用。最后，综合评断符合点和差异点的总和。一般来说，如果符合点的数量多，即使每个符合点的特征质量不高，但其数量上的优势可以反映客体的本质；如果符合点数量不多，但每个符合点的特征质量高，其质量上的优势可以反映客体的本质。所以，数量与质量互相补充，共同参与同一认定的评断。

经过综合评断后，即可作出鉴定意见，一般有三种形式：第一种是肯定同一认定，即检材和样本之间的符合点一致，且特征相同，其差异点又可以合理解释时，可作出同一认定；第二种是否定同一认定，如果检材和样本之间的符合点只是形式上的相同，差异点是本质上的差异，可以作出否定同一的认定；第三种是推测性意见，当由于客观条件和主观认知受限，既不能肯定又不能否定时，可以根据客观规律及其内在联系，作出推测性的意见。总而言之，同一认定是一个逐步加深的过程，其认定程序之间是各自独立又相互关联的，各个程序之间具有严格的先后顺序，每一个程序都有其特定的检验任务和独特的检验方法。为了加深对客体的认识，有时需要重复这些程序，对客体特征进行反复分析、比较、认识，在一次次的循环中不断深化、丰富原有认知，最终作出准确的认定意见。

二、种属认定

种属认定和同一认定的目的相同，都是认识客观事物的方法。种属认定是鉴定人利用其专业知识结合适当的检验方法，通过对客体的反映形象或客体表现进行检验，认定客体种属的检验与评断的一种认识活动。种属认定往往是同一认定的必经阶段，在大多数情况下，对客体进行同一认定都需要首先确定该客体或其反映形象的种类归属。在种属认定的检验得到肯定性确认时，才能进入同一性本质特征的比较和考查。种属认定需要依据的特征检验，既要考虑特征的数量，也要考虑特征的质量。一般情况下，所依据的特征的数量越多、质量越高，那么种属范围就越小。总之，种属认定就是分析客体的特征，然后根据分析结果把该客体的种类限制在一定的范围之内。

（一）种属认定的分类

根据认定依据和客体类型的不同，种属认定可以分为以下两类。第一类是按认定依据的基础分类。认定依据的基础分为依据反映形象的种属认定和依据客体本身的种属认定。依据反映形象的种属认定包括痕迹、笔迹、图文、印章等鉴定；依据客体本身的种属认定包括对各种物体或物质的鉴定。第二类是按被认定的客体分类。按被认定的客体可分为物体的种属认定和物质的种属认定。物体的种属认定一般是通过遗留在犯罪现场的形象痕迹来认定该遗留痕迹的物体种类，如通过足迹来确定鞋子的种类及生产厂家、通过枪弹痕迹来判断枪支的类型等。物质的种属认定是通过对物质本身的化学成分、物理性质或生物性质的检验来进行种属认定,如对死者体内的毒物成分的种属认定、对现场遗留的药物的种属认定等。

(二)种属认定的方法

种属认定的基本步骤和同一认定过程相似,基本按照分别检验、比较检验和综合评断的程序进行。其与同一认定的差别在于种属认定过程中没有明显的比较检验过程,但实际是完成了比较检验的。如在对毒物进行定性分析时,将毒物的色谱特征与标准色谱特征进行比对,即完成了种属认定。按照采用的检验技术手段的不同,种属认定的具体方法可分为以下三类。

1. 物理检验法

物理检验通常为无损检验,主要是采用仪器检验物质的物理属性。检验范围包括物质的形态、结构、颜色、重量、厚度、气味等物理属性,用于缩小检验范围、指明检验方向。如胃内容物有大蒜样臭味,提示可能含有有机磷农药。

2. 化学检验法

化学检验法是指采用化学反应的方法检验物证的化学属性。常用的有酸碱性实验、烧灼实验、显色反应、沉淀反应、显微结晶反应等。

3. 生物检验法

生物检验法主要利用生物学原理检测物证的生物属性。主要有三种方法:生化检验法、分子生物检验法和遗传检验法。如 DNA 技术就是采用的遗传检验法,通过对生物检材的提取、扩增、测序来确定该检材的种属。

(三)种属认定的作用

种属认定是认定案件事实的重要手段,鉴定人依据现场发现的痕迹和物质材料作出其种属的评断,可以确定和缩小客体的范围,为鉴定工作和侦查工作指明方向,提高工作效率;种属认定还可以帮助办案人员确定案件的性质、判断案件发生发展的原因,帮助分析案件事实。只有充分借助准确的种属认定的评断结果,才能保证案件侦查和鉴定工作朝着正确的方向开展。

三、因果认定

司法鉴定中的因果认定是指鉴定人运用其专业知识和检验方法,对造成某种事实结果或引起某种事件发生的原因进行分析和评断。如在人身损害的法医学鉴定中,有时会遇到损伤与疾病并存的情况,鉴定人在鉴定时需要分析损伤和疾病在损伤后果中起到的作用才能得出鉴定意见。因果认定的主要特点包括:认定的依据主要来源于造成某种事实的结果及与其相关联的环境因素;鉴定意见的作出属于抽象的主观认定,主要采用推理、归纳等方式作出鉴定意见。

第三节 司法鉴定的方法

司法鉴定需要运用多种学科的原理、技术手段与方法,才能完成专门性问题的检验与鉴定。

一、医学方法

(一)临床医学方法

对活体的检验鉴定,主要使用临床医学的检查方法,包括常规检查、医学影像学检查、神经电生理检查等。

1. 常规检查

对涉及人身损害案件的活体检查与记录要仔细,根据鉴定要求,进行全身、系统检查,并作好详细、准确和客观的记录。

(1) 一般状态。一般状态的检查包括性别、发育、营养、意识、语态、步态等。

(2) 衣着检查。检查内容包括衣着是否完整、是否沾染异物、衣服有无破口、破口处与体表损伤位置是否对应等。

(3) 头颈部检查。检查头颅的外形,有无头皮擦挫伤、血肿、裂创、颅骨骨折或缺损和瘢痕等,以及它们相应的长度或大小;面部有无伤口、瘢痕、色素沉着,以及它们相应的长度或面积;双眼眼睑有无下垂,双瞳孔是否等大等圆,对光反射及眼球运动是否正常;双外耳有无外伤、瘢痕、缺失及畸形等,外耳道有无异常分泌物;鼻外形是否正常,有无骨折或缺失;口唇有无紫绀,口腔张开度是否正常,牙有无缺失或折断,舌是否完整,有无面瘫表现;颈部有无伤口、表皮剥脱、皮下出血瘢痕等,是否存在气管、甲状腺等器官的损伤,有无颈椎、颈髓损伤及颈部的活动度是否正常。

(4) 胸部检查。主要检查胸部有无外伤或瘢痕,胸廓外形及呼吸运动是否正常,有无呼吸功能障碍;女性有无乳房的损伤或缺失,胸廓挤压是否疼痛等。

(5) 腹部检查。观察腹部有无外伤或瘢痕。

(6) 脊柱及四肢检查。观察脊柱有无畸形,活动度是否正常,是否有压痛、叩击痛及疼痛所在部位;骨盆有无骨折、畸形,双下肢长度是否相等;四肢有无瘢痕及瘢痕的长度或面积;各关节活动范围是否正常等。

(7) 神经系统检查。注意观察意识状态,四肢肌力、肌张力、腱反射情况,有无感觉障碍及其程度,是否存在神经损害后的病理体征。

(8) 外生殖器检查。涉及强奸案时,应注意提取检材。

2. 医学影像学检查

医学影像学检查主要包括超声检查、X线检查、CT检查、核磁共振检查、PET检查等。

（1）超声检查。超声检查主要适用于内脏器官的微小损伤或疾病改变，它几乎可以用于全身各个器官的检查。超声检查所得到的断层图像，类似解剖真实结构，可以对损伤或疾病进行定位及定性。特别是对于一些空腔脏器无须灌注对比剂也可以显示。

（2）X线检查。X线检查分为普通检查、特殊检查和造影检查。普通检查是应用最广泛的检查方法，包括透视和摄影，目前主要采用计算机X线摄影，或数字化X线摄影（CR）。它通过一个可反复读取的成像板（IP板）来替代传统胶片，可降低X线摄影的辐射剂量，减少辐射损伤。特殊检查包括体层摄影、软线摄影、放大摄影、荧光摄影等，这些特殊的方法可以清楚地显现人体结构复杂的部位及细微的组织结构。造影检查通过灌注造影剂来加强对比，明确组织、器官的病变或者损伤。

（3）CT检查。CT检查在人身损害案件的检验鉴定中能客观地反映损伤的部位、大小和范围。一般的CT检查采用普通扫描，还有经静脉注射水溶性有机碘剂使损伤显示更清楚的造影增强扫描，根据不同层次、不同组织器官的改变，可以提示暴力是否作用于人体以及作用程度，有助于鉴定人分析损伤机制和损伤时间。

（4）核磁共振（MRI）成像检查。MRI既可以反映组织器官的横断面，又可以呈现组织器官的矢状面和冠状面，特别是对软组织的影像显现清晰，可以用于关节、韧带、肌腱损伤的诊断。

（5）正电子发射型计算机断层显像（PET）检查。PET是反映病变的基因、分子、代谢及功能状态的显像设备。它是利用正电子核素标记葡萄糖等人体代谢物作为显像剂，通过病灶对显像剂的摄取来反映其代谢变化，从而为临床提供疾病的生物代谢信息。PET是当今生命科学、医学影像技术发展的新的里程碑，在人身损害的鉴定检查中适用于脑外伤后癫痫病灶的定位、各类软骨损伤的确定等。

3. 神经电生理检查

神经电生理检查是用电生理仪器、微电极、电压钳及膜片钳技术等记录或测定人体或神经和细胞离子通道等的膜电位改变、传导速度及离子通道的活动的方法。常用于测定各种器官的自发性电活动（如心电、脑电、神经电活动）、诱发电位及离子通道的开放和关闭等电活动。主要包括肌电图检查、神经诱发电位检查、心/脑电图检查等，在司法鉴定中比较常用的是肌电图检查和诱发电位检查。肌电图检查是用于下位神经元病变、周围神经病变和肌肉病变的客观检查方法。肌电图可以辨别肌肉萎缩、肌肉瘫痪及肌肉运动异常的性质，判定周围神经、神经肌肉接点及肌肉本身的功能。在法医学上，应用肌电图可以鉴别和确认周围神经有无损伤及损伤程度，肢体功能障碍的性质、有无伪装或夸大以及损伤预后情况。诱发电位可分为感觉诱发电位（视觉诱发电位、听觉诱发电位等）和运动诱发电位。视觉诱发电位客观评价视功能障碍的类型和程度，结合眼科常规检查可以识别伪盲和明显夸大视功能障碍者；听觉诱发电位可以客观判定听觉功能障碍的部位、性质和程度，识别伪聋与夸大；运动诱发电位反映周围感觉神经至大脑皮层顶叶间传导通路功能情况，因而可对周围神经、神经根、脊髓、脑干、丘脑和大脑皮层病变进行定位诊断，并可鉴别器质性和功能性感觉障碍，是目前客观判定神经系统功能障碍的最好方法。在法医学上应用脑电图，对于癫痫的确认、颅脑损伤病人脑功能情况的判定有重要的参考价值。

（二）精神检查

精神检查是进行司法精神病鉴定的主要方法，鉴定人通过了解被鉴定人的精神状态，作出鉴定意见。精神检查主要是应用现代精神医学理论和技术，遵从法定程序，对涉及法律问题的当事人的精神状态和法定能力进行评定，为委托鉴定机关提供专家证言。其主要检查内容包括确定被鉴定人是否患有精神障碍，患何种精神障碍，实施危害行为时的精神状态，精神障碍与所实施危害行为之间的关系，以判定其有无刑事责任能力；确定被鉴定人在诉讼过程中的精神状态，以及有无受审能力；确定被鉴定人在服刑期间的精神状态，以及有无服刑能力；确定各类案件的受害人在其人身、财产等合法权益遭受侵害时的精神状态，以及对侵犯行为有无性防卫能力或自我保护能力；确定各类案件中有关证人的精神状态，以及有无作证能力；在人身伤害案件中，确定受害人的精神损伤程度和因果关系；精神病病人的劳动能力和精神伤残等级评定；涉及精神病病人的医疗纠纷与医疗事故评定等。

二、生物学方法

生物学方法包括免疫学方法、遗传学方法和生物化学技术。

（一）免疫学方法

免疫学方法主要应用在法医物证检验鉴定中。在免疫反应中，抗原是指能够激活机体免疫细胞并能与相应的抗体特异性结合或反应的物质；抗体是由抗原激活机体免疫细胞使其产生的免疫球蛋白。如对血痕和抗血清进行免疫沉淀反应，就是将抗人血红蛋白抗体加入到人血抗原中，形成肉眼可见的沉淀，用于确定血痕的种属。还有如用凝集反应、凝集抑制实验等测定 ABO 血型等方法都属于免疫学方法。

（二）遗传学方法

人类遗传性状能够按特定的方式从一代遗传给下一代。遗传方式一般可分为单基因遗传和多基因遗传两类。法医遗传标记主要是单基因遗传性状，单基因遗传基本上按照孟德尔遗传定律进行。孟德尔遗传定律包括分离律和自由组合律。其中自由组合律是计算法医遗传标记累积鉴别概率的理论基础。法医 DNA 分型基本技术包括以下几种。

1. 聚合酶链式反应（PCR）技术

PCR 技术通过体外扩增单拷贝或少量拷贝 DNA，数小时内产生上百万靶 DNA 片段的拷贝，是一种常用的分子生物学技术。因其具有操作简便、灵敏度高、特异性好的优势，目前已广泛应用于法医物证鉴定领域，如个体识别和亲权鉴定等。

2. DNA 长度多态性分析技术

Amp-FLP 技术是目前法医物证检验的主流技术，采用 PCR 扩增小卫星 VNTR 或 STR 基因座等位基因进行 DNA 长度多态性分析。

3. DNA 序列多态性分析技术

DNA 序列多态性的检测方法有很多种，主要包括两大类：传统的凝胶检测法及现代的自动化分析技术。目前比较常用的有 DNA 测序、微测序法以及 TaqMan 探针法。

（三）生物化学技术

电泳技术是司法鉴定中最常使用的生物化学技术。电泳技术是通过带电粒子在电场中向自身所带电荷相反电极方向的移动，分离生物中的大分子。电泳完成后再通过染色、免疫固定或组织化学的方法显示的特定谱带，可以用作判断的依据。

二、化学分析方法

随着科学技术的发展，特别是物理化学学科的出现，化学分析方法从狭隘的化学反应分析拓展为化学反应分析法和仪器分析法。

（一）化学反应分析法

化学反应分析法主要运用化学试剂与被检测物质之间的化学反应，通过观察到的化学现象来分析检材的种类、组成、结构、性质及含量等。化学反应分析法常用的反应有以下几种。

1. 显色反应

显色反应主要是在检材中加入试剂，通过观察颜色变化来判断是否存在被检物质或者根据颜色的深浅程度来确定被检物的含量。显色反应主要有酸碱反应、氧化还原反应、络合反应等，这些反应中所使用的试剂一般叫作显色剂，它可以是单一的试剂，也可以是几种试剂按一定比例或顺序加入而成。显色反应通常在白瓷反应盘或试管中完成，也可通过浸泡过显色剂的滤纸完成。

2. 沉淀反应

沉淀反应是根据检材与某些试剂反应而产生沉淀或结晶来认定物证检材物质种类的方法。化学试剂与检材发生化学反应，生成难以溶解的物质，根据沉淀物质颜色来判断检材的属性。沉淀反应一般在试管中进行。如可溶性的卤化物能与硝酸银溶液发生反应，生成难溶于水的沉淀物质，这种沉淀物也不溶于稀硝酸，即证明被检物质一定是卤化物。

3. 气室反应

气室法是将微量物证与毒物毒品物证检材和某些试剂反应，其产物有气体，再通过呈色反应或嗅闻气味来确定物证种类的方法。如 CO 中毒案件中血液中 HbCO 的检测所使用的钯镜反应。

4. 燃烧反应

燃烧反应是根据被检验的物质在接近火焰、接触火焰和离开火焰的过程中，所产生火焰和烟雾的颜色、气味、燃速、灰渣及状态变化等特征，来确定物证检材物质种类的方法。很多金属和它们的化合物在火焰下灼烧时能使无色火焰染色，叫焰色反应。例如，金属钠或钠盐能使火焰呈亮黄色，金属钾或钾盐灼烧时会使火焰呈现紫色。根据焰色反应可推断检材是哪类物质。

化学分析方法操作简便，耗时短，不需要特殊的仪器设备，在司法鉴定中应用较广，可随时用于探索验证。但其主要缺点在于无法准确进行定性及定量分析，且反应所需检材数量较大，反应过程会对检材造成破坏等。

（二）仪器分析法

检材种类繁多，成分复杂，用传统的化学、物理分析方法已很难达到检验目的，要想获取理想的检验结果用于司法鉴定，通常需要采用仪器分析法。仪器分析法是利用能反映物质某些固有理化性质的仪器，检测物质组成、结构、性质和含量的分析方法。

现代分析仪器的种类较多，在司法鉴定领域比较常用的有以下几种。

1. 显微镜法

在物证检验中，显微镜是一种广泛使用的分析仪器，主要用于发现、提取、预检物证。显微镜一般分为光学显微镜和电子显微镜。光学显微镜包括生物显微镜、偏光显微镜、比对显微镜、立体显微镜等。电子显微镜包括扫描电子显微镜、透射电子显微镜等。

（1）生物显微镜是利用透射光照明，观察透明或者半透明物体形貌。

（2）偏光显微镜是在普通生物显微镜的光路中加入起偏镜、检偏镜和补偿片，使自然光过滤为在固定方向振动的偏振光，用于观察表面相似但实际结构不同的检材，如各类化学纤维。

（3）比对显微镜是利用两个并排放置的显微镜通过同一视野同时观察比较两个物体的显微镜，可用于样本与检材之间符合点与差异点的比较，如字迹、防治纤维、工具痕迹、枪弹痕迹等的比较检验。

（4）立体显微镜是一种利用反射光照明，观察不透明物体立体形状或表面结构的显微镜，它对照明光的要求比较简单，甚至可以使用普通灯泡。

（5）扫描电子显微镜简称扫描电镜，主要用于样品表面形态分析。

（6）透射电子显微镜是以电子束透过样品，经过聚焦与放大后产生的物像，投射到荧光屏或者照相底片上进行观察。其放大倍数为几千倍至几十万倍，主要用于观察超微结构。

2. 薄层色谱法

薄层色谱法是将固定相涂铺在载板（也称为薄层板）上，使之形成均匀的薄层；把待分离的样品溶液点加在薄层板上离卜沿约 10mm 的位置；将下沿向下，放入盛有深度约为 5mm 展开剂的层析缸中展开，实现混合物的分离；对被展开的色谱谱带（斑点），通过适当的技术进行定性检测和定量检测。根据斑点的颜色及 Rf 值对组分进行定性分析，根据斑点的颜色深度或面积大小等对组分进行定量分析。

薄层色谱法具有微量、简便、快速的特点，但有一定的局限性。在司法鉴定中主要用于比对物质的异同，作为某些成分的定性定量分析以及进行其他仪器分析前处理样品的手段，对复杂样品进行分离净化。

3. 气相色谱法

以气体为流动相、以固体吸附剂或涂在载体表面上的高沸点有机化合物液膜为固定相的色谱法，称为气相色谱法。气相色谱分析是借助气相色谱仪完成的。气相色谱仪是实现气相色谱过程的装置，将试样用进样针注入汽化室，使样品由液态转变为气态，由载气携带进入色谱柱，各组分彼此分离后依次进入检测器，检测器信号由记录仪记录并得到色谱图。气相色谱法定性分析的依据是在相同的色谱条件（仪器条件、操作条件）下，相同组分的保留时间相同。对热不稳定的挥发性毒物可采用顶空气相色谱法，即检材不经前处理直接分置于密闭容器中加热，热平衡后抽取液面上的气体进行分析。该法简单、快速、不污染色谱柱，现已用于生物检材中甲醇、乙醇、氢氰酸、磷化氢、硫化氢、液化石油气等的分析。对不易气化的高分子有机化合物，如塑料、橡胶等则可经高温裂解成易挥发、易气化的小分子后用气相色谱法分析，这种方法称为裂解气相色谱法。

4. 高效液相色谱法

高效液相色谱法（HPLC）是以液体为流动相的色谱分析方法。高效液相色谱法是在经典液相色谱的基础上发展起来的。高效液相色谱法不受样品挥发性、热稳定性、极性、大分子量等限制，样品只要能制成溶液，就可以通过液相色谱法进行分离。高效液相色谱法较气相色谱法有更大的应用范围，挥发性差、热稳定性差及分子量大的化合物都可用高效液相色谱法进行分离分析。

5. 色谱-质谱联用法

质谱是将分子（或原子）用一定方式裂解后生成的各种离子按其质荷比（m/z）大小排列而成的图谱。通过样品的质谱来进行成分和结构分析的方法称为质谱法。质谱法是定性鉴定与研究分子结构的有效方法，主要优点是灵敏度高，所需样品量少，能提供多维结构信息，分析速度快，但要求试样要纯，且定量分析较复杂，不适用于混合物的直接分析。色谱法则是实现混合物分离非常有效的手段，具有分离效率高、定量分析简便等特点，但由于受检测器的限制，它们对分离所得化合物的定性能力较差。采用色谱-质谱联用法，既可发挥色谱法的高分离能力，又可发挥质谱法的高鉴别能力。

6. 紫外-可见吸收光谱法

用紫外-可见吸收光谱进行分析的方法叫作紫外-可见吸收光谱法，简称紫外-可见光谱法，可用来进行物质的定性和定量分析。将待测物的吸收光谱图与已知标准光谱图相比较，如是同一种物质，则两者光谱图一致，且改变溶剂、溶液的pH值等条件后二者仍一致。紫外-可见吸收光谱法的分析依据包括吸收光谱形状、吸收峰数目、最大吸收波长、最小吸收波长、肩峰、摩尔吸光系数和比吸光系数，其中最大吸收波长是最主要的特征。

7. 红外吸收光谱法

利用红外吸收光谱进行分析的方法叫作红外吸收光谱法，简称红外光谱法，又称分子振动光谱，可用于物质的定性和定量分析。红外光谱是多谱带的光谱，能提供有关化学结构的多种信息。各种化合物因有不同的分子结构而在红外光谱上有一段自己的"指纹区"，就像指纹的个人特征一样，利用这一特点可以对各种化合物进行检验。红外检验过程不改变物质成分，是一种无损检验。但检测灵敏度较紫外-可见光谱法低，并对试样的纯度要求高。红外吸收光谱法在毒物分析、物证分析中主要用于未知物的鉴定和比对物证。

8. 荧光光谱法

当用一种波长的光照射某物质时，由于物质的分子结构不同，物质会在极短的时间内，发射出较照射光波长更长的光，这种光就称为荧光。由于物质分子结构不同，吸收光的波长和发射荧光的波长不同，据此可以定性鉴别物质。而同一分子结构不同浓度的物质，荧光强度正比于物质的浓度，据此可以对物质进行定量检测。因为一种物质吸收光的能力及量子产率都与物质所处的环境紧密相关，环境条件影响分子对能量的吸收和消耗，所以环境常常是决定物质量子产率高低甚至能否发射荧光的重要因素,如溶剂、溶液的 pH 值、温度等都能影响荧光量子产率。

9. 拉曼光谱法

当一束频率为 V0 的单色光照射到样品上后,分子可以使入射光发生散射。在散射光谱中出现频率产生几个到几千个波数改变的散射光被称为拉曼散射。对照标准拉曼光谱图或已知标准物质的拉曼光谱图,在允许的误差范围内若测得的拉曼光谱图与某一已知标准谱图吻合,就可认为未知试样即为该已知物质。与已发表的各种化合物基团的特征拉曼位移进行对照分析,可对化合物的基团作出鉴别。

10. 原子发射光谱法

气态原子或离子的外层电子从较高能级跃回较低能级而发射出特征光谱,依据特征光谱的谱线波长和谱线强度进行定性、定量分析的方法称为原子发射光谱法。在司法鉴定中,原子发射光谱法是最常用的无机元素分析法,在定性分析方面,用于检测中毒元素、金属物体和电击伤的附着物,爆炸、射击残留物,微量金属、油漆、泥土、各种护肤用品等所含元素分析。在定量分析方面,可鉴别涂料、纸张、金属材料的生产厂家和牌号,区分不同地区的泥土和水质。

11. 原子吸收光谱法

原子吸收光谱法(AAS)是基于物质产生的原子蒸气中待测元素的基态自由原子对特定谱线(通常是待测元素的共振线)的吸收强度来进行元素定量分析的方法,又称原子吸收分光光度法。在物证检验中,原子吸收光谱法可用于检测人体中砷、汞、锌、镁等中毒元素。金属类检材中掺杂的微量金属元素的含量测定,可为金属类物证的比对和同一认定提供可靠的数据;射击残留物中金属元素含量的测定,可为判断使用枪支、弹药的种类及射击距离等提供依据;精确测定玻璃、陶瓷中微量金属元素的含量,以此鉴别玻璃、陶瓷的种类和来源。

第四节　司法鉴定的专业技术类别

司法鉴定科学是以物理学、化学、生物学、遗传学、医学等自然科学为基础，运用各种技术手段来解决司法实践中专门性问题的学科。它是由多种鉴定学科组成的学科群，主要由痕迹检验技术、文件检验技术、刑事影像技术、刑事化验技术、法医学检验技术等组成。

一、痕迹检验技术

痕迹检验技术是运用现代科学技术手段，对现场遗留的痕迹进行发现、提取、分析、检验和鉴定，判明痕迹的形成、痕迹与特定人或物之间的关系的一种专门技术。痕迹检验的主要对象是留在承痕体上的能反映造痕体接触面形态结构的痕迹，包括静态痕迹、动态痕迹、平面痕迹、立体痕迹等。常见的痕迹主要包括手印、足迹、工具痕迹、枪弹痕迹、车辆痕迹等。痕迹检验主要采用物理学的检验方法，如非常规摄影技术（红外线摄影、紫外线摄影等）、显微技术（如比较显微镜、体视显微镜等）来对痕迹进行分析认定。

二、文件检验技术

文件检验技术是运用物理检验的方法，对可疑文件进行检验、分析，确定文件与案件事实关系的专门性技术。文件检验的对象是案件中的各种文件资料，如笔迹检验、印刷文件检验、污损文件检验、文件材料检验等。文件检验技术通过判断文字上字迹是否为某人书写、判明文件的真伪、判断书写时间或文件形成的时间等，为证实案件的真实情况提供依据。

三、刑事影像技术

刑事影像技术是运用专门的摄像、录像方法记录固定与犯罪现场有关的影像信息,并对这些影像信息进行处理、检验的专门技术。刑事影像技术涉及刑事技术领域的各个方面,它不仅能够记录物证,还可以用于物证的发现,其研究内容主要包括刑事照相、刑事摄像、图像处理、图像检验等。由于刑事影像技术是一种无损检验的技术方法,所以常常是物证检验的第一步。特别是随着各类视频监控装置的广泛应用,对视频图像的处理及还原逐渐成为刑事影像技术研究的重点。

四、刑事化验技术

刑事化验技术又称理化检验,是应用化学、物理学、毒理学、毒物分析方法,对案件中的有关物质进行检验,以确定其结构、属性及含量,为揭露和证实犯罪提供科学证据的专门技术。刑事化验主要的研究对象是微量物证、毒物和毒品。微量物证检验主要是对涂料、油漆、纤维、染料、塑料、橡胶、泥土、纸张、黏合剂、火药、炸药,以及助燃剂、射击残留物、爆炸残留物等物质的检验,通过对这些物质的存在状态、属性、变化情况等的分析,确定其与犯罪行为之间的关联。毒物毒品检验主要是对案件中各种毒物毒品进行外形、性质和成分的检验,为案件诉讼提供科学证据。

五、法医检验技术

法医检验技术是应用医学、生物学及其他自然科学的理论与方法,研究并解决诉讼中涉及医学问题的一项检验技术。其主要研究对象包括人身损害案件中的尸体、活体,以及相关的环境、痕迹和物品等。其主要采用的检验方法有以下几种。

（一）尸体剖验

尸体剖验是法医鉴定的一项基本方法，通过对尸体外表及内部的检验，可以判断死亡原因、死亡性质，推断死亡时间和死亡地点，分析及认定致伤物。尸体剖验的基本步骤如下。首先进行尸表检验，即对尸体的一般情况、尸表征象、病变或损伤进行仔细检查，根据体表损伤形态特征判断死亡性质是暴力性还是非暴力性，以及损伤性质是自伤、他伤还是意外伤。其次进行系统的尸体解剖，通过尸体解剖，观察内部脏器的位置关系、脏器表面有无出血、组织结构完整性是否遭到破坏等，并提取主要脏器样本留待进行病理学检查。最后是组织病理学检查，完整的尸体解剖除了肉眼观察外，还需要通过显微镜对各个器官和重要组织进行组织病理学检查。通过组织病理学检查，可以明确死亡原因，推断死亡时间，区别生前伤和死后伤等。

（二）临床医学检查

法医对活体的检验鉴定，主要借助临床医学检查，主要采用临床常规检查、医学影像学检查、电生理检查等。其检验目的是确定被鉴定人的伤害情况，为案件诉讼提供证据。法医活体检验主要是对受检者的生理及（或）病理状态、损伤的情况、某些特征等进行检查。例如，是否有损伤，损伤的性质、时间、程度、预后，损伤与疾病的关系及推断致伤物作用方式；个体的性别、年龄、发育状态、血型等；性功能、生殖能力、是否被强奸、是否妊娠及分娩等；精神状态、有无责任能力或行为能力；是否诈病、造作伤及匿病，有无虐待等。

（三）生物物证检验

生物物证包括人体成分在日常生活中所经常接触到的物品上留下的痕迹，如人体的组织、分泌物、排泄物、人体留下的痕迹、指纹、足迹，某些特殊情况下还包括动植物、生活用品、食品等。法医物证检验的主要目的是应用物理、化学、血清学、免疫学、分子生物学等方法对各类生物物证进行检查，确定其理化性质、种属及特征。法医物证检验结果对推断罪行、认定和排除犯罪嫌疑人有着重要的意义。

(四) 书证检验

法医学书证,是指一切记载与人身伤亡和生物物证情况等法医学鉴定有关的文书资料,包括活体或尸体的检查记录、临床患者的病历、各种检验报告、法医学鉴定意见书等。法医学书证审查常带有复核鉴定的性质,如对原鉴定意见书或检验报告有怀疑,要求上级法医鉴定部门审查是否正确等。需要注意的是,法医在单纯根据书证审查出具鉴定意见时必须慎重,应争取进行其他检验,综合分析判断。

六、电子物证检验技术

电子物证是一种新型的证据形式,它主要指借助电子技术或者电子设备而形成的所有证据,包括以电子形式存在的材料及其派生物。电子物证检验技术是运用电子技术、信息技术等专门知识,对计算机设备、通信设备、网络设备、数控设备、视听设备等各种存储介质及其所存储的电子数据进行检验的一种专门性技术。

第八章

人身损害司法鉴定相关问题研究

第一节 人身损害司法鉴定相关概念

一、损伤的定义

损伤是指物理、化学、生物等因素作用于人体，造成组织器官的结构破坏或者功能损害以及精神障碍的情况。人体损伤随其生命活动而随时演变，轻微损伤短期内可消失或痊愈；严重损伤的变化又与病理生理过程和治疗密切相关；用现代医学和临床法医学的手段目前还无法全部发现、记录和确证一切损伤及其后果，特别是许多损伤后存在的心理异常或精神创伤，仍然缺乏广泛认同的检验方法和判断标准。

（一）损伤的分类

1. 按受伤情况分类

按受伤情况可分为战伤、职业性损伤、交通事故损伤和日常生活损伤。战伤是指战争中由武器所造成的人体损伤。职业性损伤是指从事职业活动过程中发生的损伤，又称为工伤，主要包括工业、农业、矿业等行业的生产过程中发生的损伤。交通事故损伤包括陆地、海洋、天空中发生的交通事故所致的损伤，多属于意外损伤。日常生活损伤主要是指故意伤害，它包括两种情况：一是他人故意伤害所致的损伤，简称他伤；二是自己故意对自己造成的损伤，简称自伤。

2. 按致伤原因分类

按致伤原因可分为物理性损伤、化学性损伤和生物性损伤。物理性损伤包括机械性损伤、高低温损伤和其他物理损伤。机械性损伤是人身损害案件中最常见的损伤类型，按致伤物不同分为钝器伤、锐器伤和火器伤；高低温损伤按作用于人体的温度不同分为高温损伤（如烧伤、烫伤）和低温损伤（如冻伤）；其他物理损伤是指由电流、辐射、微波、激光等无形物质引起的损伤。化学性损伤主要是由化学物质直接接触人体，引起人体组织烧灼、腐蚀、蛋白质凝固、坏死、变性等损伤；还包括化学物质通过其毒性作用破坏人体的组织器官代谢引起的中毒。生物性损伤可以是动植物、微生物对人体造成的损伤，也可以是致病性微生物进入人体引起的损伤。

3. 按损伤形态分类

按损伤形态可分为擦伤、挫伤、创、骨与关节损伤以及内脏损伤。

擦伤又叫表皮剥脱，根据受力方式和表皮剥脱的形态特征分为抓痕、压擦痕、撞痕、擦痕等。发现表皮剥脱意味着人体受到了钝性暴力的作用，且表皮剥脱的部位是受力部位。根据表皮剥脱的方向可以推断致伤物作用力的方向，根据表皮剥脱的形态可以推断致伤物作用面的形态、质地及表面特征。表皮剥脱既可单独存在，也可与其他类型的损伤并存，甚至可能提示严重的内脏器官的损伤。如高坠伤中，体表仅有擦伤，而体内脏器移位或破裂。

挫伤是指钝性暴力作用于人体，造成皮下或皮内以及深部软组织的挫碎、出血，但皮肤表面完整性没有遭到破坏的情况。位于皮内的挫伤称为皮内出血，位于皮下的挫伤称为皮下出血。挫伤是典型的钝器损伤，往往和擦伤同时存在。挫伤的形态特征，有时能反映致伤物作用面的形状、大小和表面性状，挫伤后皮肤的颜色改变能提示损伤的经过时间。

外力作用使皮肤的完整性遭到破坏，引起皮肤、黏膜或内脏破裂的损伤称为创。创由六大基本形态结构组成，包括创口、创缘、创角、创腔、创壁、创底。不同致伤物形成的创在形态结构上差异较大。典型的锐器创：创缘整齐，无表皮剥脱，创角尖锐，创口和创腔较狭窄，创壁间无组织间桥。主要包括砍创、切创、切割创、刺创、剪创等。典型的钝器创：创缘不整齐且伴有表皮剥脱，甚至有少许表皮缺失，称为创缘挫灭；创口和创腔较宽，创壁较粗糙，两创壁之间可有少量纤维组织、血管、神经相连，称为组织间桥。创底发生骨折的可能性较大。主要包括挫创、裂创、挫裂创、撕裂创等。火器创是由枪弹或爆炸引起的创伤，典型的枪弹创由射入口、射创管和射出口组成。

骨与关节损伤包括骨折和关节损伤。外力作用致使骨结构的完整性和连续性发生破坏时，称为骨损伤或骨折。骨折同时伴有局部皮肤和皮下软组织破裂，骨折断端刺出软组织而直接暴露于外界空气中时，称为开放性骨折；否则，为闭合性骨折。根据骨折形态，可推断外力作用方式、致伤物、打击次数和顺序、损伤程度等。组成关节的各个关节面失去正常对合关系称为关节脱位，关节脱位是最常见的关节损伤，外伤性关节脱位常合并有骨折。高位颈椎脱位（挥鞭样损伤）也可以致死。

内脏损伤是指机械暴力作用于人体，导致人体内部器官组织的结构破坏或者功能障碍，包括内脏震荡、内脏挫伤和内脏破裂等。内脏震荡是钝性暴力作用导致内脏器官功能障碍为主要表现的损伤，主要特点是器官结构上的表现不明显，但出现功能障碍，比较常见的有脑震荡、脊髓震荡、心脏震荡等。严重的内脏器官震荡可能会导致死亡。内脏器官挫伤是由于机械暴力作用导致器官内出血、组织挫碎而器官完整性没有破坏的损伤。发生于暴力直接作用部位的内部器官挫伤通常称为直接冲击伤。由于力的传导发生于外力作用部位对侧的损伤称为对冲性挫伤，如常见于脑部的对冲性脑挫伤。内脏器官破裂程度较内脏挫伤严重，主要表现是内脏器官包膜全层及实质的破裂，比较常见的如肝、脾、肾、胃肠、脑、心、肺等器官的破裂。内脏破裂和内脏挫伤并存的情况称为挫裂伤，如脑挫裂伤。

4. 按损伤程度分类

损伤对人体可以是致命的，也可以是非致命的。凡能够引起死亡的损伤称为致命伤，致命伤分为绝对致命伤和条件致命伤两种。绝对致命伤是无论在何种情况下对所有人都足以致命的损伤，如头部爆裂、头颈断离、躯干离断、心脏破裂、大血管和脑等脏器严重而广泛的损伤等。只有在特定条件下才致命的损伤称为条件致命伤。根据条件的不同，又分为个体条件致命伤和偶然条件致命伤。个体条件致命伤是指由于个体内在的条件，使损伤成为致命伤，如年龄、疾病、畸形、疲劳或全身免疫力下降等个体内在的条件，使损伤成为致命伤。偶然条件致命伤是指由于某些外在条件使损伤成为致命伤，如损伤后未能及时救治或不恰当的救治导致的死亡。

在正常情况下，不会危及生命、不能直接引起死亡的损伤称为非致命伤。非致命伤按其严重程度可分为重伤、轻伤、轻微伤三种，常导致残疾后果的发生。

（二）人体损伤后的反应

人体遭受损伤后，损伤的局部和全身都会发生一系列的反应，即局部生活反应和全身生活反应。这些反应的发生可以阻止损伤的扩大，消除损伤导致的破坏，修复损伤带来的结构破坏，恢复和代偿暂时丧失的生理功能等。

1. 局部生活反应

局部生活反应包括局部防御屏障、局部炎症以及损伤的修复等。

人体的局部防御屏障有皮肤、黏膜与浆膜和其他缓冲屏障。皮肤是人体最大的器官，也是重要的防御屏障，可以抵抗外界的机械性暴力、化学物质、高温、辐射、电流等的影响，皮肤具有的弹性和韧性能缓冲、分散暴力，有些情况下内脏已受到损伤，但其对应的局部皮肤仍然完整。覆盖于内脏表面的浆膜表面有浆液，当人体遭受暴力作用时可以起到润滑作用，使器官适当滑动以减轻暴力的动能，进而减轻损伤。位于器官内壁的黏膜上的纤毛和黏液也有一定的保护作用，能在一定程度上抵抗外力作用。

损伤也会造成对应部位的局部炎症，炎性充血、水肿、渗出、增生有利于损伤的修复。局部充血是损伤后最早的反应，充血会增加局部的血液供应，有利于修复损伤。充血后的血管渗透性增加，血浆透过血管壁渗入组织间隙又会导致水肿。白细胞同时从血管壁中渗出，聚集在损伤组织中，能在某些化学介质的作用下，帮助清除损伤性异物和坏死组织。

人体对损伤有极强的修复能力，主要是通过未受到损伤的同种细胞的再生来完成修复。不同的组织再生能力存在差异，其中上皮组织和结缔组织的再生能力最强，如瘢痕的形成就是由于结缔组织的再生。

2. 全身生活反应

损伤发生后，人体全身各个器官系统都会作出反应，反应的方式和程度与损伤的类型和程度密切相关。主要包括体温反应、神经内分泌反应、代谢反应和免疫反应。

损伤后，炎性介质作用于体温调节中枢会引起人体体温升高。但损伤导致血容量下降伴发休克时，可因炎症反应受到抑制而出现体温下降。损伤后，在疼痛、精神紧张、血容量不足等因素的综合作用下，会激发神经内分泌系统的一系列反应，这种反应具有调节、代偿和防御的积极作用。如在创伤的刺激下，儿茶酚胺分泌增加，可以起到调节心血管功能、增加心率、保障器官血液供给及微循环灌注的目的；同时交感-肾上腺髓质系统被激活，交感神经兴奋，促进体内糖原分解，使血糖水平升高、血压上升、心率加快、呼吸加促等。这些反应对人体都有一定的保护作用。

（三）损伤的并发症

损伤的刺激强度的不同会造成人体不同的反应程度。比较轻微的损伤一般只有局部反应。比较严重的损伤会使机体对损伤刺激产生强烈的反应，引起并发症。

1. 休克

休克是人体对有效循环血量减少的反应，主要由于重要器官的毛细血管灌注量不足而引起组织器官代谢障碍和细胞受损。人身损害司法鉴定中较常见的休克是感染性休克和低血容量性休克。

感染性休克主要是在损伤后，发生严重的感染导致人体有效循环血量骤减、微循环灌注障碍，使得人体重要脏器功能受损的一系列病理、生理过程的综合表现。感染性休克的发病机理目前仍然在研究中，根据循环血量减少的多少不同，分为休克代偿期和休克抑制期。其在休克抑制期往往会伴有寒战及高热，体温可达40℃以上。

低血容量性休克包括失血性休克和损伤性休克。失血性休克是由于损伤导致血管破裂、脏器破裂出血等，当失血量超过全身总血量约20%时，人体出现一系列休克的临床表现。当人体失血量未达总血容量的20%时，人体处于休克代偿期，可以通过神经、体液、内分泌机制进行代偿。主要表现为精神紧张、面色苍白、手足湿冷、心率加快、过度换气、血压正常或稍高、脉压缩小、尿量正常或减少。在失血超过总血容量的20%（800ml以上）时，进入休克的抑制期。表现为神志淡漠、口唇、肢端发绀、出冷汗、脉搏细速（超过110次/分）、血压下降（80mmHg以下）、脉压缩小（小于20mmHg）、四肢湿冷、少尿或无尿。损伤性休克的主要原因是损伤后剧烈的疼痛、血浆或者全血的丧失或渗出、组织分解产物的吸收。一般见于严重的损伤，如严重的脑外伤、大面积软组织损伤、挤压伤等。

2. 败血症、脓毒血症和毒血症

败血症一般出现在人体全身状态较差，细菌毒性强、数量多，人体免疫系统不能及时清除血液内的细菌时。这些致病的细菌入侵血液，迅速繁殖，产生大量的毒素进而引起急性、全身性感染。多在严重的损伤后发生，如大面积烧烫伤、合并严重软组织损伤的开放性骨折等。

脓毒血症的主要致病菌为化脓性细菌，这些细菌或者感染血栓进入血液循环后会在体内其他组织或器官内形成转移性脓肿，由于感染血栓间歇性地产生，因此机体表现的临床症状如寒战、高热等呈阵发性，病程迁延时间较长，各脏器反复出现转移性脓肿。

毒血症主要是严重损伤或感染后组织分解破坏后产生的毒素进入血液循环，引起的一系列全身反应。

临床上败血症、脓毒血症和毒血症往往同时存在，称为脓毒败血症。

3. 多器官功能衰竭

机体发生严重的外伤会诱发多器官功能衰竭，一般是指外伤后5天左右出现的两个以上器官的急性功能障碍。常见的出现功能障碍的器官有肺脏、肾脏和肝脏,如发生在肺脏的呼吸窘迫综合征、发生在肾脏的急性肾功能衰竭、发生在肝脏的急性肝功能衰竭等。

呼吸窘迫综合征是指在肺泡水平上发生的气体交换的有效性能急性受损的一种综合征,也是一种因损伤引起急性低氧血症而导致的急性呼吸衰竭。其主要表现是在严重损伤后或损伤后发生感染的过程中,人体出现呼吸频率加快、心率加快、口唇黏膜发绀、精神烦躁等症状,肺部可闻及干湿啰音,影像学检查显示肺部有小片状浸润的状态。

急性肾功能衰竭的原因较多,由损伤引起的急性肾功能衰竭大多以肾血管收缩缺血和肾小管上皮细胞变性和坏死为主。其主要表现是肾脏的排泄功能在数小时到数周内迅速减退,血尿素氮及血肌酐水平持续升高,肌酐清除率下降低于正常的一半,导致水、电解质及酸碱平衡失调及氮质代谢紊乱。

急性肝功能衰竭是指在严重损伤发生后,短时间内发生大量肝细胞坏死及严重肝功能损害,并引起肝性脑病的一组严重临床综合征。人体会出现黄疸、多器官出血、肝萎缩及一系列的消化道症状,如食欲缺乏、恶心、呕吐、腹胀、腹泻等。

(四)损伤的治疗与后果

人身损害发生后,受害人首先会去医院治疗,因此进行司法鉴定时,医院的就诊记录是重要的文件资料。鉴定人通过审查病历资料可以对受害人损伤当时的情况、损伤后的诊断和治疗进行了解,并判断其病历上记载的诊断与其鉴定时的症状体征是否相符,帮助鉴定人作出正确的意见。

不论治疗是否发生,大多数损伤在经过一段时间后都会愈合。损伤的结果一般有三种情况:一是完全康复,即损伤所致形态结构的损害完全修复,功能障碍完全消失,一切症状、体征均消失;二是不完全康复,即损伤后的病理损害得到了控制,主要症状已消失,但仍存在着某些病理变化,依靠代偿或器械维持相应的功能活动,如因外伤引起的各种残疾;三是死亡。

(五) 机械性损伤

物理性因素所致人体损伤中的机械性损伤在人身损害案件中较为常见，占有重要地位。机械性暴力作用于人体，在物体与人体相对运动的过程中造成组织器官的结构破坏、位置移动和功能障碍的情况称为机械性损伤。机械性损伤的形成，可由运动的物体作用于静止的人体，也可由运动的人体碰撞于静止的物体而形成，或由运动的人体和运动的物体之间的相互作用所致。其形成机制受作用力的强弱、致伤物的性状和人体组织器官的结构特点等多种因素的影响，十分复杂。

1. 机械力的作用

机械力的大小，是形成机械性损伤的首要条件。机械力只有达到一定的强度才能形成损伤。物理学中，力的大小等于物体质量（m）和加速度（a）的乘积，即 $f=ma$。质量一定的物体，加速度大则力亦大。因此，对一定质量的致伤物，在冲撞过程中若其速度变化很大，冲撞时间极短，则形成撞击力大，所造成的损伤严重；反之，若致伤物运动的速度变化较缓慢，冲撞时间较长，则撞击力较小，所形成的损伤较轻，甚至可不发生损伤。

致伤物动能大者，对人体造成的损伤严重，反之则轻。动能的大小，由致伤物的质量及其运动速度决定，决定动能大小的两个因素中，致伤物运动的速度，远比其质量重要。如枪弹创中子弹的质量较轻，但具有极高的速度，因此具有较大的动能，能对人体造成严重的损伤。高速行驶的交通工具上人体的损伤程度也较为严重，也与动能的变化有关。

致伤物和人体之间运动状态的相对关系也影响损伤的程度。当人体或某个部位处于固定位置，机械力作用于人体会造成作用部位的严重损害；但如果机械力作用于人体时引起人体发生运动，在运动过程中造成了力的损耗，其损伤程度可能不严重。此外，致伤物的机械作用方式不同，引起损伤的形态和程度也有差异。当致伤物以压擦方式作用于人体，主要引起擦伤；而当同一致伤物以垂直方向作用于人体，会引起挫伤，甚至骨折及内脏器官损伤。

2. 致伤物的性状

机械性损伤中的致伤物主要是有形物质，具体可以分为钝器、锐器及火器三类。致伤物的性质和形状的差异会产生不同的损伤后果，如有手柄的致伤物由于易于挥动，打击时会产生比较快的速度，其造成的损伤较为严重；铁质的致伤物在同等条件下造成的损伤较木质的致伤物造成的损伤要严重；具有锋利的尖端或锐利的刃缘的致伤物作用于人体时，作用力集中在尖端或刃缘上，导致作用面积小、作用力集中，造成的损伤程度往往较为严重，且由于穿透皮肤，会对皮内、皮下及内脏器官造成严重的损伤；作用面比较大的致伤物作用于人体时，由于机械力分散在作用面区域，其所形成的损伤比作用面比较小的致伤物形成的损伤要轻。

3. 人体组织结构特点

人体各种组织在物理形状和组织结构上存在明显的差异，主要原因是各种组织具有不同的致密程度、不同的纤维排列方向及纤维数量，因此不同的组织对暴力作用的反应并不相同，所形成的损伤形态学特征差别较大。

人体组织人小和形态的改变既与作用力大小有关，也与组织性质和组织结构密切相关。弹性越大的组织抗变形能力越强，如松弛的皮肤可拉长约 40% 才会断裂，而肌腱拉长 2% 就可能发生断裂；部分器官如肝、脾等因为组织弹性小，抗变形能力差，在暴力作用下容易发生破裂；软组织较为丰厚的器官，如皮肤、肋骨、内脏器官的被膜、心包周围的软组织，在一定程度上可以缓冲暴力对内部器官的损伤；组织器官在不同的生理状态下对损伤的耐受程度也不一样，空腔脏器如胃、肠及膀胱在充盈时受外力作用时更容易发生破裂。

二、劳动能力和劳动能力丧失

（一）劳动能力和劳动能力丧失的概念

劳动能力是劳动法律理论上所称的劳动行为能力，是指劳动者以自己的行为依法行使劳动权利和履行劳动义务的能力。劳动能力是人的一切劳动（包括脑力劳动和体力劳动）能力的总和，也是人的工作能力和生活能力的总和，主要反映一个人完成全部生活和工作的能力。劳动能力分为一般劳动能力和职业劳动能力。前者指日常生活活动能力和进行非专业性工作的能力；后者指经过训练、从事专门职业的劳动能力，也称专业性劳动能力。与劳动行为能力相对应的是劳动权利能力，是指劳动者依法享有劳动权利和承担劳动义务的资格或者能力。

劳动能力丧失指因损伤或疾病、衰老等引起个体原有劳动能力下降或完全丧失，从而可能使个体失去从事工作的能力，严重的会影响生活自理能力。劳动能力丧失意味着公民与劳动行为能力的分离，也代表其丧失了劳动权利能力。这种情况下，意味着公民一旦被确认丧失劳动能力，也就剥夺了他的劳动权利。因此，作出劳动能力丧失的评断必须慎之又慎。

（二）劳动能力丧失的分类

我国目前常见的分类有两种：一是按劳动能力丧失持续时间划分；二是按劳动能力丧失程度划分。

1. 按劳动能力丧失持续时间划分

按劳动能力丧失持续时间，可分为暂时性劳动能力丧失和永久性劳动能力丧失。暂时性劳动能力丧失一般无须进行司法鉴定，其主要表现是损伤发生后机体出现短时间的功能障碍，影响其日常工作和生活，但损伤痊愈后原有的劳动能力可以完全恢复。永久性劳动能力丧失者需要进行劳动能力鉴定，因为其劳动能力丧失在损伤治愈后仍不能恢复，或者经过较长时间才能部分恢复，通过劳动能力鉴定可以确定其最终的劳动能力丧失程度，作为民事赔偿的依据。

2. 按劳动能力丧失程度划分

按劳动能力丧失程度，可分为完全性劳动能力丧失和部分性劳动能力丧失。完全性劳动能力丧失指工作能力和生活自理能力完全丧失。部分性劳动能力丧失可分为大部分劳动能力丧失和部分劳动能力丧失。大部分劳动能力丧失指工作能力完全丧失，生活能力部分丧失。部分劳动能力丧失指工作能力部分丧失，生活能力没有丧失。

三、伤残

伤残的概念比较模糊，目前，许多国家使用"部分失能"或者"完全失能"来说明机体状况。伤残的概念有广义和狭义之分。广义的伤残与残疾的概念类似，主要通过组织器官损害、能力丧失和社会不利三方面的因素综合评估，即因某种缺陷而导致个体在客观上丧失三方面中一方面或几方面的能力，与其同龄、同性别、同文化背景的个体相比，明显不能达到一般个体所具有的一般性能力。狭义的伤残是指有特定用途的残疾术语，有"因伤害而致残疾"的含义，更多地用在涉及诉讼纠纷的人身损害案件中。

《最高人民法院关于审理人身损害赔偿案件适用法律若干问题的解释》第十二条规定：残疾赔偿金根据受害人丧失劳动能力程度或者伤残等级，按照受诉法院所在地上一年度城镇居民人均可支配收入标准，自定残之日起按二十年计算。但六十周岁以上的，年龄每增加一岁减少一年；七十五周岁以上的，按五年计算。受害人因伤致残但实际收入没有减少，或者伤残等级较轻但造成职业妨害严重影响其劳动就业的，可以对残疾赔偿金作相应调整。第十三条规定：残疾辅助器具费按照普通适用器具的合理费用标准计算。伤情有特殊需要的，可以参照辅助器具配制机构的意见确定相应的合理费用标准。

第二节　人身损害司法鉴定的任务和内容

一、人身损害司法鉴定的任务

人身损害司法鉴定为各类刑事、民事、行政诉讼活动提供服务，其主要任务是出具鉴定意见，提供科学证据。如《刑事诉讼法》第一百三十二条规定：为了确定被害人、犯罪嫌疑人的某些特征、伤害情况或者生理状态，可以对人身进行检查，可以提取指纹信息，采集血液、尿液等生物样本。犯罪嫌疑人如果拒绝检查，侦查人员认为必要的时候，可以强制检查。检查妇女的身体，应当由女工作人员或者医师进行。第一百四十六条规定：为了查明案情，需要解决案件中某些专门性问题的时候，应当指派、聘请有专门知识的人进行鉴定。这些条款及其他有关法律、法规和部门规章中的相关规定，是开展人身损害司法鉴定的依据。

人身损害司法鉴定的具体任务有：① 为侦查机关揭露犯罪提供线索；② 为刑事案件审判"定罪量刑"提供证据；③ 为民事案件审判提供赔偿依据。

二、人身损害司法鉴定的内容

各类案件中涉及法律问题的人身均可能成为人身损害司法鉴定的对象，但以被害人、犯罪嫌疑人为常见。通过检验，解决与案件相关的医学专门问题，为及时查明案件事实，准确、公正处理案件和诉讼提供科学证据。

（一）损伤程度鉴定

损伤程度即损伤对人体健康和生命的损害程度，具体反映在损伤造成的机体组织结构破坏、生理功能障碍以及精神状态的影响等方面。损伤程度鉴定包括重伤鉴定、轻伤鉴定和轻微伤鉴定。不同的损伤程度为刑事案件诉讼提供定罪量刑的依据，如人体损伤若达轻伤或重伤程度，则可能构成犯罪，需要承担相应的刑事责任；若只为轻微伤则通常不构成犯罪，对责任人一般是依据行政法规进行行政处罚和依据民事法律追究民事赔偿责任。

2014年1月1日开始实施的《人体损伤程度鉴定标准》将人体损伤程度由重到轻分为三等五级。

（1）重伤是指使人肢体残废、毁人容貌、丧失听觉、丧失视觉、丧失其他器官功能或者其他对于人身健康有重大伤害的损伤，包括重伤一级和重伤二级。

（2）轻伤是指使人肢体或者容貌损害，听觉、视觉或者其他器官功能部分障碍或者其他对于人身健康有中度伤害的损伤，包括轻伤一级和轻伤二级。

（3）轻微伤是指各种致伤因素所致的原发性损伤，造成组织器官结构轻微损害或者轻微功能障碍。

《人体损伤程度鉴定标准》是人体损伤程度鉴定的唯一法定依据，鉴定人在明确鉴定对象客观伤情的基础上，必须根据《人体损伤程度鉴定标准》中的具体条款，来明确被鉴定人的损伤程度等级属于重伤一级、重伤二级、轻伤一级、轻伤二级、轻微伤中的哪一级，或者未达到轻微伤程度。

在人身损害司法鉴定工作中，损伤程度鉴定是最常见也是最重要的工作内容，因为损伤程度往往是案件定性和决定加害方法律责任的主要依据，具有重要的现实意义。由于损伤程度的鉴定主要为刑事诉讼服务，根据刑事诉讼"疑罪从无"的理念，损伤程度的鉴定一般遵循"有伤从轻、疑伤从无"的原则。对于临界状态的损伤，就低不就高；伤情未稳定的，先按已经稳定的伤情从轻鉴定，后期伤情稳定后如损伤程度加重，可以补充鉴定；对于由自身疾病引起的损害后果，不予进行损伤程度鉴定。

（二）伤残等级及劳动能力丧失程度评定

1. 伤残等级评定

鉴定人受有关部门委托，对伤者伤残情况进行检查、分析，并依据相关评定标准作出伤残等级判定并出具鉴定文书的过程，称为伤残等级评定。伤残等级评定是为民事诉讼或民事调解服务的，伤残等级是对案件定性和确定赔偿数额的主要依据，直接影响对受害方民事权利的救济。在我国，不同事由、不同领域所采用的伤残评定标准并不统一，主要有交通事故伤残评定、人身保险伤残评定、医疗事故伤残评定、职工工伤与职业病致残程度评定、刑事案件中附带民事赔偿的伤残评定、军人残疾等级评定等。

目前使用较多的标准有《人体损伤致残程度分级》与《劳动能力鉴定 职工工伤与职业病致残等级》（以下简称《工伤标准》）。《人体损伤致残程度分级》与《工伤标准》均采用10级分级法,该分级方法把伤残等级分为10个等级,从1级到10级,最重为1级,最轻为10级。道路交通事故及其他人身意外伤害受伤人员伤残程度鉴定一般依据《人体损伤致残程度分级》标准,职工工伤致残程度鉴定一般依据《工伤标准》。

2. 劳动能力丧失程度评定

劳动能力丧失程度分为完全劳动能力丧失和大部分劳动能力丧失。如在工伤伤残等级划分上,除按照前述《工伤标准》的10级划分外,依据《职工非因工伤残或因病丧失劳动能力程度鉴定标准(试行)》总则中本标准分完全丧失劳动能力和大部分丧失劳动能力两个程度档次,以及本标准将《劳动能力鉴定 职工工伤与职业病致残等级》中的1至4级和5至6级伤残程度分别列为本标准的完全丧失劳动能力和大部分丧劳动能力的范围的规定。

(三)人身损害赔偿

人身损害案件发生后,常常由于损害造成受害人财产权利、人身权利的损害,因此产生损害赔偿的法律关系,加害人负有对受害人的损害进行赔偿的责任。

《中华人民共和国民法典》第一千一百七十九条规定:侵害他人造成人身损害的,应当赔偿医疗费、护理费、交通费、营养费、住院伙食补助费等为治疗和康复支出的合理费用,以及因误工减少的收入。造成残疾的,还应当赔偿辅助器具费和残疾赔偿金;造成死亡的,还应当赔偿丧葬费和死亡赔偿金。《最高人民法院关于审理人身损害赔偿案件适用法律若干问题的解释》第六条规定:医疗费根据医疗机构出具的医药费、住院费等收款凭证,结合病历和诊断证明等相关证据确定。赔偿义务人对治疗的必要性和合理性有异议的,应当承担相应的举证责任。医疗费的赔偿数额,按照一审法庭辩论终结前实际发生的数额确定。器官功能恢复训练所必要的康复费、适当的整容费以及其他后续治疗费,赔偿权利人可以待实际发生后另行起诉。但根据医疗证明或者鉴定结论确定必然发生的费用,可以与已经发生的医疗费一并予以赔偿。

司法鉴定中可以对已发生的前期医疗费及后续医疗费进行鉴定。前期医疗费是指受害人身体受到不法侵害后所接受的医学上的检查、治疗和康复中所需要的费用，一般是在鉴定之前已经发生的医疗费。常见的费用包括医药费、治疗费、检查费、专人陪护费、住院费以及其他必要的费用。其合理性评定应根据损伤的具体情况，对应诊疗实际进行评定。按照最高人民法院规定的差额化赔偿原则，即需要多少评定多少的原则，只要是实际需要且合理的费用，鉴定时应予以支持。

按照最高人民法院关于人身损害赔偿司法解释中的相关规定，鉴定机构只评定"必然发生的"医疗费，不支持非必然发生的后续治疗费以及其他不可预见的费用。后续治疗费的评定应在确定后续诊疗项目的基础上进行估算，后续诊疗项目的确定原则上应依据《人身损害后续诊疗项目评定指南》执行。已评定伤残等级者，原则上不给予可能减轻伤残等级的后续治疗费用。如面部瘢痕根据瘢痕的面积或长度评残后，不再给予面部瘢痕的整复治疗费用；未评定伤残者，可结合实际需要情况评估后续治疗费用。

（四）误工期、营养期、护理期评定

误工期（亦称休息期、医疗休息期），是指人体损伤后，接受医疗及功能康复，不能参加一般工作、学习、活动的时间。营养期（亦称营养补偿期），是指人体损伤后，需要补充必需的营养物质，以提高治疗质量或者加速损伤康复的时间。护理期（亦称护理陪护期），是指人体损伤后，在医疗或者功能康复期间生活不能自理，需要他人帮助的时间。"三期"是误工期、营养期、护理期的总称，在有些人身损害案件的司法鉴定中，由于受伤程度相对较轻，虽达不到伤残等级，也可以进行"三期"鉴定。

《最高人民法院关于审理人身损害赔偿案件适用法律若干问题的解释》第七条规定：误工费根据受害人的误工时间和收入状况确定。误工时间根据受害人接受治疗的医疗机构出具的证明确定。受害人因伤致残持续误工的，误工时间可以计算至定残日前一天。受害人有固定收入的，误工费按照实际减少的收入计算。受害人无固定收入的，按照其最近三年的平均收入计算；受害人不能举证证明其最近三年的平均收入状况的，可以参照受诉法院所在地相同或者相近行业上一年度职工的平均工资计算。第八条规

定：护理费根据护理人员的收入状况和护理人数、护理期限确定。护理人员有收入的，参照误工费的规定计算；护理人员没有收入或者雇佣护工的，参照当地护工从事同等级别护理的劳务报酬标准计算。护理人员原则上为一人，但医疗机构或者鉴定机构有明确意见的，可以参照确定护理人员人数。护理期限应计算至受害人恢复生活自理能力时止。受害人因残疾不能恢复生活自理能力的，可以根据其年龄、健康状况等因素确定合理的护理期限，但最长不超过二十年。受害人定残后的护理，应当根据其护理依赖程度并结合配制残疾辅助器具的情况确定护理级别。第十一条规定：营养费根据受害人伤残情况参照医疗机构的意见确定。

（五）损伤时间推断

人身损害案件的受害方一般在受到伤害后会及时前往公安机关报案或者到医院就诊，因此一般情况下损伤发生的时间明确。但有些案件中仍需要进行损伤时间的推断。准确推断损伤时间，既有利于划定犯罪嫌疑人的范围，也有助于重建案件过程及判断损伤方式等，为案件的侦破与审理提供可信的医学证据。

机体一旦受到损伤，炎症反应便立即开始发生，该反应的发生发展与时间长短有一定的关系。此外，机体对损伤所致的组织缺损会进行修复直至损伤愈合。损伤愈合受机体全身和损伤局部因素影响，也与损伤严重程度有关。损伤程度轻者，愈合速度快；损伤程度重者，愈合速度慢。活体损伤时间的推断较为困难，致伤因素、损伤部位、损伤程度、个体差异及有无并发症等因素都会对损伤时间的推断带来干扰。但总体来说，创伤的发生发展有一定的规律性，人身损害案件的鉴定中常根据软组织创面的愈合过程、挫伤后皮肤颜色的改变、骨折后骨痂的生长程度等来推断损伤时间。

1. 擦伤损伤时间推断

皮肤擦伤后 2 小时左右，擦伤部位皮肤略低于周围皮肤，创面局部有液体渗出，创面湿润；擦伤后 3~6 小时，擦伤处渗出的液体开始干燥凝固，局部毛细血管扩张；擦伤后 12~24 小时，创面皮肤与周围皮肤高度几乎一致，痂皮逐渐开始形成；擦伤后 3 天左右，痂皮从周围边缘处开始剥离，如果擦伤的范围较小，痂皮在 7 天左右会完全脱落。

2. 挫伤损伤时间推断

挫伤后进入组织间隙的血液由于血红蛋白的分解会发生颜色的改变：伤后 1～3 天，氧合血红蛋白变为还原血红蛋白和正铁血红素，被巨噬细胞吞噬，而使挫伤呈红色或紫红色；伤后 3～6 天，转变为在巨噬细胞内的含铁血红素和在细胞外的胆红素或橙色血晶而使挫伤呈青绿色；伤后 6～9 天，胆红素被氧化成胆绿素而逐渐被吸收，此时挫伤呈绿色；伤后 12 天左右，挫伤变为黄色后逐渐消退。挫伤颜色的深浅与出血部位皮肤颜色的深浅和出血范围的大小密切相关。

3. 骨折损伤时间推断

骨折是人身损害案件中较为常见的一类损伤。骨折的诊断一般通过物理检查和影像学检查。通过骨折形态判断骨折时间比较困难，在鉴定活动中，需要鉴别的主要是新鲜骨折和陈旧性骨折。

新鲜骨折可见骨折周围软组织有肿胀，对应的体表皮肤往往伴有擦挫伤痕迹。X 线片上可见软组织肿胀，骨折线清晰，骨折断端锐利等；骨折后 2 周左右，骨折线逐渐模糊，断端可见密度较低的纤维性骨痂；骨折处形成骨性骨痂时，说明骨折已经发生 3 个月左右，属于陈旧性骨折；6 个月左右的骨折处可见骨痂愈合和重新塑形，也属于陈旧性骨折。

人身损害案件中，特别是伤残程度评定的案件中，被鉴定人往往在骨折伤情稳定后进行鉴定。在判定骨折时间时，鉴定人一定要求被鉴定人或委托方提供受伤当时的影像学资料以及鉴定时或至少是鉴定前 3 个月内的影像学资料进行对照，通过比较一般可以鉴别新鲜或陈旧性骨折。

（六）致伤方式推断

人身损害案件的致伤方式分为自伤、他伤和意外灾害伤。明确致伤方式对于查明案件事实、确定案件性质有着非常重要的意义。对致伤方式的判定一定要结合案情和现场勘查或视频资料的内容，进行全方位、辩证分析，才能得出科学的鉴定意见。

1. 自伤的基本特点

自伤者往往选择自己利手（一般是右手）可以达到的部位，常在身体的前面，如前额部、颈部、胸腹部等；自伤的损伤程度轻伤多，重伤少；自伤的分布范围小，伤口密度高，排列整齐，损伤方向一般与受伤部位和手的运动方向一致，如用锐器自伤，在主要创口的周围常常出现皮肤表面的浅表切划痕和鱼尾状的拖刀痕，谓之犹豫伤；自伤者没有挣扎抵抗行为的存在，所以往往除主要伤口外，身体其他部位没有抵抗伤的痕迹；锐器自伤发生的现场可见受伤时的血泊，若有走动，则地面上可见行走时滴落的血痕，现场一般没有挣扎时的涂抹或擦拭的血痕。

对于自伤诈称他伤案件的鉴定。这种类型案件报案时往往以重大刑事案件的形式出现，被鉴定人伪装成被害人，如不仔细鉴别往往会引发纠纷甚至群体性事件，所以鉴定时应格外慎重。其损伤的主要特点类似自伤，发生部位一般也位于自己手可及处，损伤一般较轻，常为浅表的切划伤，很少造成骨折，即使有骨折也多为线状骨折。此类案件的案情询问也十分重要，鉴定人可以就同一个问题反复询问被鉴定人，有些情况下被鉴定人由于虚构案情，不难露出破绽或出现自相矛盾的情况。

2. 他伤的基本特点

他伤形成的损伤可以出现在人体的任何部位，既可以是受害者自己双手能达到的部位，也可以是受害者自己双手不能达到的部位，如背侧等；他伤的损伤程度一般较重，重伤多，轻伤少，甚至可以见到多处较为严重的损伤；如为锐器损伤，则以砍创、刺创较为多见，创口大、创腔深（常常造成骨质的损伤）、软组织损伤严重，经常会伴有各种类型的骨折，以粉碎性骨折、凹陷性骨折最为多见。由于受害人抵抗，他伤在体表的分布一般比较凌乱，方向不一，间距大小不一，交错排列，范围分布较广。且在受害人的前臂、手部、肩部等部位，常常由于受害人的抵抗挣扎而出现抵抗伤。他伤案件的现场一般情况比较凌乱，现场地面上的痕迹常常能反映出抵抗挣扎的痕迹；现场血迹分布零散，血液喷溅方向混乱，常常伴有拖擦痕迹和血足迹。

3. 意外灾害伤的基本特点

意外灾害伤的基本特点有：一般人力所不及，损伤范围大，损伤程度严重，有些意外灾害伤体表损伤轻微但体内损伤严重等。在鉴定时一定要结合现场情况和详细案情，特别注意自伤或他伤伪造成意外伤的情况。

（七）致伤物的推断与认定

致伤物是现场机械性损伤的三要素之一，不同性状的致伤物可以形成不同类型的损伤，鉴定人一般根据损伤的性状推断致伤物，根据损伤的形状特征或体表残留物的物质成分认定致伤物。致伤物的推断和认定可以为侦查提供线索、为案件审判提供依据。特别是在多人针对同一人实施暴力行为时，如果采用了多种致伤物造成人体损伤，因为涉及定罪量刑，需要明确受害人身上的损伤是由哪种致伤物造成的哪种程度的损伤，所以在人身损害的司法实践中，特别是刑事诉讼中，致伤物的推断和认定非常重要。

1. 致伤物的推断

鉴定人推断致伤物的重要依据是损伤的性状特征，一般通过对损伤的详细检验，找出每个损伤的特征，加以归纳总结并找出共同点。依据归纳总结的结果，结合损伤处人体组织的特点，综合分析引起这些组织变化所需的"致伤物应具备的条件"，如是轻是重、是软是硬、是钝是锐等。经过这些综合分析判断，可以初步推断致伤物的大致种类（如锐器、钝器、火器）。

推断致伤物不是只依靠损伤的基本性状特征就能作出准确判定的，必须根据客观材料，综合分析这些材料与致伤物之间的内在联系，才能使致伤物的推断尽可能准确。鉴定人必须全方位了解案情，仔细地进行现场勘查，认真细致地对损伤进行检验，从中获取对推断致伤物有用的客观材料。总之，致伤物的推断不能单纯、片面地只研究损伤，一定要结合现场勘查和案情调查，根据实际情况综合分析可能的致伤物。如在各类条件接近的情况中，使用同一种致伤物打击人体相同部位所形成的损伤，具有类似的损伤性状特征；但如果用同一种致伤物打击人体不同部位时，由于人体组织结构和性质不相同，又会造成不同性状的损伤。再如，即使使用同一种致伤物，由于打击时机械性暴力作用的方式即机械运动的不同，使得打击方式、力量和速度等情况不同，对人体造成的损伤性状也不同；有时，不同的致伤物，由于具有相似的形态结构，也可造成性状相同的损伤。

在推断致伤物时，对受害人也必须要有全面的认识，对其年龄、性别、发育及营养状况都要详细了解。不同的人体，其组织结构和性质也不完全相同，一定要根据每个个体的情况具体问题具体分析。同时，鉴定人还应该注意损伤形成后的变化，如伤口处的炎症反应、伤口是否愈合等情况是否改变了损伤原有的性状。上述情况在推断致伤物时都应逐条考虑并分析各种可能性，这也导致致伤物的推断一直以来是人身损害司法鉴定的难点问题之一。

根据损伤的性状推断致伤物，一定要在仔细检查损伤的基础上，分析损伤的基本特征，如创缘、创角、创壁、创腔、创底、创口，是否有组织间桥、骨折或其他损伤的性状。对这些性状进行归纳总结，找出共同特点。再根据归纳的损伤特征，结合损伤所在部位的组织特征，分析引起这些组织变化所需要的致伤物应该具备的特点，如大小、轻重、软硬、钝锐、长短、接触面情况等。只有通过综合分析判断，才能初步推断致伤物的类型。

2. 致伤物的认定

致伤物的认定，主要根据损伤形态特征和创口周围或创腔内遗留物的性状来确定。首先，损伤形态特征与可疑致伤物的痕迹比对。软组织上特殊的印痕、骨折断端的形态特征、创口周围的特殊花纹都可以通过痕迹比对来认定致伤物。其次，对创口内的异物进行检验。提取创口内异物进行形态学观察和理化检验，进而确定异物的基本性状，然后与可疑致伤物的形态、理化性质进行比对来认定致伤物。再次，比对可疑致伤物上的附着物。致伤物与人体接触部位一般附有受害人的组织或脱落细胞，如血痕、毛发、组织碎片等。可通过医学方法及分子生物学方法来获取生物信息，如性别、血型、DNA等是否同一，如属同一，就可以认定致伤物。最后，还可以对致伤物上的生物信息或指纹进行检验。如在可疑致伤物手柄上提取到的指纹或 DNA 信息，可通过痕迹检验或 DNA 实验来确定其与嫌疑人之间的关系。

（八）诈病（伤）与造作病（伤）的鉴定

在人身损害案件中，常常会发生受害人伪造、夸大伤情或故意造作损伤的情况，需要鉴定人认真检查、鉴别。诈病（伤）与造作病（伤）的表现形式多种多样，但由于伪装者缺乏医学常识，其损伤或疾病的发展和真正的发展规律不完全一致，往往会暴露出相互矛盾的地方，鉴定人通过发现这些矛盾进而识别诈病（伤）与造作病（伤）。

1. 诈病（伤）的鉴定

诈病（伤）是比较常见的一种现象，可发生在除婴幼儿以外的任何年龄段。具体伪装什么病（伤）、在哪个部位伪装等，多根据诈病（伤）者所要达到的目的而定。伪装的逼真程度，与诈病（伤）者的文化程度、所具备的医学知识以及社会经历等密切相关。其主要特征为：症状混乱而矛盾，过分夸大症状，具有不正常的病程，可能具有群发性等；主要表现形式有：伪装疼痛，伪聋，伪装视力减退、失明或夜盲，伪装失语，诈瘫，伪装关节活动功能障碍，伪装癫痫，伪装精神病等。

案例：

某宾馆员工陈××（女，50 岁）于某日在工作时滑倒，后家属称其颈髓受伤导致四肢高位截瘫，要求宾馆予以赔偿。但宾馆方称视频监控显示其滑倒后马上站起，后自行前往医院。且有目击者称其在家休息期间行走正常。怀疑其为诈瘫，遂由当地法院委托鉴定中心鉴定其颈髓有无损伤。委托方提交的鉴定材料有委托书、住院病历、MRI 片等。

伤后第一次住院病历记载：患者滑倒摔伤后约半小时入院。患者在步行中，不慎脚底打滑，摔伤头部，伤后短时意识不清，感头部疼痛，感恶心，无呕吐，口鼻腔无流血，四肢可活动，大小便未失禁，急送医院，行 CT 检查，颅脑 CT 平扫未见明显异常。血压 160/90mmHg，神志清楚。GCS15 分，双侧瞳孔等大等圆，光反射灵敏。枕部触及包块，质较硬，明显压痛。颈无抵抗。颈腰、臀部等多处压痛，四肢未见明显畸形。生理反射存在，病理反射未引出。出院诊断：脑震荡；枕部头皮挫伤；颈腰部、臀部等多处软组织挫伤。

伤后第二次住院病历记载：患者于20天前不慎滑倒摔伤，自诉当时即感颈部疼痛伴功能障碍不适，无晕厥、昏迷，无恶心呕吐史，无大小便失禁症状，无呼吸困难。查体：由人扶入病房，双上肢痛觉过敏，左侧为甚，右上肢肌力Ⅱ级，左上肢肌力Ⅱ级，触觉温觉正常，双上肢Hoffmann征阴性。双下肢肌力及运动可、血运正常，双下肢Babinski征阴性、Gordon征阴性。颈椎MRI显示：颈椎过伸性损伤。出院诊断：颈髓损伤。

伤后九个月鉴定中心活体检查情况：卧位，检查不合作，四肢肌张力正常，肌肉无萎缩，各关节无僵硬、变形。鉴定人会同放射科专家共同会诊陈××伤后20天所摄MRI片，意见为：颈椎及椎间盘退行性变，颈椎生理曲度变直，C3-4、C4-5、C5-6、C6-7多发性椎间盘突出，脊髓未见异常，颈椎后侧软组织轻度局限性水肿。

据此，鉴定中心给出的鉴定意见为：根据上述送检临床病历资料、伤情记载、法医学活体检查，审核认为被鉴定人颈髓无损伤，其颈髓损伤致四肢瘫的诊断无病理基础，不能认定。其当日意外中主要损伤如下。①Ⅰ级脑外伤：脑震荡；枕部头皮挫伤。②颈腰部、臀部等多处软组织挫伤。该鉴定意见证实了陈××为诈瘫。

2. 造作病（伤）的鉴定

造作病（伤）是自己或者授意他人运用各种物理、化学或生物学的方法对自己的身体造成损害；或者故意夸大、改变原有损伤或疾病的情况。造作病（伤）由于能检查出损伤或疾病，因此比诈病（伤）更具有欺骗性。其主要特征有：自己造作的损伤多位于己手可及处，一般不会伤及重要器官，常位于不影响容貌的部位；造作伤多较轻、表浅，以切划伤多见，损伤程度以轻微伤、轻伤多见，重伤少见；造作伤所使用的致伤工具锐器较多、钝器较少。造作伤的损伤特征有：一是伤数多，伤形大小基本一致，有时可见数处甚至数十处损伤，且形态大小基本一致；二是损伤密度大、间距小，损伤局限在某一局部范围内，多而密集、排列整齐、方向一致，这是因体位相对固定、作用力方向变化不大所致；三是创口随体表弧度而弯曲，其原因是自己切划而形成，当体表呈一定弧度时，作用力也随着变化，创口也随此弧度而弯曲，其创腔深度变化不大；四是损伤部分的周围均可见试切痕，这是形成损伤之前的试探；五是损伤对应处衣物多无破损；六是造作伤者述说的损伤过程前后矛盾或借口说不清而拒绝陈述，且其受伤过程多无人能证实。

常见的造作伤有造作鼓膜穿孔、延长原有创口长度等。常见的造作病有：服用蔷薇根皮苷、间苯二酚、尿嘌呤等药物造作糖尿病；用物理刺激及化学物质刺激的方法造作结膜炎；服用浓盐水或刺激咽喉部造作呕吐等。

（九）人体功能评定

人体功能评定主要包括听觉功能评定、视觉功能评定、性功能评定、认知功能评定等。其采用的检查方法主要是电生理检查法，包括肌电图、体感诱发电位、听觉脑干诱发电位、视觉诱发电位等。肌电图主要使用肌电仪记录肌肉生物电图形，主要用于反映机体周围神经的功能；体感诱发电位能反映周围神经、脊髓、脑干等的功能状态，常用于脊髓功能检验；听觉脑干诱发电位检查通过经耳机传出的声音刺激听神经传导通路，从而在头顶部记录电位，用于判断其客观听力状况；视觉诱发电位检查主要在视野范围内，以一定强度的闪光或图形刺激受试者视网膜，通过在其视觉皮层或头颅骨外的枕区记录到的电位变化，来判断其客观视力状况。

（十）与医疗纠纷有关的鉴定

医疗纠纷是社会关注的热点问题，也是全世界范围内的难点问题。《中华人民共和国民法典》第七编第六章医疗损害责任中规定了十一条涉及医疗损害的适用条款。目前，我国医疗纠纷的鉴定主要包括医疗损害责任司法鉴定和医疗事故技术鉴定，它们的法律依据、鉴定主体不同。医疗损害责任司法鉴定是由法院委托具有鉴定资质的鉴定机构完成，法律依据为《中华人民共和国民法典》；医疗事故技术鉴定主要由各地医学会中的医疗事故鉴定委员会完成，依据的是《医疗事故处理条例》。

不管是医疗损害责任司法鉴定还是医疗事故技术鉴定,都通过评断是否存在医疗过错、是否存在不良后果、医疗过错与不良后果间是否存在因果关系等,最终评定医院方是否存在医疗损害或构成医疗事故,为法院审理医疗侵权损害赔偿提供证据意见。

第三节　人身损害司法鉴定相关问题研究

人身损害司法鉴定一定要坚持实事求是的原则,作出的鉴定意见一定要有科学的依据。在准确理解和应用各项鉴定标准的前提下,全面分析、综合评定,切忌机械片面地套用标准。在人身损害案件的司法鉴定中,每一位鉴定人都必须十分小心谨慎,做到全面、客观、公正和科学。如前所述,人身损害的司法鉴定需要解决的问题有很多,目前的鉴定实践中仍有一些难点问题,需要进一步研究。

一、损伤与疾病的关系

损伤可以造成疾病,也可使原有疾病的症状体征加重,鉴定人鉴定时需要准确分析损伤与疾病对损害后果的影响,才能作出正确的鉴定意见。如自身患有某种疾病的受害人,常常将其患病原因归结为损伤所致。因此,疾病是否由损伤引起,疾病与损伤间有无因果关系,损伤是否疾病的诱发因素,需要通过司法鉴定予以判别。

《人体损伤程度鉴定标准》4.3条规定了伤病关系处理原则:损伤与既往伤/病共同作用的,即二者作用相当的,应依据本标准相应条款适度降低损伤程度等级,即等级为重伤一级和重伤二级的,可视具体情况鉴定为轻伤一级或者轻伤二级,等级为轻伤一级和轻伤二级的,均鉴定为轻微伤。既往伤/病为主要作用的,即损伤为次要或者轻微作用的,不宜进行损伤程度鉴定,只说明因果关系。《人体损伤致残程度分级》4.3条也有类似的规定：当损伤与原有伤、病共存时，应分析损伤与残疾后果之间的因果关系。根据损伤在残疾后果中的作用力大小确定因果关系的不同形式，可依次分别表述为：完全作用、主要作用、同等作用、次要作用、轻微作用、没有作用。除损伤"没有作用"以外，均应按照实际残情鉴定致残程度等级，同时说明损伤与残疾后果之间的因果关系；判定损伤"没有作用"的，不应进行致残程度鉴定。

在人身损害司法鉴定中，损伤与疾病之间的关系主要有如下三种。

1. 损伤与疾病在时间上的偶合

受害人在损伤前后发生的疾病与损伤之间没有关系，受害人所提出的疾病是由损伤引起的理由不符合其所患疾病的发生发展规律，仅仅只是时间上的偶合。在这种情况下，加害人只需对其造成的损伤承担法律责任，对其自身疾病无须承担责任。如某一交通事故，受害人主要损伤为右小腿皮肤擦挫伤，但其入院后持续存在头痛头晕，家属认为是交通事故所致，要求对方给予经济赔偿。鉴定人详细查阅送检卷宗中案件现场情况、视频资料及临床病历资料，发现交通事故只造成其右小腿擦挫伤，并未伤及头部。结合其临床病历资料显示，被鉴定人自身患有颈椎病及颈动脉狭窄，因此认定其头痛头晕的主要原因是由于颈动脉狭窄导致脑供血不足所致，与交通事故无关。

2. 损伤是疾病的诱发因素

此种情况常见于受害人自身患有某种疾病，但通过治疗病情相对稳定，没有明显的症状体征。在轻微损伤后其原有疾病突然发作，出现症状体征。如一名 25 岁男子因盗窃被联防队员抓获，在送往派出所途中突然倒地，不省人事，送医院抢救治疗后出现右侧肢体偏瘫，家属认为其被联防队员殴打并要求联防队员承担法律责任及给予经济赔偿。法医鉴定认为：该男子头部有轻微挫伤，无颅骨骨折、脑挫伤出血等严重颅脑损伤，临床病历资料显示其有先天脑血管畸形。此次系联防队员在抓捕过程中，因情绪激动在轻微的头部外伤作用下诱发畸形的脑血管破裂出血。头部外伤是其右侧肢体偏瘫的诱发因素。

3. 损伤加重原有疾病的病情

对于此类鉴定,鉴定人须在综合考虑其原有疾病及损伤的轻重程度的基础上,正确分析两者对损害后果的影响或参与度。如一名肝硬化患者,腹部被他人打伤,伤后出现脾破裂。法医鉴定时发现其有肝硬化门静脉高压症所致充血性脾肿大,在暴力作用下脾脏发生破裂,鉴定意见认为外伤系条件性加重其原有疾病的症状体征。

二、人身损害后精神损害的赔偿

《中华人民共和国民法典》第一千一百八十三条规定:侵害自然人人身权益造成严重精神损害的,被侵权人有权请求精神损害赔偿。因故意或者重大过失侵害自然人具有人身意义的特定物造成严重精神损害的,被侵权人有权请求精神损害赔偿。

侵权行为与精神损害后果之间的关系主要包括以下几种。

1. 生理形态的精神损害

(1) 造成受害人死亡的,相关被侵权人可以要求死亡赔偿金。如《中华人民共和国民法典》第一千一百八十一条规定:被侵权人死亡的,其近亲属有权请求侵权人承担侵权责任。被侵权人为组织,该组织分立、合并的,承继权利的组织有权请求侵权人承担侵权责任。被侵权人死亡的,支付被侵权人医疗费、丧葬费等合理费用的人有权请求侵权人赔偿费用,但是侵权人已经支付该费用的除外。

(2) 被侵权人经司法鉴定有伤残的,也应给予残疾赔偿金。《中华人民共和国民法典》第一千一百七十九条规定:造成残疾的,还应当赔偿辅助器具费和残疾赔偿金。这些都是对生理形态的损伤给予赔偿。

2. 心理形态的精神损害

目前相关标准中并无单独针对精神残疾的鉴定条款,但对于侵权行为确实造成心理形态上的精神损害,可参照精神医学的标准确定对生活、工作、社交等可以量化的影响指标,再比照躯体伤残相关标准进行赔偿。

《人体损伤致残程度分级》附录 A 规定：

A.1 一级残疾的划分依据

a) 组织器官缺失或者功能完全丧失，其他器官不能代偿；

b) 存在特殊医疗依赖；

c) 意识丧失；

d) 日常生活完全不能自理；

e) 社会交往完全丧失。

A.2 二级残疾的划分依据

a) 组织器官严重缺损或者畸形，有严重功能障碍，其他器官难以代偿；

b) 存在特殊医疗依赖；

c) 日常生活大部分不能自理；

d) 各种活动严重受限，仅限于床上或者椅子上的活动；

e) 社会交往基本丧失。

A.3 三级残疾的划分依据

a) 组织器官严重缺损或者畸形，有严重功能障碍；

b) 存在特殊医疗依赖；

c) 日常生活大部分或者部分不能自理；

d) 各种活动严重受限，仅限于室内的活动；

e) 社会交往极度困难。

A.4 四级残疾的划分依据

a) 组织器官严重缺损或者畸形，有重度功能障碍；

b) 存在特殊医疗依赖或者一般医疗依赖；

c) 日常生活能力严重受限，间或需要帮助；

d) 各种活动严重受限，仅限于居住范围内的活动；

e) 社会交往困难。

A.5 五级残疾的划分依据

a) 组织器官大部分缺损或者明显畸形，有中度（偏重）功能障碍；

b) 存在一般医疗依赖；

c) 日常生活能力部分受限，偶尔需要帮助；

d) 各种活动中度受限，仅限于就近的活动；

e) 社会交往严重受限。

A.6 六级残疾的划分依据

a) 组织器官大部分缺损或者明显畸形，有中度功能障碍；

b) 存在一般医疗依赖；

c) 日常生活能力部分受限，但能部分代偿，条件性需要帮助；

d) 各种活动中度受限，活动能力降低；

e) 社会交往贫乏或者狭窄。

A.7 七级残疾的划分依据

a) 组织器官大部分缺损或者明显畸形，有中度（偏轻）功能障碍；

b) 存在一般医疗依赖，无护理依赖；

c) 日常生活有关的活动能力极重度受限；

d) 各种活动中度受限，短暂活动不受限，长时间活动受限；

e) 社会交往能力降低。

A.8 八级残疾的划分依据

a) 组织器官部分缺损或者畸形，有轻度功能障碍，并造成明显影响；

b) 存在一般医疗依赖，无护理依赖；

c) 日常生活有关的活动能力重度受限；

d) 各种活动轻度受限，远距离活动受限；

e) 社会交往受约束。

A.9 九级残疾的划分依据

a) 组织器官部分缺损或者畸形，有轻度功能障碍，并造成较明显影响；

b) 无医疗依赖或者存在一般医疗依赖，无护理依赖；

c) 日常生活有关的活动能力中度受限；

d) 工作与学习能力下降；

e) 社会交往能力部分受限。

A.10　十级残疾的划分依据

a）组织器官部分缺损或者畸形，有轻度功能障碍，并造成一定影响；

b）无医疗依赖或者存在一般医疗依赖，无护理依赖；

c）日常生活有关的活动能力轻度受限；

d）工作与学习能力受到一定影响；

e）社会交往能力轻度受限。

3. 机体痛苦的精神损害

目前我国对于机体痛苦并无给予精神损害赔偿的规定。在有些国家涉及民事诉讼的案件中，受害人可以就其机体损伤引起的疼痛、痛苦等精神方面的损害提出救济要求。如法国的人身损害鉴定中，鉴定人必须评定不同损伤对受害人造成机体痛苦的程度，机体痛苦的程度分成七级，每一等级有相应的赔偿金额，并作出详细的操作规定；另外，将影响容貌的精神损害单列出来，也对应有相应的评定等级。他国的方法，可为完善我国的机体痛苦的精神损害赔偿制度提供参考。

三、鉴定时限研究

在人身损害司法鉴定中，特别是伤残程度鉴定中，恰当的鉴定时机非常重要。如果过早进行鉴定，此时伤情尚未稳定，可能造成鉴定结果不准确；如果太晚进行鉴定，会增加当事双方的诉讼成本。人身损害司法鉴定中，合适的鉴定时机对于保护当事双方的权益、减少诉讼成本以及案件是否能得到客观公正的处理具有十分重要的意义。在实际工作中，鉴定人一定要以医学中损伤的发生发展规律为基础，结合实际情况掌握好恰当的鉴定时机。《湖北省人体损伤致残程度鉴定指引（试行）》规定：伤残等级的鉴定一般应在各种因素直接导致的损伤或确因损伤导致的并发症治疗终结后进行评定，即临床医学一般原则所承认的临床效果稳定；除涉及刑事责任外，委托人要求在治疗终结前进行鉴定且当事各方均同意的，可在伤者出院后进行伤残评定，但须书面告知其鉴定意见可能存在的不确定性。

建议在刚受伤或受伤后30～90日以后进行鉴定的损伤类型：以原发

性损伤后果为依据评残的肢体、脏器缺失,内脏切除、修补;颅骨和颌骨缺损;肋骨骨折、肋骨缺损及牙齿脱落;肋骨骨折致胸膜粘连;椎体压缩性骨折大于1/3(不含脊髓损伤);其他不涉及功能障碍、未构成伤残等级的损伤等。建议在受伤后90~180日以后进行鉴定的损伤类型:未行手术的肢体骨折;肢体骨折行开放复位内固定术(愈合趋势良好,未出现骨折延迟愈合、骨髓炎、骨不连等并发症);非稳定性骨盆骨折;面部及体表软组织损伤后瘢痕;肢体运动功能障碍(不含神经源性损伤);视力障碍、听力障碍且病情稳定。建议在受伤后180~270日以后进行鉴定的损伤类型:色素沉着;颅脑损伤或中枢神经损伤后遗智力缺损、精神障碍、持续植物生存状态、语言功能障碍、大小便失禁等;周围神经损伤;脊髓损伤导致四肢瘫、截瘫、大小便失禁等;严重肢体软组织损伤影响肢体功能;脊柱损伤遗有功能障碍;骨折畸形愈合;重度烧伤;性功能障碍;肝功能障碍;肾功能障碍;心功能不全;累及肢体大关节的骨折且明显影响肢体运动功能的;其他以损伤并发症或后遗症为主要鉴定依据的。建议在受伤后270~360日以后进行鉴定的损伤类型:肢体长骨骨折并发骨髓炎;外伤性癫痫;骨不连。

总而言之,有些原发性损伤可在受伤当时进行损伤程度评定,涉及功能障碍的则要根据损伤的并发症或后遗症的情况一般在伤后3到6个月后进行鉴定。

四、医疗行为对损伤后果的影响研究

人身损害案件发生后,受害方一般首先会前往医院接受治疗。绝大多数伤者经过及时的抢救治疗,损伤恢复较为顺利。如左侧第六肋骨骨折,断端向内刺破胸膜造成血气胸,受害人呼吸困难,经胸腔闭式引流后损伤痊愈。此种损伤在受伤当时即危及受害人的生命,经过积极的抢救治疗才转危为安。因此,此种损伤不论其愈后情况如何,都应该按照其原发性损伤的严重程度来进行损伤程度评定。此类案件在损伤程度上可以按照受伤当时的情况评定为重伤二级。但某些损伤由于当事双方的原因延误治疗,或者由于就诊医院医疗水平偏低的关系,可能会造成同样部位的损伤出现不同的鉴定意见的情况发生。如足跟软组织损伤,伤后未积极消炎对症治疗，只是对软组织损伤进行处理后即回家休养，半年后出现跟骨慢性骨髓炎的情况，复查足弓角度 X 线片显示部分足弓结构破坏，评定为十级伤残；同样的足跟软组织损伤，由于伤后积极治疗，软组织损伤愈合，评定为不构成伤残。也就是说，同样部位、同样类型的损伤，治疗效果的不同也会造成损伤后果的不同，鉴定意见也会有差异。

人身损害案件的鉴定中必须考虑到医疗行为的影响，由于不同地区、不同等级的医疗机构的医疗设备、医疗水平存在差异，其产生的医疗效果有高有低。对于鉴定人来说，如实地按照受害人的损伤后果、医疗后果进行司法鉴定是必须坚持的原则。

五、司法鉴定"黄牛"问题研究

司法鉴定是处理医疗纠纷、确定保险赔偿金额及划分法律责任的重要依据。2018 年司法鉴定界某知名人物因涉嫌在保险诈骗案中出具虚假鉴定和授意他人出具虚假鉴定被捕，司法鉴定"黄牛"开始被公众关注。由于司法鉴定专业性强，国内司法实践中，法官通常因不具备专业知识，难以辨别其合理性，而部分案件的判决依赖于司法鉴定意见，这就使得司法鉴定活动中出现了以获取非法利益为目的的"黄牛"。司法鉴定"黄牛"严重干扰了司法鉴定的公正性，危害极大，但又屡禁不止，甚至有些业内人士牵涉其中。因此，分析目前司法鉴定"黄牛"的特点、成因，探讨治理对策，进一步规范司法鉴定行业，值得司法鉴定人员和司法行政管理部门探讨。

1. 司法鉴定"黄牛"的常见类型

司法鉴定"黄牛"目前没有明确的概念，《人民政协报》曾刊登评论文章指出，司法鉴定"黄牛"就是在司法鉴定中的司法掮客。司法掮客本身并非当事人，而是与政法机关有密切联系，能够为当事人或者诉讼代理人疏通关系，使法官难以秉公办案，导致诉讼产生偏颇性结果，从中捞取钱财或其他利益的人。由此可见，司法鉴定"黄牛"应具有通过非法手段谋取不当利益的属性。因此，本书认为，司法鉴定"黄牛"是指在司法鉴定活动中，通过非法方式，诱使司法鉴定人出具虚假鉴定或有失公正的鉴定意见，并从中获取非法利益的个人或团体。司法鉴定"黄牛"的常见类型如下。

1) 专职司法鉴定"黄牛"

这类人长期活跃在司法鉴定需求量较大的交警事故处理中心或医院，发现有维权需求的伤者便会主动联系，甚至会以有相关门道获取有利鉴定意见为诱饵，取得赔偿代理权。当找到鉴定需求人时，他们便寻找可以合作的司法鉴定机构或鉴定人，完成利益输送，形成虚假或不公正的鉴定意见，从中谋取不当利益。

2) 有合法代理相关案件身份的个人或单位

这类司法鉴定"黄牛"常见的合法身份有律师、咨询公司等。媒体报道过上海的两个案例：一例是某律所工作人员从保险公司获得了86万元理赔款，仅分给受害者29万元；另一例是某律所工作人员花15万元"买断"伤者的理赔权，然后通过夸大伤残等级，获得理赔款52万余元，其中的差价均为其所得。

3) 某些司法部门的工作人员，或者与这些机构长期有工作往来的人员

这类人员在工作中有机会接触到咨询做司法鉴定的当事人，有时会充当司法鉴定"黄牛"，赚取介绍费。

以上三种类型，前两种对司法鉴定影响较大，第三种影响较小。

2. 司法鉴定"黄牛"影响司法鉴定的特点

1) 多为依赖专业知识进行主观判断的鉴定项目

目前尚无司法鉴定"黄牛"的统计数据，但以新闻报道情况和本书作者多年的从业经验看，司法鉴定"黄牛"多出现在依赖专业知识进行主观判断的鉴定项目，如法医临床鉴定、文检鉴定等。媒体报道的骗保案件涉及的伤残鉴定，就属于这类鉴定项目。据司法部统计，法医临床鉴定为涉及司法鉴定"黄牛"投诉量最大的鉴定类别。该类别的鉴定项目虽然大多有明确的鉴定标准，但由于涉及问题较为复杂，往往需要鉴定人依靠专业知识进行主观判断，同一鉴定得出不同鉴定意见的情况时有发生，别有用心者便认为这些鉴定项目存在"可操作空间"。

2) 多为涉案标的额较高的鉴定项目

司法鉴定"黄牛"的目的是逐利，因此往往涉案鉴定项目标的额较高，主要涉及法医临床鉴定中的伤残鉴定、医疗纠纷鉴定及文检鉴定中的

笔迹鉴定等。每一个伤残等级的变化都涉及数万元甚至十几万元金额，而文检笔迹鉴定的结果则可能直接影响数万元甚至上亿元的财产继承和项目合约认定等。在巨大的经济利益驱动下，司法鉴定"黄牛"会想方设法获取有利于当事人的鉴定意见。

3）涉及的案件类型多为民事案件

刑事案件和民事案件的证据认定原则不同，作为"证据之王"的司法鉴定意见在不同类型案件中被审查的严格程度和被发现虚假鉴定的违法成本亦不相同。《刑法》第三百零五条规定，在刑事诉讼中，证人、鉴定人、记录人和翻译人对与案件有重要关系的情节，故意作虚假证明、鉴定、记录、翻译，意图陷害他人或者隐匿罪证的行为构成伪证罪。民事诉讼活动、行政诉讼活动则不构成伪证罪的要件。司法实践中，部分涉及人身伤害的民事案件，也存在以经济赔偿获取当事人谅解从而依法获得从轻处理的情况。利益大、风险小是司法鉴定"黄牛"多涉及民事案件的主要原因。

4）利益受损方多为公司、企业等组织机构

我国司法实践中，部分司法工作者会在法律允许的范围内，以维护弱者为指导思想，让负有赔偿责任的公司、企业等组织机构多承担一些民事赔偿金额，以达到平息纠纷的目的。这也让司法鉴定"黄牛"在进行违法行为时，多了一层无形保护。

3. 司法鉴定"黄牛"屡禁不止的原因

1）司法鉴定委托方面的原因

（1）公众对司法鉴定服务的需求大，但准确获取相关信息难。什么样的情况下应该走司法鉴定程序，司法鉴定机构和司法鉴定人信息可以在哪里找到，他们的执业情况和执业水平如何，需要委托哪些具体的鉴定项目才能解决问题，启动司法鉴定程序需要准备什么——这些信息都是司法鉴定需求者想要了解的。法院、政府网站、律师事务所虽然都能提供以上的部分信息，但当事人需要花大量时间进行查询，而且在没有专业人员指导的情况下，很难准确理解上述信息的内容。这种准确获取信息的困难，促使当事人愿意花较小的代价寻求中间人的帮助，从而为司法鉴定"黄牛"提供了生存的土壤。

(2) 司法鉴定委托权集中且内部监管不严。司法鉴定委托权一般集中在办案机关的职能部门，如交警事故处理中心和法院负责对外委托的部门等。司法鉴定"黄牛"通过不正当手段与上述部门建立有效联系，即可获得大量的司法鉴定信息，及时介入司法鉴定，与当事人进行沟通并获得代理权。甚至少部分委托单位因为人员有限或其他原因，把空白委托书直接给当事人，由其自行填写并决定鉴定机构，这就给了司法鉴定"黄牛"可乘之机。

2) 司法鉴定行业本身存在的问题

(1) 市场化带来的问题。司法鉴定意见书由于其证据属性，需保持客观性和公正性，这就造成了当事人在付费之后，可能还会给自己带来不利证据的局面。因此，当事人存在寻找能影响司法鉴定意见的司法鉴定"黄牛"的内在动力。从全国范围看，鉴定机构和鉴定人总体分布不均衡，部分地区从事门槛较低的鉴定项目的机构数量出现供大于求的现象。因此，也会存在少量司法鉴定机构或鉴定人，为了机构生存或谋取更大利益而出具与事实不符的鉴定文书，或与司法鉴定"黄牛"勾结，为占领鉴定市场而甘心被司法鉴定"黄牛"所左右的现象。

(2) 司法鉴定行业收入与投入严重不匹配。2009年9月，国家发改委和司法部联合颁布《司法鉴定收费管理办法》，规定了司法鉴定收费标准。2016年3月29日，国家发改委印发《关于废止教材价格和部分服务收费政策文件有关问题的通知》，决定自2016年5月1日起废止《司法鉴定收费管理办法》等文件，由各省、自治区、直辖市人民政府价格主管部门会同同级司法行政部门于5月1日前制定出台本地区司法鉴定收费标准。随后各省、自治区、直辖市开始陆续制定新的收费标准文件。但目前除个别省、自治区、直辖市外，绝大多数省、自治区、直辖市的收费标准与2009年一致。10年收费标准无变化，给司法鉴定机构的运营和鉴定人的收入带来较大压力。按司法部公布的数据，2017年平均每家司法鉴定机构年营业额约92.2万元，平均每位鉴定人的年营业额仅8.1万元。《司法鉴定人登记管理办法》第十二条规定，个人申请司法鉴定人资质的最低条件为具有高等院校相关专业本科以上学历，从事相关工作5年以上。司法鉴定人的基本要求高于执业医师、律师、会计师和教师等职业，但收入较低。随着我国法治的进步，对于司法鉴定机构和鉴定人的要求越来越高，如仪器配备、场地环境、资质认定等。以上措施有利于提高司法鉴定机构和鉴定人的从业素质，淘汰条件较差的鉴定机构，但无疑增加了司法鉴定机构的运营成本。因此，大多数鉴定机构和鉴定人只能依靠多做鉴定维持或增加收入，这也给司法鉴定"黄牛"用鉴定委托权来挟裹司法鉴定机构和鉴定人带来了机会。除了运行成本，还有风险成本。司法鉴定行业是解决纠纷的行业，其出具的鉴定文书常是纠纷中的焦点。司法鉴定人大多都遇到过恶意投诉，甚至被人威胁的情况。所以，司法鉴定行业是一个高风险行业，回应或处理司法鉴定业务以外的纠纷往往需要耗费大量精力。有司法鉴定人因出具不利于当事人的鉴定意见被投诉到司法行政管理部门，甚至有当事人以上访或自杀逼迫司法鉴定人按其意愿修改鉴定意见。

（3）司法鉴定"黄牛"大多能在一定程度上分担鉴定人处理鉴定矛盾的压力。如前述保险诈骗案，被鉴定人、"黄牛"和保险代理人已经达成协议，对鉴定人来说不仅减少了应付鉴定完结后各种纠纷的概率，保险公司也大多不太可能每一个案件再派其他人员重查一遍，司法鉴定人能在稳定案源的同时增加一笔比鉴定费更多的收入。

以上多方面原因，使得部分司法鉴定人没有秉持公正。

3）司法鉴定监管中存在的问题

近年来，国家和各省区市司法行政部门出台了很多对司法鉴定的监管措施，规范了司法鉴定流程。但由于司法鉴定意见是专家的专业意见，司法鉴定委托又归办案机关等机构管辖，鉴定意见往往是被同行专家质疑或被投诉后，才由司法行政部门或行业协会组织专家对鉴定文书进行全面审查，以判定其是否存在问题。因此，如何实时有效地监督鉴定意见以及与司法鉴定有关的其他行业的行为，值得深入思考。

另外，目前司法鉴定相关的法律法规主要是约束司法鉴定机构和司法鉴定人，对除司法鉴定人以外的司法鉴定参与人的约束力不够，无法规范其行为，对其不当行为甚至是影响司法鉴定的行为追责力度不够。《司法鉴定程序通则》第二十九条规定，委托人拒不履行司法鉴定委托书规定的义务、被鉴定人拒不配合或者鉴定活动受到严重干扰，致使鉴定无法继续进行的，司法鉴定机构在鉴定过程中可以终止鉴定。干扰鉴定活动付出的成本很低，成了许多司法鉴定"黄牛"肆无忌惮的重要原因。

4. 司法鉴定"黄牛"的治理对策

1）提高司法鉴定前的信息服务的便捷性

增加司法鉴定前的信息服务，可有效改善司法鉴定服务启动前供需信息不对称问题，限制司法鉴定"黄牛"的可操作空间。近年来，司法部推进司法鉴定进入公共法律服务体系，有的省区市在便民法律服务部门增加了司法鉴定窗口，由各司法鉴定机构轮流选派工作人员现场接待和介绍司法鉴定的相关信息。本书认为，此举措可有效改善司法鉴定信息服务的可获得性，但如果通过多种形式增加媒体宣传，并在办案机关处进行相关信息公示，对当事人加以有效引导，则更可减少司法鉴定"黄牛"的可乘之机。

2）建立公平有序的司法鉴定委托程序

在法院、检察院、公安局、律师事务所中经常会遇到必须要做司法鉴定，但当事人对流程或行业不熟，寻求介绍、帮助的情况。这种情况既不能直接让当事人自行解决，也不能全部由办案人员或律师自由决定。目前，法院系统已基本形成一个遴选过的鉴定水平得到普遍认可的鉴定机构库，双方当事人可以通过协商或摇号决定在哪个鉴定机构进行鉴定。本书认为，这种机制可供其他系统参考，使用这种形式选择鉴定机构，能够在较大程度上遏制司法鉴定"黄牛"的泛滥，从而达到治理司法鉴定"黄牛"的目的。

3）调整司法鉴定机构布局及鉴定项目价格

司法行政管理部门可根据当地具体情况，从司法鉴定管理、司法鉴定机构和人员准入等方面下功夫，通过宽严相济的准入和退出机制，对辖区内司法鉴定机构进行合理布局。例如，提高部分供大于求的鉴定项目的门槛，适当放宽门槛较高的鉴定项目和人员的准入等。在鉴定项目收费方面，相关部门应做充分的调查研究，在尊重知识劳动和器材设备损耗的前提下，给出合理的指导价格，并及时对价格进行调整，以适应不断变化的鉴定成本需要。

4）加强对司法鉴定意见合理性的监督

司法鉴定"黄牛"获得利益的根本落脚点在于获取有利于当事人的鉴定意见。因此，对鉴定意见合理性的监督有利于遏制司法鉴定"黄牛"的行为。有些鉴定意见很大程度上是鉴定人根据自己的学识和经验对结果的判断，对于同一个鉴定对象或鉴定项目，不同鉴定人可能会得出不同的鉴定意见。但这种不同应在合理范围内，有其自身充分的证据支撑。所以，对于鉴定意见合理性的判断不能看其是否完全相同，而应看意见给出的理由是否合理和充分，这就需要行业内部的自律和监管。应根据不同项目类别，建立起司法鉴定意见合理性审查制度，对于明显超出合理范围的同一案件两个不同鉴定意见的情况，应主动提交行业协会或有关部门进行合理性审查。对于一般案件，应组织专家或有关人员进行定期或不定期抽查，以产生威慑作用，规范司法鉴定活动。

5）增加对司法鉴定利益方的监管与处罚

目前，对司法鉴定人的惩戒规定已有法可依，但对司法鉴定利益方的监管与处罚规定甚少。本书认为，必须通过法律法规或规章制度，明确司法鉴定利益方或委托方影响司法鉴定的行为，并联合多部门，在司法鉴定前服务较多的部门或行业增加配套监管和惩罚机制。例如：对代理律师行为进行监管，对行为不当的律师进行严厉处罚；相关保险业的从业人员在陪同见证鉴定流程时，应有配套的监管措施；对于确认违反规定，影响司法鉴定行为的人，应列入公民失信名单等。这样可以大幅提高司法鉴定"黄牛"的违法成本，从而达到遏制其影响鉴定行为的目的。

6）利用网络手段为司法鉴定服务

目前已有部分省区市的司法鉴定管理部门建立了相关的网络系统，要求管辖区司法鉴定机构录入一段时间内的鉴定信息。个别省区市的系统能对同一案件相差较大的两份不同鉴定意见进行示警，在尚未引起不良社会效应之前，即可有针对性地组织专家对这两份司法鉴定意见的合理性进行复核。除此以外，还可将司法鉴定各环节整合成一个综合平台，建立一站式服务。还有人提出建立"智慧＋"模式下的司法鉴定，这种模式可整合多方信息，并可对各方信息追本溯源，使整个司法鉴定过程智慧化。

第九章

损伤程度鉴定

我国的《刑法》《民法典》《治安管理处罚法》等法律中都有涉及保护公民人身权利的法律规定。对人身损害案件中的受害人进行人体损伤程度评定是法制建设的需要，正确的损伤程度评定可以为是否需要追究刑事责任或需要追究刑事责任的案件中具体的定罪量刑提供医学证据。

人体损伤程度评定的范围以损伤当时的原发性损伤以及与损伤相关的并发症及后遗症为主。根据人体受伤部位、损伤情况的不同，有的损伤主要依据受伤当时的病情，有的损伤主要依据损伤的后果或结局来评定损伤程度。受伤当时对生命健康有重大威胁的，如特重型颅脑损伤、失血性休克等，应按照损伤当时的情况评定；对于影响人体功能的，如肢体残疾，容貌毁损，丧失视觉、听觉及其他器官功能的，应按照损伤最终对人体造成的影响来评定损伤程度。

第一节 概述

一、损伤程度鉴定的概念及其分类

损伤程度鉴定就是法医技术人员根据损害程度的不同，判定作用于人体的非致命伤的损伤程度。具体来说，损伤程度是指人体受到外力作用导致机体组织、器官结构破坏及功能障碍的程度。根据我国相关法律法规及司法审判实践需要,损伤程度分为重伤、轻伤和轻微伤。

对未造成死亡的故意伤害案件,只有通过对受害人进行人体损伤程度的司法鉴定,才能明确其损伤程度,一旦构成"轻伤",则意味着构成犯罪,可以追究加害人的刑事责任。我国《刑法》第二百三十四条规定:故意伤害他人身体的,处三年以下有期徒刑、拘役或者管制。犯前款罪,致人重伤的,处三年以上十年以下有期徒刑;致人死亡或者以特别残忍手段致人重伤造成严重残疾的,处十年以上有期徒刑、无期徒刑或者死刑。本法另有规定的,依照规定。如果没有构成"轻伤",则只能给予加害人治安处罚。我国《治安管理处罚法》第四十三条规定,殴打他人的,或者故意伤害他人身体的,处五日以上十日以下拘留,并处二百元以上五百元以下罚款;情节较轻的,处五日以下拘留或者五百元以下罚款。"有下列情形之一的,处十日以上十五日以下拘留,并处五百元以上一千元以下罚款:(一)结伙殴打、伤害他人的;(二)殴打、伤害残疾人、孕妇、不满十四周岁的人或者六十周岁以上的人的;(三)多次殴打、伤害他人或者一次殴打、伤害多人的。"

对未造成死亡的过失伤害,如大多数交通事故致人体损伤案件,法律要求只有达到"重伤"才被要求追究刑事责任。《刑法》第二百三十五条规定:过失伤害他人致人重伤的,处三年以下有期徒刑或者拘役。

即使加害人已经被追究了刑事责任,仍需要对受害人给予民事赔偿,民事赔偿主要是根据受害人的伤残等级来确定。

二、损伤程度的分级

《人体损伤程度鉴定标准》规定,使人肢体残废、毁人容貌、丧失听觉、丧失视觉、丧失其他器官功能或者其他对于人身健康有重大伤害的损伤为重伤,包括重伤一级和重伤二级。使人肢体或者容貌损害,听觉、视觉或者其他器官功能部分障碍或者其他对于人身健康有中度伤害的损伤为轻伤,包括轻伤一级和轻伤二级。各种致伤因素所致的原发性损伤,造成组织器官结构轻微损害或者轻微功能障碍的为轻微伤。

第二节　重伤的鉴定

我国《刑法》第九十五条规定："本法所称重伤，是指有下列情形之一的伤害：（一）使人肢体残废或者毁人容貌的；（二）使人丧失听觉、视觉或者其他器官机能的；（三）其他对于人身健康有重大伤害的。"根据该条规定，我国于1986年8月由司法部、最高人民法院、最高人民检察院、公安部联合颁布了《人体重伤鉴定标准（试行）》，于1990年3月颁布了正式的《人体重伤鉴定标准》。经过20余年的执行、应用，2013年8月30日，最高人民法院、最高人民检察院、公安部、国家安全部、司法部联合发布了《人体损伤程度鉴定标准》，原有的标准予以废止。

重伤根据严重程度分为重伤一级和重伤二级，一级比二级程度重。主要包括以下类型。

（1）可危及生命的严重损伤。此类损伤主要是指损伤程度严重，危及生命，在受伤当时如未得到及时抢救治疗，常导致受害人死亡。如内脏器官破裂（脾破裂、肝破裂、膀胱破裂等），如未及时手术修补或切除破裂的器官，受害人可能会出现失血性休克而死亡。

（2）导致毁容的损伤。面部损伤后如遗留大面积的瘢痕或色素变化，或面部五官严重畸形，造成明显影响容貌的容貌毁损，会严重影响受害人的心理状态及精神健康。

（3）造成严重的器官功能障碍的损伤。如损伤造成盲目、听觉丧失等会严重影响受害人日常生活能力、工作能力和社会适应能力。

（4）造成严重肢体残疾的损伤。损伤后出现的明显后遗症或并发症，导致受害人肢体重度残疾，如四肢开放性骨折合并软组织脱套伤，导致四肢关节变形无法活动。

案例：

桑××，女，52岁，于2014年12月11日被人用拳头击伤头部、右耳、右面部、胸部等处，现右耳听力障碍。某市人民医院出院记录载：患者因被他人打伤头面部半小时以"轻型颅脑损伤、多处软组织损伤"住外科治疗。头颅CT及X线踝关节片均无异常。住院第3天出现右耳鸣，听力下降明显，请五官科会诊建议去上级医院行脑干诱发电位检查，结果：右侧听通路传导阻滞（中枢段），电测听为感音性聋。于12月25日转五官科，患者再次于中心医院检查，结果无改善。出院诊断：右耳外伤性耳聋，多处软组织损伤。该院2014年12月12日会诊记录载：患者因"头身多处外伤伴疼痛半小时"入院。自诉右耳耳鸣，头面部疼痛。查体：双侧颞顶部、左颧部广泛压痛。某中心医院2014年12月15日脑干诱发电位报告：右侧听通路（中枢段）轻度传导阻滞；2014年12月24日复查报告：右侧听通路（中枢段）传导阻滞。2014年12月24日声导抗检查报告：双耳鼓室压图A型；峰压点左-10，右-5；坡度左0.43，右0.37；镫骨肌反射右耳非交叉及左耳交叉未引出，衰减试验（-）。门诊检查见双外耳道、鼓膜完整，乳突无红肿。该院2015年1月7日双侧乳突部CT轴位平扫报告：乳突部CT平扫未见明显异常。2015年4月25日调查材料记载：伤后第二天医生检查见伤者右面部、下颌部肿胀；入院时体检不是清醒状态等。另有调查材料证实其伤前可正常对话。

2015年4月22日法医学活体检查意见：神清，一般情况尚好，头面部等处已不能见明显外伤征，仍诉右耳聋。鉴定中心行电生理检查，结果为：客观听阈左耳35dBnHL，右耳93dBnHL。阅送检某医院2015年4月19日CT片及4月20日MRI片，均未见明显病理性改变。

分析说明及鉴定意见：被鉴定人此次外伤后出现耳聋，并经多次客观听阈检查法——脑干诱发电位（ABR）及40Hz听觉事件相关电位检查证实，表现为右耳极度感音性聋（左耳轻度聋），分析属闭合性颅脑损伤时压力波传至颅底，造成耳蜗结构受损造成,而无证据显示其耳聋为既往疾病所致。主要理由如下。① 如为先天性聋,则属常染色体隐性遗传性聋或妊娠早期母亲患风疹、流感、腮腺炎等病毒感染性疾病,或母亲患有糖尿病、肾炎等全身性疾病,或胎儿缺氧窒息等原因所致,但一般为双侧耳聋,且伴有身体其他部位疾患,因此与被鉴定人病情不符;如为老年性聋,则为双侧对称性聋,多有响度重振,这也与其病情不符;全身系统性疾病引起的耳聋为双侧对称性高频感音性聋,耳毒性聋也呈双侧对称性感音性聋,爆震性聋亦为双耳聋且有相应病史,同样与其病情不符;而特发性聋系突然发生的耳聋,之前多有病毒感染病史,听性脑干诱发电位正常,有自愈倾向,该特点与被鉴定人病情也不相符。② 双侧乳突CT轴位平扫未见异常,声导抗检查双耳鼓室压图为A型(正常鼓室压图),镫骨肌反射型为对角线型,这些结果也证实被鉴定人中耳及乳突未发现疾病征象。上述情况说明被鉴定人右耳极度聋系自身疾病所致不能成立。

如果为创伤性聋,则多发生于闭合性颅脑损伤后,表现为伤后早期即出现耳鸣、耳聋,多双侧发生,可表现为一侧为重,系因迷路震荡、内耳出血、感觉细胞和节细胞受损、听神经损伤所致。而被鉴定人右耳极度聋多项检查结果及证据说明与之相符:① 颅面部外伤史明确,检见有枕顶部、双侧颞顶部、左颧部、右下颌部广泛压痛,右面部、下颌部肿胀等体征;② 伤后次日即有"右耳鸣"的病历记载;③ 2014年12月15日及12月24日脑干诱发电位检查为右侧听通路(中枢段)传导阻滞;④ 无疾病所致耳聋之证据,调查材料也辅助证明其伤前能正常交谈。

综上所述,分析被鉴定人右耳极度聋不能认为系自身疾病所致,应属闭合性颅脑损伤后所致创伤性聋。结合多次声导抗检查衰减试验阴性之结果,分析其损害部位应位于耳蜗而非听神经,即属耳蜗性聋。被鉴定人外伤导致右耳极度聋(客观听阈93 dBnHL,大于91 dBnHL),达到《人体损伤程度鉴定标准》5.3.2 a)所规定的程度,损伤程度为重伤二级。

第三节　轻伤的鉴定

轻伤指物理、化学及生物等各种外界因素作用于人体，造成组织、器官结构一定程度的损害或者部分功能障碍，尚未构成重伤，但又不属于轻微伤的损伤。主要包括：使人肢体或者容貌损害；听觉、视觉或者其他器官功能部分障碍；其他对于人身健康有中度伤害的损伤，包括轻伤一级和轻伤二级。轻伤一般无明显的后遗症，不伴有神经系统症状体征，不引起全身反应。

案例：

张××，女，44岁，于2018年3月20日，被人用铁锤砸伤双手。某医院住院病历显示：入、出院日期：2018年3月20日—2018年4月3日。病历摘要：患者被他人用铁锤砸伤双手，致双手多指开放骨折，门诊急诊手术后收入院抗炎治疗，今术后14天，缝合拆除一半，要求出院。住院期间病情转变和治疗过程：患者外伤手术后收入院，予以抗炎治疗，住院期间伤口恢复顺利，复查X线片提示骨折生长良好，今要求出院。出院诊断：双手开放粉碎骨折。某院手术记录如下。手术日期：2018年3月20日。手术经过：右小指根部离断，仅少许皮带相连，无血供，予以截除后缝合伤口；右食指近节骨折用一枚1.0mm克氏针固定，固定顺利，髓内固定，针尾留于皮外；右环指末节开放骨折，将骨折复位后缝合皮肤，未予克氏针固定；左食指近节骨块利用其筋膜将其缝合在原位，未予克氏针固定；左手背伤口直接缝合。

2021年11月10日法医活体检验情况如下。左手：中指近掌指关节处见1.2cm纵行瘢痕；食指近侧指尖关节至掌指关节处见约2.8cm长弧形瘢痕；手背桡侧近左前臂处见约4cm长横行瘢痕。食指中节指间关节僵硬，固定于半屈曲位，成角畸形约20°。

右手：小指自掌指关节处缺失，见约 1.5cm 长纵行瘢痕；环指近节、中节内侧见约 3cm 长纵行瘢痕；环指背面近手背处见约 1.5cm 长纵行瘢痕；环指中节指间关节活动部分受限（不能完全伸直），伸直 45°，屈曲 90°；食指指甲部分缺失。

分析说明及鉴定意见如下。审核认为被鉴定人 2018 年 3 月 20 日主要损伤有：① 右手小指离断伤；② 右手食指近节骨折；③ 右手环指末节开放性骨折；④ 左手食指近节骨折。被鉴定人右手环指中节指间关节不能伸直，相当于一手功能丧失 3%；其右手小指自掌指关节处缺失，相当于一手功能丧失 9%；其左手食指中节指间关节僵硬，固定于半屈曲位，相当于一手功能丧失 7%。其手功能丧失累计达一手功能的 19%，依据《人体损伤程度鉴定标准》5.10.3a) 之规定，其损伤程度构成轻伤一级。

第四节　轻微伤的鉴定

轻微伤是指各种致伤因素所致的原发性损伤，造成组织器官结构轻微损害或者轻微功能障碍。这里的损伤是外力直接形成的损伤，不包括继发于其他疾病或损伤的组织器官损伤。具体是指人体遭受外界致伤因素作用，造成人体局部组织、器官结构的轻微损伤或短暂的功能障碍。

案例：

杨××，男，55 岁，于 2019 年 04 月 30 日发生交通事故受伤，某医院出院记录记载：入、出院时间：2019 年 04 月 30 日—2019 年 05 月 11 日。入院情况及治疗经过：患者因"车祸伤后 11 小时"入院。既往史：有高血糖病史。查体：神志清楚，精神可，扶入病房，查体合作，回答切题，双瞳 2.5m，等大等圆，对光反射灵敏，眼球活动可，口鼻无出血，头顶部裂伤已行清创包扎，双侧鼻唇沟对称，双侧额纹对称，伸舌居中，双侧耸肩可,颈软,脑膜刺激征(一),右腰部擦伤,右髋部软组织挫伤,右小腿皮肤擦伤,四肢肌力肌张力正常,生理反射存在,病理反射未引出。入院后完善相关检查,予以抗感染及相关对症治疗,2019/5/1 颅脑 CT 检查未见颅内出血;2019/5/2 右侧胫腓骨正侧位片未见明显骨折。住院期间检查发现患者血糖较高,考虑糖尿病,请内分泌科会诊予以控制血糖治疗。出院诊断:颅脑损伤,头皮裂伤,全身多处软组织损伤。

2019 年 7 月 16 日法医活体检验情况:步行入室,神志清醒,语言清晰,对答可,检查合作。左顶枕部见 4cm 长疤痕。自诉:头皮伤处针刺感,头痛。

分析说明及鉴定意见:审核认为被鉴定人 2019 年 04 月 30 日交通事故主要损伤有:头皮裂伤,全身多处软组织损伤。其头皮裂伤长度 4cm,未达《人体损伤程度鉴定标准》5.1.4.a)规定的程度,依据上述标准 5.1.5.c)之规定,损伤程度为轻微伤。

第五节 损伤参与度研究

损伤参与度的概念由日本人渡边富雄于 20 世纪 80 年代首先提出。损伤参与度是一个法医学概念,主要指外伤、疾病(包括老化和体质差异)等因素共同作用于人体,损伤在人身死亡、伤残、后遗症的发生上所起作用的比例关系。判定损伤参与度的基本方法是:首先,要结合客观实际,对客观事物的发生发展进行仔细的调查研究,确定损伤和疾病是否客观存在;其次,研究损伤与疾病的发生和演变过程,判定两者间是否具有关联性、时间间隔是否符合一般规律、病理变化是否具有连续性等;最后,进行综合分析判定。在判定中,一定要坚持实事求是、具体情况具体分析的原则。

一、损伤与疾病间的因果关系

损伤与疾病间的因果关系分为直接因果关系、临界型（共同）因果关系、间接因果关系和无因果关系四种情况。

1. 直接因果关系

直接因果关系是指人体遭到暴力作用后出现的与损伤有直接联系的并发症和后遗症。在直接因果关系中，损伤的作用可分为：① 主要作用，即损害后果主要由外伤造成；② 完全作用，即损害后果完全由外伤造成。

2. 临界型（共同）因果关系

临界型（共同）因果关系是指暴力作用于人体已患有各类疾病的组织、器官后，造成病变部位的组织器官结构破坏或功能障碍，损伤与疾病共同造成现有的后果的情况。

3. 间接因果关系

间接因果关系是指暴力作用于人体患病的组织器官后，未引起病变部位的组织器官结构破坏或功能障碍，但使原有疾病的症状体征出现或加重的情况。损伤的作用可分为：① 轻微作用，即在损伤的诱发下受害人患有的潜在性疾病出现症状体征；② 次要作用，即损伤在疾病的发生发展过程中起辅助作用。

4. 无因果关系

无因果关系是指损害后果完全由自身疾病造成，损伤与疾病之间不存在因果关系。

二、损伤参与度的判定

1. 损伤参与度的划分

不同类型的损伤与疾病关系中损伤参与度一般采用百分比方式量化，

按照司法部司法鉴定技术研究院提出的方案，依据损伤与疾病因果关系的类型，划分为 0~4%、5%~15%、16%~44%、45%~55%、56%~95%、96%~100%。

2. 损伤参与度的判定

（1）无因果关系：既有外伤，又有疾病，若损害后果完全由疾病造成，属于损伤与疾病之间无因果关系，损伤参与度为 0~4%。

（2）间接因果关系：既有外伤，又有疾病，如果外伤为轻微作用，属于损伤与疾病间有间接因果关系，损伤参与度为 5%~15%；既有外伤，又有疾病，如果外伤为次要作用，属于损伤与疾病间有间接因果关系，损伤参与度为 16%~44%。

（3）临界型（共同）因果关系：既有外伤，又有疾病，但外伤与疾病对损害后果的作用基本相等，属于损伤与疾病之间存在临界型（共同）因果关系，损伤参与度为 45%~55%。

（4）直接因果关系：损伤是直接因果关系中的主要作用，损害后果主要由外伤造成，损伤参与度为 56%~95%；外伤为直接因果关系中的完全作用，损害后果完全由外伤造成，损伤参与度为 96%~100%。

三、损伤程度鉴定处理原则

损伤与疾病存在直接因果关系的，不管是完全作用还是主要作用，直接对照《人体损伤程度鉴定标准》相应条款进行鉴定；损伤与疾病存在间接因果关系的，疾病为主要作用，损伤为次要、轻微作用的，不宜评定损伤程度，只说明因果关系。损伤与疾病存在临界型（共同）因果关系的，应当依据相应条款适当降低损伤程度等级。也就是损伤程度为重伤一级和重伤二级的，可视情况降为轻伤一级或轻伤二级；等级为轻伤一级和轻伤二级的，均鉴定为轻微伤。

案例：

王×，男，29 岁。某年 3 月 6 日上午 7 时许，与他人打架致右肾外伤。3 月 6 日某县医院病历记载：外伤致腹痛、呕吐口渴 11 小时。患者今天早晨约 7 时许，被脚踢伤腹部，当时感疼痛，恶心呕吐一次，为胃内容物，后感口渴、腹痛加重。专科检查：一般情况差，贫血貌，Bp15/9kPa，腹平，压痛反跳痛（＋），以右腹为著，肝肾区叩痛（＋），肠鸣音减弱，右手腕有小伤口2个直径约1cm。CT示：腹内脏器破裂，多囊肾、腹腔穿刺抽出鲜红色不凝血。3月7日术后小结：患者今行右肾破裂修补术。术中见后腹膜挫伤，瘀血，分离肾周组织达肾实质，见肾脏约20cm³×10cm³×10cm³，有多囊腔，肾皮质变薄，有1～2个囊腔内积血，且有大量血块，肾上极一囊壁破裂，长约8cm，近盂门侧有活动性出血，予缝扎止血。肾内血块、血液取出后，缝合破口，分离肾盂及输尿管上段，肾盂处切开，取出数枚大小不等结石，内置支撑架，缝合各层。5月17日、5月18日第二次术前及术后记录：患者右肾外伤、肾修补术后2月余，术后出现右肾感染积脓，经KUB＋IVP检查，左肾正常，右肾无功能。于5月18日行右肾切除术，术中发现右肾周粘连，右肾明显增大遂行包膜下右肾切除术，输尿管尽量低位切除。5月23日病理检查报告：肾脏一只，大小13cm³×10.5cm³×6.5cm³，表面部分有皱褶，局部已破，似囊状感，沿肾门切开，可见多个囊腔，大小不等，囊内含有清液及混浊液伴有血性液。肾皮质局部为肾脏结构，其他被多个囊腔所取代，个别囊腔内见有结石。诊断：右肾多囊肾伴弥漫性炎细胞浸润及结石。

分析说明及鉴定意见：据送检病历记载，被鉴定人右肾多房性囊肿伴肾结石、外伤后右肾破裂诊断成立。被鉴定人3月6日被人打伤，后腰部疼痛，手术所见提示：① 腰背部（肾区）有外伤史（后腹膜挫伤、瘀血）；② 肾脏明显增大20cm³×10cm³×10cm³（正常10cm³×5cm³×4cm³），囊性变，皮质变薄，此为一种疾病的表现，即右肾多房性囊肿，系此次外伤之前已经存在；③ 囊壁破裂出血（肾上极一囊壁破裂，长约8cm，近盂门侧有活动性出血）；④ 肾修补术后合并感染，而行右肾切除术。在既有伤又有病的情况下，以上提示说明，被鉴定人腰背部外伤史明确，且有一定强度，但肾脏的破裂与自身患有右肾多房囊肿、肾实质变薄，对抵抗外来暴力的能力下降亦有明显关系（本例手术所见肾脏破裂主要表现为囊壁破裂出血）。

关于外伤参与度，分析认为：本例被鉴定人若没有外伤的作用，此时其右肾不会自发性破裂、出血，并发失血性休克，更不会因肾修补术后合并肾内感染、肾脏完全丧失功能，致右肾切除；同时，若被鉴定人没有肾脏的肿大和囊性变，一个正常的肾脏，在冬天衣着较厚，并不是很重的外力（被鉴定人腹部、腰背部体表无明显外伤痕，伤后可自行逃脱现场，可骑自行车）（见询问笔录第56~57页）作用下，也难以破裂。故若疾病与外伤两者独立存在，均难以造成上述后果，为两者兼而有之，作用基本相等，损伤与疾病之间存在临界型（共同）因果关系，外伤参与程度评估为50%。

被鉴定人右肾外伤后破裂，此后果根据《人体损伤程度鉴定标准》5.7.2c) 之规定，达到重伤二级，但鉴于其有明显疾病因素存在（外伤参与程度评为50%），故损伤程度降级评定为轻伤一级。

案例：

黄××，女，26岁，某年1月20日下午6时左右，在一通讯城内购买手机时，与卖主发生口角，被对方推倒在地后受伤。某市第一人民医院产科住院记录：入院日期1月21日，记录日期1月21日。患者平素月经规则，预产期4月13日，停经后无明显早孕反应，孕期无阴道出血，近1月感胎动，前天煤气中毒，曾在我院诊治。昨晚与人争吵后，被人推倒在地，臀部着地，感心慌，无腹痛及阴道出血。急诊来我院观察，经吸氧后好转。B超显示单活胎，头位，胎盘Ⅰ+，现仍感心慌不适。该院出院记录：入、出院日期1月21日—1月23日。患者因"停经6月，外伤半小时"入院。查体：Bp110/70mmHg，P96次/分，腹软，宫底10F/u RoA，胎心150次/分，先露头浮，未触及宫缩，无阴道出血。现患者无腹痛及阴道出血，胎心、胎动好。要求出院。出院诊断：①孕1产0孕28周待产；②先兆早产。该院第二次出院记录：入、出院日期2月8日—3月3日。患者因"阴道出血伴下腹坠胀半小时"入院。产检：宫高24cm，腹围87cm，RoA，FHR158—172次/分，先露臀，阴道见较多鲜红色血液流出，有血性羊水，可及宫缩，有间歇，宫体无压痛。入院后完善辅检，行抑制宫缩，止血治疗。于2月25日凌晨阴道再次出血，伴阵发性腹痛，FHR148～170次/分，向患者及家属交代病情征求分娩方式，患者及家属现再三考虑拒绝保胎，要求手术。于2月25日在硬外麻下行子宫下段剖宫手术，术中见羊水量中，清，以RSA式助娩一女活婴，胎盘附着子宫下段前壁，胎盘人工剥离完整。见下段处有一约5cm×3cm大凝血块，术中出血约400ml，手术顺利，术后行抗炎、止血及缩宫治疗，现患者腹部切口无红肿及硬节，未拆线，子宫收缩好，恶露不多。出院诊断：孕1产1孕33周产一女活婴，早产儿，边缘性前置胎盘，臀位，中度贫血。

某市司法鉴定中心法医学鉴定书记载如下。2月6日及3月3日活体检查见：神清，合作。左大腿中段外侧仍见青紫斑块，大小为4.5cm×4.5cm，触压痛。

分析说明及鉴定意见：据送检临床病历资料审核及某市司法鉴定中心法医学鉴定书伤情记载，认为被鉴定人1月20日外伤史成立，能认定的主要损伤为左大腿软组织挫伤。被鉴定人1月20日外伤后就诊于某市第一人民医院，产科检查无腹痛及阴道出血，未触及宫缩，胎心、胎动无异常。2月8日因"阴道出血伴下腹坠胀半小时"再次入该院，诊断边缘性前置胎盘，于2月25日行剖宫产娩出一女婴。其早产的原因系前置胎盘所致，不能认定与1月20日外伤有因果关系，不宜评定损伤程度。

第六节 损伤程度鉴定相关问题研究

一、鉴定时机研究

鉴定时机是指鉴定人针对鉴定对象或材料实施鉴定所选择的时间点。鉴定时机的选择是法医学伤情鉴定中鉴定人时常面临的棘手问题，这是由该类鉴定中鉴定对象的特殊性决定的。损伤程度的鉴定时机基本是根据损伤评定所依据的不同情况来确定的。损伤程度鉴定的对象是涉及法律纠纷的人体，鉴定意见又是罪与非罪的科学依据，直接影响裁判结果，产生实体公正问题。因此，鉴定所选择的时间点不同，鉴定对象可能在不同的时间点呈现不同的特征，鉴定意见就可能存在差异。所以必须认真研究如何选择鉴定时机。

目前对鉴定时机的选择主要有两种意见：一种是以损伤当时的原发性损伤为主要评定依据，采用"当时鉴定"；另一种是以损伤后果或者结局为主要评定依据，采用"稳定后鉴定"。采用"当时鉴定"的优点是受害人损伤后的直接后果在当时得到鉴定，避免在损伤发生后由于医疗等因素造成损伤结果的变化；同时能够及时使受害人得到诉讼证据，尽快完成诉讼程序，从而减轻受害人由于损伤带来的次生痛苦，及时得到各类赔偿。"当时鉴定"的缺点在于，损伤造成的后果有时会受到时间的影响，有些原发性损伤会随着时间推移造成严重的并发症和后遗症，而"当时鉴定"无法将这些后来发生的情况予以考虑，不利于受害人正当利益的保障。采用"稳定后鉴定"的优点是能够全面考虑到损伤对人体的影响，除了原发性损伤外，还包括由此直接引起的并发症和后遗症。但此种鉴定时机也存在不合理的地方：第一，如何确定伤情已经稳定？第二，即使已经确定伤情稳定，受害人最终的损害后果是否完全是损伤导致的直接后果？第三，伤情稳定后鉴定所耗费的时间成本过高，不利于受害人诉讼权利的及时实现。

基于上述分析，我们可以看出不同的鉴定时机各有优缺点。如何选择合适的鉴定时机？本书认为，应当结合案件实际情况及当事方实际情况，将鉴定分两步完成。具体方法是将"当时鉴定"和"稳定后鉴定"结合起来。第一步，不论伤情发展到哪一阶段，只要当事人或者司法机关提出鉴定委托，鉴定人就依据委托要求对鉴定时的伤情进行检验鉴定，出具鉴定意见。如果鉴定意见认为损伤程度达到轻伤以上，则受害人可以先依据此鉴定意见及时进行诉讼，公安司法机关也可以及时立案，案件及时进入司法程序，受害人的诉讼权利得以及时实现。如果鉴定意见认为损伤程度为轻微伤或不构成轻微伤，则说明受害人的损伤在当时还不是特别严重，即使后期出现了并发症和后遗症，也可以在伤情稳定后再行检验鉴定。第二步，对于已经做完"当时鉴定"，如在后期出现影响损伤后果的新情况，可在伤情稳定后再行

"稳定后鉴定"作为补充。需要注意的是，如果受害人的原发性损伤在受伤当时危及生命，按原发性损伤已构成重伤的，如失血性休克，即使后期通过医疗手段得以纠正，仍不能改变其重伤的鉴定意见。

二、无相应鉴定标准的比照研究

人体是一个复杂而精妙的结构，人体损伤也具有多样性和复杂性。不同的损伤作用于同一个人体形成的后果不同，同样的损伤作用于不同的人体造成的后果也不一样；同时随着医学的不断发展，一些新的诊断意见也得以明确，而且还存在着各种各样新的手术方式等。这就导致现行的《人体损伤程度鉴定标准》存在无法面面俱到、有些损伤无法找到对应条款的情况。为解决这种问题，《人体损伤程度鉴定标准》在附则中用比照原则对各类损伤进行了具体的规定，又给出了鉴定时遇到具体条款中未涉及的伤情，可以适当根据伤情的特点，比照具体规定进行鉴定的原则，来解决损伤的多样与条款的缺失之间的矛盾。需要按照比照原则进行损伤程度鉴定的情况主要包括以下三种。

（一）死亡个体的生前损伤程度鉴定

司法实践中，有时需要对死亡个体的生前损伤程度进行鉴定。《人体损伤程度鉴定标准》附则6.1规定：伤后因其他原因死亡的个体，其生前损伤比照本标准相关条款综合鉴定。此条标准可以为某些案件（如正当防卫、自杀等）的受害人的损伤程度鉴定提供依据，更好地打击犯罪、维护正义。需要对尸体进行损伤程度鉴定的情况有以下几种。一是外伤作为死亡的诱发因素时。此时死者的死亡原因是其自身所患疾病，外伤只是其死亡的诱因。如某人与楼上邻居因琐事发生纠纷，持木棒将邻居打伤，邻居倒地后送医抢救无效死亡，尸体解剖发现其死亡原因为脑血管畸形导致脑血管破裂出血死亡。此时需要对其生前损伤进行损伤程度鉴定，如果达到轻伤及以上程度，则为追究某人的刑事责任提供依据；如果达到轻微伤，则适用《治安管理处罚法》追究其民事责任。二是死者因其他原因死亡，但生前有损伤。主要表现为外伤不参与死亡且相对独立于死亡。

案例：

陈×，女，29岁，2018年3月13日凌晨，自某家属楼6楼高坠，经抢救无效死亡。公安机关经现场勘查及案情调查，认定其死亡性质为自杀。

死亡原因：尸体解剖时发现死者上下口唇黏膜有散在黏膜下出血，上唇系带破损，双眼睑、球结膜均有少量出血点，大便失禁，说明死者生前有被捂压口、鼻腔致窒息征象，但心肺表面未见出血点，说明窒息程度不重，不足以致死。解剖见第2至8胸椎旁及相应部位肋间肌广泛出血，肝脏粉碎性破裂，脾脏破裂，左侧胸腔及腹腔积血共约1300ml，说明陈×系因肝脏、脾脏破裂致失血性休克而死亡。其损伤具有体表损伤广泛、外轻内重、体表一侧性分布的特点，胸腹腔脏器严重损伤出血，分析系躯体以巨大力量与大面积钝性物体一次性接触所致，符合高坠特征。

生前损伤程度：尸表检验见死者陈×上下口唇黏膜有散在黏膜下出血，上唇系带破损，双眼睑、球结膜均有少量出血点，说明死者生前系被捂压口、鼻腔所致呼吸功能障碍而出现窒息征象。依据《人体损伤程度鉴定标准》附则6.1，比照《人体损伤程度鉴定标准》5.12.4g）之规定，其损伤程度已构成轻伤二级。被鉴定人陈×身体高坠前所受损伤的损伤程度为轻伤二级。

（二）标准规定以外其他因素所致损伤的损伤程度鉴定

《人体损伤程度鉴定标准》附则6.2规定：未列入本标准中的物理性、化学性和生物性等致伤因素造成的人体损伤，比照本标准中的相应条款综合鉴定。由于造成损伤的因素种类繁多，《人体损伤程度鉴定标准》无法覆盖所有致伤因素造成的损伤，如放射性物质损伤、中毒后的功能障碍等，此时需要比照相应条款综合鉴定。

只有没有列入《人体损伤程度鉴定标准》中的物理性、化学性和生物性因素造成的人体损伤才能引用附则的比照条款进行鉴定；比照时应直接依据《人体损伤程度鉴定标准》中的相应条款进行鉴定；某些致伤因素所造成的损伤在人体上的表现有时不如直接的机械性损伤造成的损伤明显，有时还需对损伤与疾病之间的关系进行鉴别,此时需要参考损伤与疾病的鉴别原则来进行鉴定。如某人在直播售卖某喷雾过程中,面部不慎接触到喷出的液体,造成面部化学性烧灼伤,伤后法医检验测量其面部为Ⅰ°烧伤面积11cm^2,依据《人体损伤程度鉴定标准》5.12.5 b)及附则6.2之规定,其面部烧烫伤损伤程度为轻微伤。

(三)标准中未作具体规定的损伤程度评定

《人体损伤程度鉴定标准》附则6.4规定:本标准未作具体规定的损伤,可以遵循损伤程度等级划分原则,比照本标准相近条款进行损伤程度鉴定。随着医学检验技术及治疗技术的发展,现行标准难以涵盖所有损伤伤情,在鉴定实践中,有时会碰到标准中没有的损伤情况。此种损伤在标准中没有具体条款规定,此时需要参照前述附则的规定进行损伤程度评定。如随着医学技术的发展,现在对于脾脏部分破裂的患者,临床上普遍采用脾动脉栓塞术来保留患者完好部分的脾脏组织,降低其发生凶险感染的概率。但脾动脉栓塞术作为一种新型的治疗方法,在标准中并未提及,但脾动脉栓塞术是选择性阻断部分脾脏的血供使脾脏部分区域梗死和机化,产生和脾切除一样的效果。因此,可以比照《人体损伤程度鉴定标准》5.7.2c)之规定,评定为重伤二级。

第十章

工伤事故的劳动能力鉴定

随着工业化进程的不断发展，人类的生产和生活方式发生了根本性变化，但工业化在带来便利的同时，也给社会带来了许多负面影响，如增加了人们在生产活动中的健康风险等。如何对在工伤事故中的受害人进行救济，化解由此衍生出的各类社会问题，是理论和实践上需要研究的重要课题。对于司法鉴定人员来说，对工伤事故受害人进行劳动能力鉴定，是落实劳动者工伤待遇的基础和前提条件，也是工伤保险管理工作的必要程序，劳动能力鉴定意见是用工方或保险公司支付工伤保险待遇的主要科学依据。

第一节 工伤概述

在全球范围内，据统计每天有约 3000 人死于工作，每分钟有 2 人因为工作中所受损伤导致死亡。在这些工伤事故和职业危害中，发展中国家所占的人数比例较发达国家高出一倍以上。我国工伤事故（包括工伤和交通事故）每 10 万人死亡率近年来一直在 10 左右，特别是煤矿事故，仅 2021 年就有 178 名工人死于煤矿事故。对各类工伤事故进行分析鉴定，可以为工伤事故的预防提供参考及对策。

一、工伤的概念

1921年国际劳工大会通过的公约中明确提出:"由于工作直接或间接引起的事故为工伤。"随着社会的发展,各国又相继把职业病列入工伤的范畴。1964年国际劳工大会通过的《工伤事故和职业病津贴建议书》进一步完善了工伤的定义。第一,在工作时间内,在工作场所及其附近,或工人劳动所在的任何场所发生的事故,不论其原因如何,均作为职业事故。第二,在工作时间前后合理的时限内因交通、清洁、准备、保养、储存、紧固或捆扎工具和工作服等而发生的事故。第三,在工作场所与下列处所之间的直接路线上发生的事故:① 雇员的主要或次要住所;② 雇员日常用餐的处所;③ 雇员经常领取报酬的处所。许多国家在法律中规定的职业事故定义是"工作时或工作本身所产生的事故"。

我国《企业职工伤亡事故分类标准》中规定:伤亡事故指企业职工在生产劳动过程中,发生的人身伤害、急性中毒。《中国职业安全卫生百科全书》将我国法律中所规定的"工伤"概括为:企业职工在生产岗位上,从事与生产劳动有关的工作中,发生的人身伤害事故、急性中毒事故。职工即使不是在生产劳动岗位上,但是由于企业设施不安全或劳动条件、作业环境不良而引起的人身伤害事故,也属于工伤。

二、工伤的范围界定

工伤的范围界定主要从发生事故的场所是否工作场所、事故发生的时间是否在工作时间、事故发生的原因是否工作原因或为了维护国家、社会和群众利益等几个方面来把握。我国目前没有在现行法律中对工伤的概念进行具体的界定,但对工伤的范围作出了具体规定,主要分为以下三种情况。

1. 应当认定为工伤的情况

根据2011年1月1日起施行的《工伤保险条例》第十四条的规定,职工有下列情形之一的,应当认定为工伤:

（1）在工作时间和工作场所内，因工作原因受到事故伤害的；

（2）工作时间前后在工作场所内，从事与工作有关的预备性或者收尾性工作受到事故伤害的；

（3）在工作时间和工作场所内，因履行工作职责受到暴力等意外伤害的；

（4）患职业病的；

（5）因工外出期间，由于工作原因受到伤害或者发生事故下落不明的；

（6）在上下班途中，受到非本人主要责任的交通事故或者城市轨道交通、客运轮渡、火车事故伤害的；

（7）法律、行政法规规定应当认定为工伤的其他情形。

2016年3月28日施行的《人力资源社会保障部关于执行〈工伤保险条例〉若干问题的意见（二）》对条例中的有关问题作出了进一步的补充：职工在参加用人单位组织或者受用人单位指派参加其他单位组织的活动中受到事故伤害的，应当视为工作原因，但参加与工作无关的活动除外。职工因工作原因驻外，有固定的住所、有明确的作息时间，工伤认定时按照在驻在地当地正常工作的情形处理。职工以上下班为目的、在合理时间内往返于工作单位和居住地之间的合理路线，视为上下班途中。

2. 视同工伤的情况

《工伤保险条例》第十五条规定，职工有下列情形之一的，视同工伤：

（1）在工作时间和工作岗位，突发疾病死亡或者在48小时之内经抢救无效死亡的；

（2）在抢险救灾等维护国家利益、公共利益活动中受到伤害的；

（3）职工原在军队服役，因战、因公负伤致残，已取得革命伤残军人证，到用人单位后旧伤复发的。

还有一些文件规定了可以比照工伤处理的情况，包括：在本单位食堂就餐，因食物中毒致残或死亡的；参加本单位或上级单位举行的体育运动比赛时负伤、致残或死亡的；因医疗事故导致伤残、死亡的；因工作调动在往返途中非本人原因造成的责任事故；在前单位已医疗终结的工伤，调往新单位后旧伤复发的；职工在工作中由于特殊原因（如加班加点等）犯病而死亡的。

3. 不得认定或视同工伤的情况

《工伤保险条例》第十六条规定，职工符合本条例第十四条、第十五条的规定，但是有下列情形之一的，不得认定为工伤或者视同工伤：

（1）故意犯罪的；

（2）醉酒或者吸毒的；

（3）自残或者自杀的。

第二节　工伤事故

一、工伤事故的类型

工伤事故是指劳动者在生产劳动过程中发生的人身伤害。一般来说，工伤事故是劳动者在工作时间内因过失或意外事故或因职业病造成人身损害事故的总称。

工伤事故的类型一般按照伤害的严重程度不同分为轻伤事故、重伤事故和死亡事故。轻伤事故主要指伤害程度较轻，造成受害人肢体伤残或某些器官轻度的功能或器质性损伤；具体表现为职工劳动能力轻度或暂时性丧失的伤害情况。轻伤事故一般经过治疗和休息后劳动能力可以恢复，不留后遗症。

我国对重伤事故有明确的规定，根据劳动部《关于重伤事故范围的意见》，凡有下列情形之一的，均作为重伤事故处理。

（1）经医师诊断成为残废或可能成为残废的。

（2）伤势严重，需要进行较大的手术才能挽救的。

（3）人体要害部位严重灼伤、烫伤或虽非要害部位，但灼伤、烫伤占全身面积三分之一以上的。

（4）严重骨折（胸骨、肋骨、脊椎骨、锁骨、肩胛骨、腕骨、腿骨和脚骨等因受伤引起骨折）、严重脑震荡等。

（5）眼部受伤较严重，有失明可能的。

（6）手部伤害：① 大拇指轧断一节的；② 食指、中指、无名指、小指任何一只轧断两节或任何两只各轧断一节的；③ 局部肌腱受伤甚严重，引起机能障碍，有不能自由伸屈的残废可能的。

（7）脚部伤害：① 脚趾轧断三只以上的；② 局部肌腱受伤甚严重，引起机能障碍，有不能行走自如的残废可能的。

（8）内部伤害：内脏损伤，内出血或伤及腹膜等。

（9）凡不在上述范围以内的伤害，经医师诊察后，认为受伤较重，可根据实际情况参考上述各点，由企业行政会同基层工会作个别研究，提出意见，由当地劳动部门审查确定。

二、工伤事故的处理程序

职工在发生工伤事故后，如何处理才能维护好自身的合法权益，也就是工伤事故的处理程序问题。工伤事故处理程序是指对已经发生的工伤事故进行处理的程序，包括工伤认定、劳动能力鉴定及工伤保险赔偿这三个步骤。

工伤认定是由社会保险行政部门对发生的人身损害、职业病、死亡作出是否属于工伤的认定。《工伤保险条例》第十七条规定，职工发生事故伤害或者按照职业病防治法规定被诊断、鉴定为职业病，所在单位应当自事故伤害发生之日或者被诊断、鉴定为职业病之日起30日内，向统筹地区社会保险行政部门提出工伤认定申请……用人单位未按前款规定提出工伤认定申请的，工伤职工或者其近亲属、工会组织在事故伤害发生之日或者被诊断、鉴定为职业病之日起 1 年内，可以直接向用人单位所在地统筹地区社会保险行政部门提出工伤认定申请。从上述规定可以看出，工伤事故的认定属于行政程序。第十八条规定，提出工伤认定申请应当提交下列材料：① 工伤认定申请表；② 与用人单位存在劳动关系（包括事实劳动关系）的证明材料；③ 医疗诊断证明或者职业病诊断证明书（或者职业病诊断鉴定书）。工伤认定申请表应当包括事故发生的时间、地点、原因以及职工伤害程度等基本情况。工伤认定申请人提供材料不完整的,社会保险行政部门应当一次性书面告知工伤认定申请人需要补正的全部材料。申请人按照书面告知要求补正材料后,社会保险行政部门应当受理。

劳动者被认定为工伤的或视同工伤的,经治疗伤情相对稳定后存在残疾、影响劳动能力的,应当进行劳动能力鉴定。劳动能力鉴定由用人单位、工伤职工或者其近亲属向设区的市级劳动能力鉴定委员会提出申请,并提供工伤认定决定和职工工伤医疗的有关资料。鉴定机构根据相应的标准,运用相关技术方法和手段,来确定劳动者劳动能力丧失程度。

工伤保险赔偿是为了更好地保护劳动者的权益,使劳动者在工伤发生及认定后能及时得到救济的制度,其作用是使劳动者在受伤后的医疗及生活有保障。《工伤保险条例》第二条规定:中华人民共和国境内的企业、事业单位、社会团体、民办非企业单位、基金会、律师事务所、会计师事务所等组织和有雇工的个体工商户(以下称用人单位)应当依照本条例规定参加工伤保险,为本单位全部职工或者雇工(以下称职工)缴纳工伤保险费。中华人民共和国境内的企业、事业单位、社会团体、民办非企业单位、基金会、律师事务所、会计师事务所等组织的职工和个体工商户的雇工,均有依照本条例的规定享受工伤保险待遇的权利。在鉴定机构确定伤残等级后,劳动者即可按相关程序和规定获得工伤保险赔偿。

对于没有为劳动者办理工伤保险的用人单位及个体工商户,在劳动者发生工伤事故后,无法从工伤保险机构获得保险赔偿,此时由用人单位对其进行赔偿。有受伤的劳动者或其亲属以劳务受害纠纷的案由按照民事诉讼程序直接向人民法院提起民事诉讼,此时不需要申请社会保险行政部门对其进行工伤认定,也不需要将劳动仲裁作为民事起诉的前置条件。在上述过程中,如果出现纠纷,一般按照劳动争议处理体制即协商、调解、一裁两审的方法来解决。

第三节 工伤事故的劳动能力鉴定

我国《宪法》第四十五条规定：中华人民共和国公民在年老、疾病或者丧失劳动能力的情况下，有从国家和社会获得物质帮助的权利。国家发展为公民享受这些权利所需要的社会保险、社会救济和医疗卫生事业。此条规定明确指出，丧失劳动能力的劳动者，有获得物质帮助的权利。如何确定其获得物质帮助的具体金额，则需要通过对其进行劳动能力鉴定，劳动能力鉴定的意见是支付工伤保险待遇的主要依据。

通过劳动能力鉴定，可以确认、批准完全丧失劳动能力的劳动者退出工作岗位，还可以作为对丧失大部分或部分劳动能力的劳动者进行不同程度的补偿、调换工作岗位或复工复产的科学依据。总之，确定劳动者在工伤事故后的劳动能力，可以保障他们获得《宪法》及其他相关法律赋予他们的物质帮助的权利，对保护他们的合法权益起到十分重要的作用。

一、劳动能力鉴定的概念及其法律依据

劳动能力是人的脑力劳动能力和体力劳动能力的总和，也是人的工作能力和生活能力的总和。劳动能力分为一般劳动能力和职业劳动能力。一般劳动能力主要指劳动者的日常生活能力和进行非专业性活动的能力；职业劳动能力又称为专业性劳动能力，是经过长时间训练后获得的从事专门性职业的劳动能力。

劳动能力丧失主要指因损伤、疾病、衰老等因素影响，使劳动者原有劳动能力下降或完全丧失，进而使其失去从事原有工作的能力。由于劳动能力下降或完全丧失，失去了从事原工作的能力，甚至不能胜任轻便工作，严重的会影响生活自理能力。劳动能力丧失按程度可分为以下两种。一是完全性劳动能力丧失，即不能从事任何社会劳动和自我服务性劳动，社会对其生活给以保证。二是部分性劳动能力丧失，即劳动者不能完全从

事自己的本职工作，但能完成其他较轻工作而无损于健康。劳动能力丧失按时间可分为以下两种。一是暂时性劳动能力丧失，即机体损伤和功能障碍可在一定时间内恢复，具有可逆性。二是永久性劳动能力丧失，即肌体功能障碍为不可逆的，不能完成本职工作，或需改变原有的工种，甚至不能工作，日常生活不能自理，也称为残疾。伤残程度等级评定的就是永久性劳动能力丧失程度。

劳动能力鉴定是对丧失劳动能力的劳动者，由相关鉴定机构按照用人单位、职工本人或者其亲属的委托，组织劳动能力鉴定专家，根据相关标准，运用法医学的方法和手段，确定劳动者劳动能力丧失程度的一种评定制度。劳动能力鉴定和工伤认定都是进行工伤事故保险赔偿的基础，和劳动者的切身利益密切相关。劳动者在遭受工伤事故后先进行工伤事故认定。根据《工伤保险条例》第二十一条的规定，职工发生工伤，经治疗伤情相对稳定后存在残疾、影响劳动能力的，应当进行劳动能力鉴定。根据《工伤保险条例》第二十三条的规定，劳动能力鉴定由用人单位、工伤职工或者其近亲属向设区的市级劳动能力鉴定委员会提出申请，并提供工伤认定决定和职工工伤医疗的有关资料。劳动能力鉴定的作用在于通过确定劳动者劳动能力的丧失程度及对应的伤残等级，来确定工伤事故的责任范围，进而确定遭受工伤的劳动者应该享受何种工伤待遇。

二、工伤事故的损伤类型

工伤事故造成的人体损伤分为三类：器官实质损伤、器官功能障碍和职业病损伤。

（一）器官实质损伤

器官实质损伤是指工伤事故造成人体器官或肢体的直接损伤或缺失，以及由于工伤事故导致器官功能衰竭、肢体严重毁损或感染等而采取的器官或肢体切除。如脾破裂切除、手指被机器碾压后截指等。此类损伤一般在治疗终结或创口愈合后就可以进行劳动能力丧失程度的评定。

（二）器官功能障碍

对功能障碍的判定，应以评定伤残等级技术鉴定时的医疗检查结果为依据，根据评残对象逐个确定。此时器官功能的情况较为稳定，伤情基本固定，不会进一步加重或减轻。一般来说，功能障碍在伤后 3~6 个月进行鉴定，特殊情况下可适当延长，但最长不超过 18 个月。此时损伤已完全稳定不再发展，如果无限期地延长鉴定时间，会提高诉讼成本，不利于劳动者权益的维护。

（三）职业病损伤

职业病不同于损伤的瞬时或短期作用于人体造成的损害，它是一种长期的损害，主要表现为慢性疾病。如尘肺病（又称硅肺病），它是由于劳动者长期吸入大量游离二氧化硅粉尘所引起，以肺部广泛的结节性纤维化为主的疾病。硅肺病的发展是一个慢性过程，一般在持续吸入硅尘 5~10 年发病，有的长达 5~20 年。所以，对职业病的劳动能力鉴定没有最佳的评定时间，一般在出现相应的症状体征后即可评定，但也可能存在不同时间病情会反复变化的情况，如出现相关情况，可申请补充鉴定。

三、劳动能力鉴定

（一）鉴定内容

1. 伤残等级

职工工伤和职业病的劳动能力丧失主要是通过伤残等级来确认。现行的标准是自 2015 年 1 月 1 日起实施的《劳动能力鉴定 职工工伤与职业病致残等级》，它将伤残等级划分为一到十级，一级最重，十级最轻。一到四级相当于完全性劳动能力丧失，五到六级相当于大部分劳动能力丧失，七到十级相当于部分劳动能力丧失。不同的劳动能力丧失程度，享受不同的工伤赔偿待遇。

2. 医疗依赖

医疗依赖是指伤病致残后，医疗期满仍不能脱离治疗者，与医疗终结有本质区别。一般情况下，常规的住院治疗结束后，伤者病情相对稳定，但出院后仍然需要维持治疗，这种维持治疗就是医疗依赖。医疗依赖可分为特殊医疗依赖、一般医疗依赖、有医疗依赖和无医疗依赖四种情况，是划分伤残等级和劳动能力的重要指标。护理依赖指伤病致残者生活不能自理，需依赖他人护理。生活范围主要包括进食、翻身、大小便、穿衣洗漱、自我移动等五项内容。按依赖程度分为完全、大部分、部分。前述五项生活范围均需护理的为完全护理依赖，五项中有三项需要护理的为大部分护理依赖，五项中有一项需要护理的为部分护理依赖。护理依赖程度也是评定伤残等级的重要指标。心理障碍指需要考虑的特殊残情，器官缺损或功能障碍虽不造成医疗依赖，但导致心理障碍或减损伤残者的生活质量。

案例：

刘××，男，53 岁。2021 年 7 月 28 日下午 2 时许，在骑二轮电动车送餐途中摔伤。某医院病历记载：入、出院时间：2021 年 7 月 28 日—8 月 23 日。入院情况及治疗经过如下。主诉：左下肢外伤后疼痛伴活动受限 3 小时。现病史：患者 3 小时前工作时不慎摔伤左下肢，当时即感左膝疼痛伴活动受限，左肘部、左膝皮肤软组织挫伤，当时未作特殊处理。CT 提示：左胫骨平台骨折，急诊以"胫骨上段骨折"收入我科。初步诊断：左侧胫骨平台骨折；左肘部、左膝部软组织挫伤。患者入院后完善相关检查，对症治疗，于 2021 年 8 月 9 日行左胫骨骨折切开复位钢板内固定术，手术顺利。出院诊断：左侧胫骨平台骨折；左肘部、左膝部软组织挫伤；膝关节损伤。

2021 年 12 月 7 日对刘××进行劳动能力丧失鉴定：左膝内侧见约 13cm 长纵行疤痕，外侧见约 16cm 长纵行疤痕，左膝关节轻度肿胀，皮肤干燥呈鱼鳞状；右膝关节活动正常，左膝关节活动受限。被动活动度：屈曲约 83°、伸展约 −15°。送检 CT 片及 MRI 片显示：左胫骨平台塌陷性、粉碎性骨折，累及关节面；左前交叉韧带部分撕裂，左膝半月板三度撕裂，左膝关节腔积液。

分析说明及鉴定意见：被鉴定人左膝关节损伤较重，其中左胫骨平台塌陷性、粉碎性骨折累及关节面，且合并有半月板及韧带撕裂，目前骨折处已行植骨且仍处内固定中。依据《劳动能力鉴定 职工工伤与职业病致残等级》5.9.2.23)规定的程度，构成九级伤残，相当于部分劳动能力丧失。

（二）鉴定时机

劳动能力丧失程度鉴定一般在工伤后伤情稳定时进行，既可以在医疗期结束后，也可以在伤情相对稳定一般不再发生新变化的时候进行。工伤的损伤轻重、受伤人体的组织结构的不同，造成不同等级的伤残程度，且由于单位及个人的实际情况不同，对不同的劳动者、不同等级的伤残程度的医疗期也是差别比较大的，因此一定要结合个体情况确定最佳的鉴定时机。

（三）所需鉴定材料

工伤劳动能力鉴定所需的鉴定材料主要包括受伤当时的门诊病历、住院病历、手术记录、影像学资料等。除影像学资料需要原件外，其余的均需要与原件一致的复印件。上述材料由申请人在进行鉴定时提交给鉴定机构。如果在鉴定过程中，鉴定机构认为现有的鉴定材料无法满足鉴定要求，还需要告知被鉴定人完成材料的补充。总的来说，因工致残的劳动者在医疗期结束后进行劳动能力鉴定时需要携带的主要资料有身份证原件、工伤认定书、相关的病历资料（门诊病历、住院病历、手术记录、病理检查报告、出院小结、诊断证明等）、影像学资料（X线片、CT片、MRI片等）。

（四）劳动能力鉴定异议

《工伤保险条例》规定，劳动能力鉴定由设区的市级劳动能力鉴定委员会作出。对该鉴定意见不服的，可以在收到鉴定意见之日起 15 日内向省、自治区、直辖市劳动能力鉴定委员会提出再次鉴定申请。省、自治区、直辖市劳动能力鉴定委员会作出的劳动能力鉴定意见为最终结论。

这种两级鉴定模式，给被鉴定人提供了反映问题及获得再次鉴定的救济渠道。如果初次鉴定由于鉴定人的能力水平或其他问题导致被鉴定人认为鉴定意见不准确客观等情况，两级鉴定模式给被鉴定人提供了二次鉴定的机会，体现了劳动能力鉴定程序上的客观公正，使鉴定意见更具有科学性。

需要注意的是，根据规定，对劳动能力鉴定提出异议是有时效性要求的。如果被鉴定人在收到鉴定意见之日起超过 15 日才提出申请，上级鉴定机构可以以超过鉴定时效为由不予受理。

四、工伤伤残待遇及赔偿

工伤伤残赔偿的高低、赔偿项目的多少主要取决于劳动者所在地区的经济发展水平和当地的社会生活水平。工伤伤残赔偿的主要作用是使受到工伤的劳动者后期的医疗、生活得到基本保障，使因工死亡职工的家属的基本生活得到保障。主要内容包括工伤后规定的医疗期内的工资、后期必需的医疗费用、伤残赔偿金和死亡赔偿金。后期必需的医疗费主要包括内固定取出费用、对症康复费用、必需的住院费用等。伤残赔偿金指根据伤残等级的不同给予的一次性伤残补助金。伤后需要护理的，还应该给予生活护理费用。由于肢体残缺需要安装辅助器具的，由工伤保险基金支付相应费用。死亡赔偿金包括丧葬补助金、亲属抚恤金和一次性工伤死亡补助金等。

（一）职工因工伤致残的赔偿待遇

《工伤保险条例》按照不同的劳动能力丧失程度规定了不同的赔偿待遇：

1. 完全性劳动能力丧失（一级至四级伤残）的待遇

职工因工致残被鉴定为一级至四级伤残的，保留劳动关系，退出工作岗位，享受以下待遇。

（1）从工伤保险基金按伤残等级支付一次性伤残补助金，标准为：一级伤残为 27 个月的本人工资，二级伤残为 25 个月的本人工资，三级伤残为 23 个月的本人工资，四级伤残为 21 个月的本人工资。

（2）从工伤保险基金按月支付伤残津贴，标准为：一级伤残为本人工资的 90%，二级伤残为本人工资的 85%，三级伤残为本人工资的 80%，四级伤残为本人工资的 75%。伤残津贴实际金额低于当地最低工资标准的，由工伤保险基金补足差额。

（3）工伤职工达到退休年龄并办理退休手续后，停发伤残津贴，按照国家有关规定享受基本养老保险待遇。基本养老保险待遇低于伤残津贴的，由工伤保险基金补足差额。

职工因工致残被鉴定为一级至四级伤残的，由用人单位和职工个人以伤残津贴为基数，缴纳基本医疗保险费。

2. 大部分劳动能力丧失（五级、六级伤残）的待遇

职工因工致残被鉴定为五级、六级伤残的，享受以下待遇。

（1）从工伤保险基金按伤残等级支付一次性伤残补助金，标准为：五级伤残为 18 个月的本人工资，六级伤残为 16 个月的本人工资。

（2）保留与用人单位的劳动关系，由用人单位安排适当工作。难以安排工作的，由用人单位按月发给伤残津贴，标准为：五级伤残为本人工资的 70%，六级伤残为本人工资的 60%，并由用人单位按照规定为其缴纳应缴纳的各项社会保险费。伤残津贴实际金额低于当地最低工资标准的，由用人单位补足差额。

经工伤职工本人提出，该职工可以与用人单位解除或者终止劳动关系，由工伤保险基金支付一次性工伤医疗补助金，由用人单位支付一次性伤残就业补助金。一次性工伤医疗补助金和一次性伤残就业补助金的具体标准由省、自治区、直辖市人民政府规定。

3. 部分劳动能力丧失（七级至十级伤残）的待遇

职工因工致残被鉴定为七级至十级伤残的，享受以下待遇。

（1）从工伤保险基金按伤残等级支付一次性伤残补助金，标准为：七级伤残为 13 个月的本人工资，八级伤残为 11 个月的本人工资，九级伤残为 9 个月的本人工资，十级伤残为 7 个月的本人工资。

（2）劳动、聘用合同期满终止，或者职工本人提出解除劳动、聘用合同的，由工伤保险基金支付一次性工伤医疗补助金，由用人单位支付一次性伤残就业补助金。一次性工伤医疗补助金和一次性伤残就业补助金的具体标准由省、自治区、直辖市人民政府规定。

（二）职工因工死亡及因公外出下落不明的待遇

职工因工死亡，其近亲属按照下列规定从工伤保险基金领取丧葬补助金、供养亲属抚恤金和一次性工亡补助金。

（1）丧葬补助金为 6 个月的统筹地区上年度职工月平均工资。

（2）供养亲属抚恤金按照职工本人工资的一定比例发给由因工死亡职工生前提供主要生活来源、无劳动能力的亲属。标准为：配偶每月 40%，其他亲属每人每月 30%，孤寡老人或者孤儿每人每月在上述标准的基础上增加 10%。核定的各供养亲属的抚恤金之和不应高于因工死亡职工生前的工资。供养亲属的具体范围由国务院社会保险行政部门规定。

（3）一次性工亡补助金标准为上一年度全国城镇居民人均可支配收入的 20 倍。

职工因工外出期间发生事故或者在抢险救灾中下落不明的，从事故发生当月起 3 个月内照发工资，从第 4 个月起停发工资，由工伤保险基金向其供养亲属按月支付供养亲属抚恤金。生活有困难的，可以预支一次性工亡补助金的 50%。职工被人民法院宣告死亡的，按照职工因工死亡的规定处理。

第四节 工伤事故与交通事故赔偿的兼得与竞合研究

在劳动者工作中或者上下班途中如果发生交通事故，也就是工伤事故与交通事故重叠时，伤者能否得到"双重赔偿"，还是有具体的处理模式，是法律界和司法实践中都存在争议的问题。如果处理不当，会导致事故的当事人不能得到及时赔付，对其生命财产安全造成损害，还可能引发社会矛盾。

一、交通事故与工伤事故赔偿的异同

交通事故与工伤事故的差异主要有以下几点。

一是法律性质不同。交通事故是一种民事侵权，适用于《民法典》，是向侵权人主张的人身损害赔偿；工伤事故的保险赔偿针对的是获得了工伤认定的劳动者的人身损害赔偿，主要是由劳动者向用人单位或工伤保险机构主张的人身损害赔偿，适用于社会保障法。

二是赔偿的项目不同。工伤事故的保险赔偿由工伤保险机构结合劳动能力鉴定意见，对遭受工伤的劳动者在工伤后医疗期的医疗待遇、停工期待遇、一次性伤残赔偿金、一次性医疗补助金、工伤死亡的一次性赔偿金、丧葬补助金和亲属抚恤金等进行核定。而道路交通事故的损害赔偿，是由法院根据伤残鉴定意见，对受害人的前期医疗费、后期医疗费、误工费、护理费、营养费、伤残赔偿金等进行核定。

三是救济程序不同。工伤案件是由遭受工伤的劳动者或其亲属在进行工伤申报及提出工伤认定申请后，由社会保险行政部门对其提交的材料进行审查、核实，作出工伤认定后，再进行劳动能力鉴定，依据鉴定机构出具的鉴定意见来计算赔偿金额。交通事故造成的人身损害属于民法领域的交通事故损害责任纠纷，受害人是以民事诉讼的方式向司机、车主、保险

公司提出赔偿要求。

四是适用标准不同。工伤事故的劳动能力鉴定的适用标准是《劳动能力鉴定 职工工伤与职业病致残等级》，交通事故伤残程度评定的适用标准是《人体损伤致残程度分级》。

交通事故与工伤事故赔偿的目的都是维护受害人的权益，两种赔偿重叠问题的处理，牵扯到多方的利益，包括受害人、侵权人（车主、司机等）、用人单位、社保机构、保险公司等。在司法实践中，需要在两种赔偿模式中达到相对的利益平衡。要平衡好各方利益，需要遵循一些基本原则。首先是公平原则。不管是交通事故还是工伤事故，受害人作为个体属于事故中相对弱势的地位，再加上其身体因为事故造成机能损害，精神也遭受痛苦。此时，保障其获得相应的公平的赔偿是十分及时和必要的。同时，也应当避免分摊给侵权人、用人单位、社保机构及保险公司过重的负担，否则也会增加单位的日常运营风险。因此在解决两种赔偿重叠问题时，对于重复性的赔偿项目只赔偿一次，不可重复。其次是效率原则。受害人在遭受交通事故或工伤事故后，本身就因为需要医疗救治而增加其家庭各方面的负担，还有很多受害人因为经济原因不能得到有效的治疗，影响正常的生活。所以在处理相关赔偿时应当简化步骤，提高赔偿效率。工伤案件的理赔程序较复杂，要先进行工伤认定，再完成劳动能力鉴定后，才能进入理赔步骤。相比而言，交通事故损害赔偿的理赔程序则较简单，受害人直接到法院起诉，法院委托鉴定机构完成鉴定后，即可依据鉴定意见作出具体赔偿的判决，由保险公司予以赔付。因此，当工伤赔偿与交通事故损害赔偿案件竞合时，法院可以并案审理，这样既省了受害人的诉讼成本，能够迅速及时地获得赔偿，又能节约司法资源。最后是当事人利益原则。结合交通事故处理经验来看，交通事故的责任认定是由交警在事故现场作出的，后续的赔偿问题由法院全权处理；建议工伤事故参考交通事故的处理，即在工伤事故发生后，受害人直接向法院起诉，请求法院将工伤事故和交通事故的赔偿合并审理，一起判决。这样可以提高赔偿效率、加快赔偿速度、避免诉讼资源的浪费。

二、交通事故人身损害赔偿与工伤保险赔偿重叠问题

目前,我国对于交通事故人身损害赔偿与工伤保险赔偿重叠问题的研究,学术界主要有四种观点。第一种观点认为应该直接用工伤保险赔偿予以赔付;第二种观点认为两种赔偿制度可以并行,相互补充,但对于如何作出补充,并无明确的统一性观点;第三种观点认为两种赔偿制度可以相加,即"双重赔偿"模式;第四种观点认为应当采用复合模式,即由当事人来选择赔偿模式。涉及司法实践中具体实践操作层面,全国各地采用不同的模式,大致可分为两种。一种是"双重赔偿"模式。此种模式是指在由交通事故造成的工伤赔偿案件中,受害人除了能得到交通事故赔偿外,还可以获得工伤保险赔偿。另一种是"补充赔偿"模式,即工伤保险金将根据交通事故赔偿金额被扣减或者抵消。我国在交通事故人身损害赔偿和工伤保险赔偿重叠问题上,目前对两种赔偿相对应的法律规范尚未统一,也没有配套的司法解释,导致目前各省市在相关问题的判决上差异较大,迫切需要有关部门出台规定予以明确,才能更好地发挥工伤保险的作用。

第十一章

道路交通事故人身损害

据公安部统计，2021年全国机动车保有量达3.95亿辆，其中汽车3.02亿辆；机动车驾驶人达4.81亿人，其中汽车驾驶人4.44亿人。2021年全国新注册登记机动车3674万辆，新领证驾驶人2750万人。

汽车在带来人们活动范围扩大和生活便利的同时，也带来道路交通事故的风险。例如：2020年中国交通事故发生数量最多的地区为广东25414起；其次是湖北，交通事故发生数量为23052起；再次是广西，交通事故发生数量为18336起。2020年，中国交通事故死亡人数最多的地区为广东4678人；交通事故中受伤人数最多的地区为湖北25322人。2020年，中国交通事故直接财产损失最多的地区为湖北13969.8万元；其次是贵州，交通事故直接财产损失金额为8768.8万元。这些数据说明，交通事故不仅导致巨大的财产损失，而且导致每年几十万人的人身损害。由于大部分交通事故的撞击力巨大，有相当一部分受害人身体会留下永久性的功能障碍。对其功能障碍进行伤残程度评定，伤残程度鉴定意见是交通事故民事诉讼、赔偿中最重要的科学证据，是法院确定人身损害赔偿金额的基本依据。

第一节 概述

目前我国机动车趋于饱和状态,2021年中国机动车保有量达3.95亿辆。行车工作中,因技术设备不良及其他原因,在行车中造成人员伤亡、设备损害、经济损失、影响正常行车或危及行车安全的,均构成行车事故。但随着道路交通安全工作机制的健全、责任体系的完善、法律法规的规范、道路基础条件的改善、监管能力的提升、保障能力的增强,特别是全民交通安全意识的明显增强,我国道路交通事故万车死亡人数逐年下降,其中2020年中国道路交通万车死亡人数为1.66人,同比下降7.8%。

一、道路交通事故

《道路交通安全法》明确规定,道路是指公路、城市道路和虽在单位管辖范围但允许社会机动车通行的地方,包括广场、公共停车场等用于公众通行的场所。交通事故是指车辆在道路上因过错或者意外造成的人身伤亡或者财产损失的事件。车辆是指机动车和非机动车。机动车是指以动力装置驱动或者牵引,上道路行驶的供人员乘用或者用于运送物品以及进行工程专项作业的轮式车辆。非机动车是指以人力或者畜力驱动,上道路行驶的交通工具,以及虽有动力装置驱动但设计最高时速、空车质量、外形尺寸符合有关国家标准的残疾人机动轮椅车、电动自行车等交通工具。

对于不属于相关法律法规规定的非道路交通事故,如车辆在道路以外通行时发生的事故,可参照道路交通事故的相关条款进行处理。受害人要求赔偿的,可以向事故发生地或者有管辖权的法院起诉。

二、道路交通事故相关的司法鉴定

交通事故发生后,交警部门为了对事故进行认定、责任划分,需要委托鉴定机构对车辆的安全技术状况、事故原因、驾驶员确定等项目进行检验鉴定;法院需要依据受害人的伤残等级来确定人身损害赔偿金额。具体来看,交通事故的司法鉴定最常见的有两类。

(一)交通事故人身损害鉴定

1. 受伤人员的损伤程度评定

《刑法》第一百三十三条规定:违反交通运输管理法规,因而发生重大事故,致人重伤、死亡或者使公私财产遭受重大损失的,处三年以下有期徒刑或者拘役;交通运输肇事后逃逸或者有其他特别恶劣情节的,处三年以上七年以下有期徒刑;因逃逸致人死亡的,处七年以上有期徒刑。由此可以看出,交通肇事罪的确定需要对受害人的损伤程度鉴定,损伤程度构成重伤是其定罪的基准之一。特别是重特大交通事故中,通过对受害人的损伤程度鉴定,其鉴定意见是对责任人或侵权人定罪量刑的关键证据。目前在交通事故受伤人员的损伤程度评定中,适用的标准是《人体损伤程度鉴定标准》。

2. 受伤人员的伤残程度评定

《最高人民法院关于审理人身损害赔偿案件适用法律若干问题的解释》规定,残疾赔偿金根据受害人丧失劳动能力程度或者伤残等级,按照受诉法院所在地上一年度城镇居民人均可支配收入或者农村居民人均纯收入标准,自定残之日起按二十年计算。但六十周岁以上的,年龄每增加一岁减少一年;七十五周岁以上的,按五年计算。也就是说在交通事故发生后,对受害人进行伤残程度的评定,是交通事故调解或民事诉讼的重要证据,是受害人获得具体赔偿金额的计算依据。

3. 交通事故死亡的尸表检验

尸表检验是对道路交通事故致死的尸体表面损伤进行检验鉴定,来确定死者的死亡原因,如果死者不是当场死亡,则还需要结合其在医院的检查资料来综合判定。道路交通事故死亡人员尸体检验,鉴定机构应当从委托方获取案件的相关信息,明确尸体检验目的,确定尸体检验的方案和重点,并通过尸体检验,结合现场勘查情况等,对委托事项作出科学、客观、全面的分析。

(二)交通事故物证鉴定

1. 痕迹检验鉴定

道路交通事故痕迹,主要是指与事故相关的人员、车辆的运动所导致的现场物质形态的改变。根据物质交换原理,在道路交通事故现场由于车辆和人体的接触,会在两者表面存在物质交换,接触面上会遗留特征痕迹。如车辆钣金的凹陷、结构的变形等。道路交通事故痕迹鉴定,是对相关车辆、交通设施、人体和穿戴物等进行检验,来确定车、物、人之间是否发生碰撞、刮蹭或碾轧。通过痕迹鉴定可以明确道路交通事故的性质;确定肇事车辆的类型;认定事故车辆;确定事故的原因与责任;为案件诉讼提供证据。

2. 微量物证鉴定

道路交通事故案件常见的微量物证有油漆、纤维、塑料、油脂、橡胶等,对这些微量物证进行成分分析和同一认定,可以帮助确定该物质与交通事故之间的关系,进而确定撞击部位、认定肇事车辆。

3. 法医物证鉴定

对在事故现场提取的生物物证进行检验鉴定,可以为确定驾驶员、确定无名尸身份和认定人体与车辆是否发生接触提供证据。特别是在交通肇事逃逸案件中,在嫌疑肇事车辆上找到受害人人体组织是确定肇事车辆的关键证据。

第二节 道路交通事故受伤人员人身损害赔偿相关问题

伤残指因损伤导致人身等部位的器官缺失或功能障碍,而丧失部分或全部劳动能力的状态。道路交通事故伤残评定,指鉴定人受道路交通事故管理部门或法院委托,在道路交通事故受伤人员治疗终结后,依据有关规定,对其伤残程度进行评定,书写评定书并得出评定意见的过程。交通事故的伤残评定意见是受伤人员获得民事赔偿的主要依据。

一、道路交通事故受伤人员人身损害赔偿的依据

《道路交通安全法》第七十六条规定,机动车发生交通事故造成人身伤亡、财产损失的,由保险公司在机动车第三者责任强制保险责任限额范围内予以赔偿;不足的部分,按照下列规定承担赔偿责任。

(1) 机动车之间发生交通事故的,由有过错的一方承担赔偿责任;双方都有过错的,按照各自过错的比例分担责任。

(2) 机动车与非机动车驾驶人、行人之间发生交通事故,非机动车驾驶人、行人没有过错的,由机动车一方承担赔偿责任;有证据证明非机动车驾驶人、行人有过错的,根据过错程度适当减轻机动车一方的赔偿责任;机动车一方没有过错的,承担不超过百分之十的赔偿责任。交通事故的损失是由非机动车驾驶人、行人故意碰撞机动车造成的,机动车一方不承担赔偿责任。

二、道路交通事故人身损害赔偿原则研究

对前述《道路交通安全法》的赔偿依据条款,在确认无过错原则的同时,也有关于过失相抵的原则,即"有证据证明非机动车驾驶人、行人有

过错的,根据过错程度适当减轻机动车一方的赔偿责任"。在司法实践中,过失相抵的原则往往难以把握,本书认为,在适用该规定时应当注意以下问题。

(一)对受伤人员过失的界定

关于道路交通事故受伤人员在交通事故中是否有过失,有时即使受伤人员存在违法行为,也不能只依据其是否违反了交通法规来认定其存在过失。受伤人员是否存在过失,要具体情况具体分析。

一是要考虑到受伤人员有无责任能力。目前,我国现行法律和司法解释都未对过失相抵原则的适用主体作出相关规定。有学者认为,残疾人、七十岁以上的老年人、十二岁以下的儿童因为其身体状况和年龄及认知程度的原因,他们可能对自己在交通活动中的行为和后果缺乏认识能力和控制能力。对于此类人群不适用过失相抵原则,是为了贯彻对弱者的保护原则。因此,从理论上来说,此类人群无论在交通事故中是否存在过失,都应该获得全部赔偿。但也应该考虑到十二岁以下的儿童受监护情况,如果交通事故是由于监护人没有尽到监护责任所致,则应当适用过失相抵原则。《道路交通安全法》也对监护人的职责作出了具体规定,学龄前儿童以及不能辨认或者不能控制自己行为的精神疾病患者、智力障碍者在道路上通行,应当由其监护人、监护人委托的人或者对其负有管理、保护职责的人带领。对于七十岁以上的老年人,原则上不适用过失相抵原则,但如果有证据证明受伤老人身体健康、具有正常的认知能力和控制能力的,也适用过失相抵原则;对于认知能力和控制能力降低的聋哑人、盲人或肢体残疾人员,不适用过失相抵原则。

二是要正确确认受伤人员过失的大小。对受害人过失大小的确认,应当根据受害人自己的过错行为与损害发生结果的联系来进行判断,也就是根据原因力的比较来判断。原因力指造成损害后果的原因行为中,每一个原因行为对于损害后果的作用力。原因力比较的目的是确定双方的责任比例,即同等责任、主要责任或次要责任等。如果双方行为的原因力相等,则双方承担同等责任;车方的原因力超过受伤人员的,则车方承担主要责任;受伤人员原因力超过车方的,则受伤人员承担主要责任。这种原因力的比较使得"有证据证明非机动车驾驶人、行人有过错的,根据过错程度适当减轻机动车一方的赔偿责任"的规定得以更为明确地实施,为适用过失相抵时应当减轻受伤人员具体的赔偿数额的确定提供参考依据。

(二)赔偿的项目

交通事故发生的原因具有多样性和复杂性,赔偿项目的多少直接决定着赔偿数额。主要包括受伤人员的积极损害、消极损害和精神损害的赔偿。具体赔偿项目有医疗费、误工费、护理费、交通费、住院伙食补助费、必要的营养费、残疾赔偿金、残疾辅助器具费、丧葬费、被抚养人生活费、死亡赔偿金、交通事故财产损失费、精神损害赔偿金等。

对于无过错的交通事故受伤人员,由加害方承担所有的损害赔偿;对适用过失相抵规则的受伤人员,有学者认为受伤人员的精神损害赔偿金和生活补助费等可以相抵,但医疗费、丧葬费等不能相抵,因为受伤人员遭受交通事故导致伤残甚至失去生命,如果不能得到前述费用的赔偿,与情理不合。有学者认为,过失相抵的受伤人员应当获得全部赔偿,当加害人承担其赔偿义务后,如受害人仍未获得完全救济,国家应当承担起保障公民福利的义务。

(三)免责事由研究

《道路交通安全法》规定:交通事故的损失是由非机动车驾驶人、行人故意碰撞机动车造成的,机动车一方不承担赔偿责任。

这里主要涉及对受伤人员是否故意的认定。在道路交通事故中判断受伤人员是否构成故意需要几个基本要素:一要确定受伤人员是否知道自己的行为会造成人身财产损害;二要确定受伤人员是否希望或者放任损害结果的发生发展,不采取积极措施来避免损害。此时应对受伤人员的认知能力和精神状态进行鉴定,如存在问题,则认定其不存在故意,适用过失相抵原则来进行赔偿。

三、伤残程度评定标准研究

目前我国仍然有效的全国性伤残评定标准有十多种,每种标准颁布的主体、实施时间、适用范围等各不相同。其中涉及法医鉴定的伤残标准主要包括《道路交通事故受伤人员伤残评定》《劳动能力鉴定 职工工伤与职业病致残等级》《职工非因工伤残或因病丧失劳动能力程度鉴定标准（试行）》《人身保险伤残评定标准及代码》《人体损伤致残程度分级》《医疗事故分级标准（试行）》等。在司法实践中，道路交通事故受伤人员伤残程度评定主要依据的标准是2017年1月1日正式施行的《人体损伤致残程度分级》。其制定过程长达十几年，从立项、实施、结项到发布，经过了司法部、最高人民法院、最高人民检察院、公安部、高校法医专家的反复讨论修改。并由最高人民法院、最高人民检察院、公安部、国家安全部、司法部联合发布，是目前伤残程度评定中最具有权威性和广泛性的鉴定标准。

《人体损伤致残程度分级》全面规范了人体伤残程度，在全国范围内统一了人身损害案件的伤残评定标准，特别是解决了以往缺少针对故意伤害、过失伤害、雇员伤害、校园伤害等情况的权威依据，导致伤残赔偿金额计算出现"同命不同价""同案不同价"的司法不公现象。《人体损伤致残程度分级》依据受伤人员的日常生活能力、自我活动能力、职业劳动能力、社会交往能力等，将伤残程度划分为十级，从一级（人体致残率100%）到十级（人体致残率10%），每级相差10%。具体的致残程度等级划分依据如下。

1. 一级残疾的划分依据

（1）组织器官缺失或者功能完全丧失，其他器官不能代偿；
（2）存在特殊医疗依赖；
（3）意识丧失；
（4）日常生活完全不能自理；
（5）社会交往完全丧失。

2. 二级残疾的划分依据

（1）组织器官严重缺损或者畸形，有严重功能障碍，其他器官难以代偿；

(2) 存在特殊医疗依赖；

(3) 日常生活大部分不能自理；

(4) 各种活动严重受限，仅限于床上或者椅子上的活动；

(5) 社会交往基本丧失。

3. 三级残疾的划分依据

(1) 组织器官严重缺损或者畸形，有严重功能障碍；

(2) 存在特殊医疗依赖；

(3) 日常生活大部分或者部分不能自理；

(4) 各种活动严重受限，仅限于室内的活动；

(5) 社会交往极度困难。

4. 四级残疾的划分依据：

(1) 组织器官严重缺损或者畸形，有重度功能障碍；

(2) 存在特殊医疗依赖或者一般医疗依赖；

(3) 日常生活能力严重受限，间或需要帮助；

(4) 各种活动严重受限，仅限于居住范围内的活动；

(5) 社会交往困难。

5. 五级残疾的划分依据

(1) 组织器官大部分缺损或者明显畸形，有中度（偏重）功能障碍；

(2) 存在一般医疗依赖；

(3) 日常生活能力部分受限，偶尔需要帮助；

(4) 各种活动中度受限，仅限于就近的活动；

(5) 社会交往严重受限。

6. 六级残疾的划分依据

(1) 组织器官大部分缺损或者明显畸形，有中度功能障碍；

(2) 存在一般医疗依赖；

(3) 日常生活能力部分受限，但能部分代偿，条件性需要帮助；

（4）各种活动中度受限，活动能力降低；

（5）社会交往贫乏或者狭窄。

7. 七级残疾的划分依据

（1）组织器官大部分缺损或者明显畸形，有中度（偏轻）功能障碍；

（2）存在一般医疗依赖，无护理依赖；

（3）日常生活有关的活动能力极重度受限；

（4）各种活动中度受限，短暂活动不受限，长时间活动受限；

（5）社会交往能力降低。

8. 八级残疾的划分依据

（1）组织器官部分缺损或者畸形，有轻度功能障碍，并造成明显影响；

（2）存在一般医疗依赖，无护理依赖；

（3）日常生活有关的活动能力重度受限；

（4）各种活动轻度受限，远距离活动受限；

（5）社会交往受约束。

9. 九级残疾的划分依据

（1）组织器官部分缺损或者畸形，有轻度功能障碍，并造成较明显影响；

（2）无医疗依赖或者存在一般医疗依赖，无护理依赖；

（3）日常生活有关的活动能力中度受限；

（4）工作与学习能力下降；

（5）社会交往能力部分受限。

10. 十级残疾的划分依据

（1）组织器官部分缺损或者畸形，有轻度功能障碍，并造成一定影响；

（2）无医疗依赖或者存在一般医疗依赖，无护理依赖；

（3）日常生活有关的活动能力轻度受限；

（4）工作与学习能力受到一定影响；

（5）社会交往能力轻度受限。

上述伤残等级划分依据较为笼统，只能作为伤残等级评定的参考。《人体损伤致残程度分级》采用解剖学的分类方法，按不同的组织部位的伤残程度进行分级，共分为颅脑、脊髓及周围神经损伤、头面部损伤、颈部及胸部损伤、腹部损伤、脊柱、骨盆及四肢损伤、盆部及会阴部损伤、体表及其他损伤。其中一级伤残条款14个、二级伤残条款21个、三级伤残条款20个、四级伤残条款26个、五级伤残条款39个、六级伤残条款45个、七级伤残条款54个、八级伤残条款70个、九级伤残条款89个，十级伤残条款79个。从条款数目上来看，低等级致残条款数目较高等级条款数目多，说明《人体损伤致残程度分级》细化了低等级致残程度条款，使这些等级的评定范围拓宽，更贴近大多数受伤人员的实际情况，有利于更加合理合法、科学地保护受伤人员的人身权利。

四、道路交通事故受伤人员损伤与疾病关系的处理

在受伤人员的伤残程度评定司法实践中，常常会遇到损伤与疾病并存的情况，如受伤人员自身患有某些疾病，在交通事故损伤后原有疾病的症状体征加重，致使伤残程度加重。《人体损伤致残程度分级》4.3明确规定，当损伤与原有伤、病共存时，应分析损伤与残疾后果之间的因果关系。因此，在交通事故伤残评定时需要判定交通事故损伤与疾病的因果关系。如果损伤与疾病或损害后果之间存在直接因果关系（损伤起完全作用或主要作用）的，可直接依据《人体损伤致残程度分级》相关条款评定伤残程度；损伤与疾病或损害后果之间存在间接因果关系（损伤起同等作用、次要作用、轻微作用）的，也可直接依据《人体损伤致残程度分级》相关条款评定伤残程度，但要说明损伤与疾病或损害后果之间的因果关系和参与程度；损伤与疾病或损害后果之间没有因果关系的（损伤没有作用）的，不应进行伤残程度鉴定。

《国际功能、残疾和健康分类》对完全作用、主要作用、同等作用、次要作用、轻微作用、没有作用进行了具体的说明，并对各个作用对应的

参与度进行了量化。

（1）完全作用：交通事故所致外伤与伤残后果之间存在直接因果关系，参与度拟为 96%～100%，参考均值为 100%。

（2）主要作用：交通事故所致外伤与伤残后果之间存在直接因果关系（主因形式），参与度拟为 56%～95%，参考均值为 75%。

（3）同等作用：交通事故所致外伤与伤残后果之间存在"临界型"因果关系，参与度拟为 45%～55%，参考均值为 50%。

（4）次要作用：交通事故所致外伤与伤残后果之间存在间接因果关系（辅因形式），参与度拟为 16%～44%，参考均值为 25%。

（5）轻微作用：交通事故所致外伤与伤残后果之间存在间接因果关系（诱因形式），参与度拟为 5%～15%，参考均值为 12.5%。

（6）没有作用：交通事故所致外伤与伤残后果之间不存在因果关系，参与度拟为 0%～4%，参考均值为 0%。

第三节　道路交通事故受伤人员司法鉴定项目及损害赔偿项目

一、道路交通事故受伤人员司法鉴定项目

法律从业人员或法官在委托鉴定机构进行道路交通事故受伤人员司法鉴定申请时，应提出具体的鉴定项目要求，鉴定机构依据要求出具鉴定意见书，其鉴定意见可以为民事赔偿提供依据。鉴定机构可以受理的委托鉴定项目主要包括以下几种。

（一）伤残等级

伤残等级是计算伤残赔偿金的重要依据。交通事故的受伤人员在伤

情稳定后,由鉴定机构的鉴定人对其进行法医学活体检验,根据其损伤情况,依据《人体损伤致残程度分级》相应的标准条款,确定其是否构成伤残。受伤人员符合两处以上致残程度等级的,在鉴定意见中分别写明各处的致残程度等级。若委托人要求的,可以其中最重损害后果的伤残等级为系数基数:十级10%,九级20%,八级30%,七级40%,六级50%,五级60%,四级70%,三级80%,二级90%,一级100%。并按照以下方法增加赔偿指数:按十级2%、九级3%、八级4%、七级5%、六级6%、五级7%、四级8%、三级9%进行叠加。增加赔偿指数的总和不得超过10%,即不能超过一个级别。如被鉴定人被评为一个九级伤残、一个十级伤残,则其最终评定为九级伤残,综合赔偿系数为22%。

(二)前期治疗费用的合理性

根据《最高人民法院关于审理人身损害赔偿案件适用法律若干问题的解释》第六条规定,医疗费根据医疗机构出具的医药费、住院费等收款凭证,结合病历和诊断证明等相关证据确定。赔偿义务人对治疗的必要性和合理性有异议的,应当承担相应的举证责任。此时可以委托鉴定机构对受伤人员的医疗用药及治疗过程产生费用的合理性进行鉴定。前期医疗费是指在委托鉴定时已经发生的医疗费,其合理性评定应根据损伤的具体情况,对应诊疗实际进行评定。按照最高人民法院规定的"差额化"赔偿原则,即需要多少评定多少的原则,只要是实际需要且合理的费用,鉴定时应予以支持。

(三)护理期与护理依赖

"护理期"表示一段时间内需要护理,而"护理依赖"表示长期需要护理。原则上按照生活自理能力五项基本标准及《人身损害护理依赖程度评定》来评定护理依赖等级(护理人数原则上为1人)。如植物状态生存,二肢以上肢体缺失不能安装假肢,伤残四级以上的瘫痪、失语、癫痫、呼吸功能严重障碍、心功能严重障碍、肢体运动功能障碍等,为生存期护理依赖,需评定护理依赖等级。

护理期的评定一般按照《人身损害误工期、护理期、营养期评定规范》来评定，一般为住院时间或"误工期"的1/3；有严重功能障碍、损伤延迟愈合等情况的伤者，护理期可为"误工期"的1/2以上，但不能超过误工期。伤残七级以上瘫痪、骨不连或癫痫等伤者，护理期可以等同于误工期。

鉴定机构可以依据前述标准来对人身损害造成躯体或精神障碍的受伤人员，在其治疗终结后就其是否需要护理依赖及护理依赖程度进行评定。护理依赖是指躯体伤残或精神障碍者在治疗终结后，仍需他人帮助、护理才能维系正常的日常生活。护理依赖程度是指躯体伤残者或精神障碍者需要他人护理所付出工作量的大小，分为完全、大部分和部分护理依赖。日常生活活动能力是指人在躯体健康的情况下，日常生活必须反复进行的、基本的、共性的活动能力，包括进食、床上活动、穿衣、修饰、洗澡、床椅转移、行走、大小便、用厕等能力。日常生活自理能力是指人在正常思维支配的情况下，自我料理个人日常生活的能力，包括进食、修饰、更衣、整理个人卫生、大小便、外出行走、使用日常生活工具、乘坐交通工具等能力。躯体移动能力是指人体自主在床上移动，上下床，在室内或室外行走，上下楼梯等能力。被评定人同时有躯体伤残、精神障碍和精神障碍安全问题均需要护理依赖的，应分别评定，按护理依赖程度较高的定级。躯体伤残护理依赖程度评定应在本次损伤治疗终结后进行；精神障碍护理依赖程度评定应在治疗满一年后进行。

（四）误工期和营养期

误工期和营养期原则上按照《人身损害误工期、护理期、营养期评定规范》来评定。因伤情变化（如骨折不愈合）致休息时间超过误工期评定规定的，误工期可评为"至定残前一日"；伤后较长时间进行伤残评定的伤者，可按实际情况评定误工期。安装假肢的，误工期应评定为出院后3~6个月或至安装假肢后30日止。误工期的鉴定是确定误工费的依据。

营养期是由鉴定机构对受伤人员因治疗损伤，在治疗期间是否需要加强营养以及加强营养的期限进行鉴定，营养期的鉴定是计算营养费的依据。

（五）后续治疗费

后续治疗费是指伤残评定后必然发生的、必要的康复费和适当的整容费及其他后续治疗费。按照最高人民法院规定的"定型化"赔偿原则，即从损害赔偿的社会妥当性和公正性出发，为损害确定固定标准的赔偿原则。按照最高人民法院关于人身损害赔偿司法解释中的相关规定，鉴定机构只评定必然发生的医疗费，不支持非必然发生的后续治疗费以及其他不可预见的费用。

后续治疗费的评定应在确定后续诊疗项目的基础上进行估算，后续诊疗项目的确定原则上应依据《人身损害后续诊疗项目评定指南》执行。已评定伤残等级者，原则上不给予可能减轻伤残等级的后续治疗费用。如面部瘢痕，根据瘢痕的面积或长度评残后，不再给予面部瘢痕的整复治疗费用；未评定伤残者，可结合实际需要情况评估后续治疗费用。后续治疗费原则上按普通价格（参照地市级三甲医院收费标准）和/或参照实际经治医院收费标准评估。损伤致严重残疾、存在医疗依赖者，其后续医疗费的评估应根据医学科学规律和最高人民法院后续医疗费"定型化"赔偿的原则，一般二年后不再给予病因治疗费用，但应适当考虑给予支持、对症、并发症防治等费用。

（六）残疾辅助器具费

法医鉴定机构不进行残疾辅助器具费评估，应由具备残疾辅助器具评定资质的机构评估残疾辅助器具费。残疾辅助器具的更换周期和赔偿期限也由配制机构来确定。

（七）涉及精神损伤的鉴定

涉及精神损伤，应由具有法医精神病鉴定资质的鉴定机构进行鉴定。法医临床鉴定机构不能对精神损伤进行鉴定。

二、道路交通事故受伤人员人身损害赔偿项目

道路交通事故受伤人员人身损害赔偿项目，是指交通事故中加害方给予受害方的赔偿所包含的项目。具体的赔偿项目可以包括医疗费、误工费、护理费、营养费、交通费、住宿费、住院伙食补助费、残疾赔偿金、残疾辅助器具费、精神损害赔偿金等。

医疗费包括前期医疗费和后期医疗费。前期医疗费一般指受伤人员针对其交通事故所致损伤进行一系列治疗的费用，包括医药费、手术费、住院费、检查费等；上述费用凭收款凭证，结合病历等相关证据予以确定。赔偿义务人对前期医疗费的必要性和合理性有异议的，可突出鉴定要求。后期医疗费是指在司法鉴定后，受伤人员仍然需要的器官功能恢复训练所必需的康复费用、适当的整容费用及未取出的内固定的取出费用和其他必需的后期医疗费；后期医疗费可以在实际发生后实报实销，也可以依据鉴定意见与已经发生的前期医疗费一并予以赔偿。

误工费的计算依据是误工时间的鉴定。《最高人民法院关于审理人身损害赔偿案件适用法律若干问题的解释》第七条规定：误工费根据受害人的误工时间和收入状况确定。误工时间根据受害人接受治疗的医疗机构出具的证明确定。受害人因伤致残持续误工的，误工时间可以计算至定残日前一天。受害人有固定收入的，误工费按照实际减少的收入计算。受害人无固定收入的，按照其最近三年的平均收入计算；受害人不能举证证明其最近三年的平均收入状况的，可以参照受诉法院所在地相同或者相近行业上一年度职工的平均工资计算。

护理费的计算通过对受伤人员的护理时间鉴定得出。《最高人民法院关于审理人身损害赔偿案件适用法律若干问题的解释》第八条规定：护理费根据护理人员的收入状况和护理人数、护理期限确定。护理人员有收入的，参照误工费的规定计算；护理人员没有收入或者雇佣护工的，参照当地护工从事同等级别护理的劳务报酬标准计算。护理人员原则上为一人，但医疗机构或者鉴定机构有明确意见的，可以参照确定护理人员人数。护理期限应计算至受害人恢复生活自理能力时止。受害人因残疾不能恢复生活自理能力的，可以根据其年龄、健康状况等因素确定合理的护理期限，

但最长不超过二十年。受害人定残后的护理,应当根据其护理依赖程度并结合配制残疾辅助器具的情况确定护理级别。

营养费的计算依据可以是对受伤人员的营养期的鉴定。《最高人民法院关于审理人身损害赔偿案件适用法律若干问题的解释》第十一条规定:营养费根据受害人伤残情况参照医疗机构的意见确定。

交通费根据受害人及其必要的陪护人员因就医或者转院治疗实际发生的费用计算。交通费应当以正式票据为凭;有关凭据应当与就医地点、时间、人数、次数相符合。

住宿费以国家机关一般工作人员出差住宿标准乘以住宿天数来确定。《最高人民法院关于审理人身损害赔偿案件适用法律若干问题的解释》第十条规定:住院伙食补助费可以参照当地国家机关一般工作人员的出差伙食补助标准予以确定。受害人确有必要到外地治疗,因客观原因不能住院,受害人本人及其陪护人员实际发生的住宿费和伙食费,其合理部分应予赔偿。

残疾赔偿金的计算主要依据伤残等级来确定。残疾赔偿金的计算公式:残疾赔偿金=受诉法院所在地上一年度居民人均收入×伤残系数(10%~100%)×赔偿年限。赔偿年限自定残之日起按 20 年计算,但 60 周岁以上的,年龄每增加 1 岁减少 1 年;75 周岁以上的,按 5 年计算。受害人因伤致残但实际收入没有减少,或者伤残等级较轻但造成职业妨害严重影响其劳动就业的,可以对残疾赔偿金作相应调整。受诉法院所在地上一年度居民人均收入地区差异较大,目前法院普遍的做法是根据受害人的常住地来判定具体的适用标准。如果能够证明其连续一年及以上在此地区工作、生活和居住的,即按其常住地的标准来计算残疾赔偿金。

残疾辅助器具费主要是对交通事故造成肢体缺失的义肢的安装及更换费用和残疾所需的普通适用器具费用。一般参照辅助器具配制机构的意见确定相应的合理费用标准。辅助器具的更换周期和赔偿期限参照配制机构的意见确定。

精神损害赔偿金主要依据《最高人民法院关于确定民事侵权精神损害赔偿责任若干问题的解释》的相关规定予以确定。精神损害抚慰金包括:致人残疾的,为残疾赔偿金;致人死亡的,为死亡赔偿金;其他损害情形的精神抚慰金。精神损害的赔偿数额根据以下因素确定：① 侵权人的过错程度，法律另有规定的除外；② 侵害的手段、场合、行为方式等具体情节；③ 侵权行为所造成的后果；④ 侵权人的获利情况；⑤ 侵权人承担责任的经济能力；⑥ 受诉法院所在地平均生活水平。法律、行政法规对残疾赔偿金、死亡赔偿金等有明确规定的，适用法律、行政法规的规定。

第十二章

医疗纠纷、医疗事故及医疗损害赔偿

医疗工作是一种面对人体的、技术性很强的专业工作,既对医疗机构的技术设备、环境资源提出了严格要求,更对从事医疗服务的医务人员的医疗技术、诊疗经验、道德品质有着较高标准。近年来,随着我国经济的不断发展,医疗技术水平也随之不断提高。一些医疗机构及其医务人员在医院管理、诊疗护理、医德医风等方面素质参差不齐,由此引发的医疗纠纷、医疗事故争议以及医疗损害赔偿案件有其发生的必然性。

医疗行为的对象是高度复杂的人体,再加上个体差异性的存在以及疾病的多样、多变,某些疾病的病因和发病机制至今没有完全清晰,没有行之有效的诊断治疗方法,许多药物也有毒副作用。同时,随着社会的发展,人类生活方式和地球环境的变化等,一些新的疾病出现,一些旧的疾病发生新的变化。上述种种因素给疾病的诊断及治疗带来了困难。而患者或其家属对这些风险、困难难以理解,往往将一些并发症、后遗症等归咎为医务人员的过失。同时,随着我国法制建设的不断加强,广大人民群众的法制观念不断增强,患者及其家属在就医过程中出现不良医疗后果,或者与医疗机构及医务工作者发生分歧时,往往会选择法律途径来获得救济,涉及医疗纠纷的司法鉴定也逐年增多。

第一节 医疗纠纷与医疗事故的基本知识

无论是患方还是医方都不愿意出现医疗纠纷,医疗纠纷处理不当不仅可能损害医患双方的利益,也可能会对医疗机构正常的医疗秩序产生干扰。随着医疗体制改革的不断深入,如何防范医疗纠纷,保障医患双方的合法权益,创造和谐的医患环境,是十分重要的研究内容。

一、医疗纠纷的概念与构成要件

(一)医疗纠纷的概念

医疗纠纷至今没有明确的概念,有学者将医疗纠纷称为医疗事故争议,许多医疗纠纷是由于患方怀疑不良医疗后果是由医疗机构及其医务人员出现医疗过错或者医疗事故导致的。学者们普遍认为,医疗纠纷一般指医患双方就医疗过程中产生的不良医疗后果及其原因认识上的分歧或争议而向司法部门提请处理的纠纷。

(二)医疗纠纷的构成要件

1. 患者一定要和医疗机构或医务人员之间存在医疗关系

这种医疗关系是指只要患者到医疗机构就诊,无论是门诊、住院、预防接种或者是医务人员代表医疗机构出诊,不管患者或其家属是否办理了挂号等手续,医患双方都已经确立了医疗关系。医务人员在非工作时间,由于其他因素,非营利性地向患者义务提供咨询或实施抢救行为,则不能认定建立医疗关系。如果患者发生不良后果,并由此引发纠纷,《民法典》第一百八十四条规定:因自愿实施紧急救助行为造成受助人损害的,救助人不承担民事责任。

2. 患者一定要确实发生了不良医疗后果

不良医疗后果的发生是纠纷或者争议产生的主要原因，常见的不良医疗后果包括不同程度的人身损害，如死亡、残疾、组织器官功能障碍、精神损害、治疗时间延长、医疗费用增加等。

3. 患者的不良医疗后果必须确实是发生在诊疗活动过程中的

必须要有证据证实患者确实是在医疗机构就医，且不良后果与诊疗行为、诊疗过程存在联系。

4. 医患双方一定对不良后果的认识存在分歧

此种分歧通过直接协商或调解不能得到解决，需要经过司法机关处理。

二、医疗事故的概念与构成要件

（一）医疗事故的概念

《医疗事故处理条例》第二条规定：本条例所称医疗事故，是指医疗机构及其医务人员在医疗活动中，违反医疗卫生管理法律、行政法规、部门规章和诊疗护理规范、常规，过失造成患者人身损害的事故。由此可见，医疗事故主要有六个方面的特点：

（1）医疗事故的医方当事人一定是具有合法行医资格的医疗机构及医务人员；

（2）患者必须产生了人身损害后果；

（3）患者的人身损害后果一定是由医疗机构及其医务人员的诊疗过程导致的；

（4）医务人员的医疗行为是违反医疗卫生管理法律、行政法规、部门规章和诊疗护理规范、常规的；

（5）医疗事故的本质是过失，而不是故意的行为；

（6）前述过失行为与患者的人身损害之间要有因果关系。

（二）医疗事故的构成要件

1. 医疗事故医方的主体是医疗机构及其医务人员

医疗机构一般按照《医疗机构管理条例》的规定，主要指从事疾病诊断、治疗活动的医院、卫生院、疗养院、门诊部、诊所、卫生所（室）以及急救站等医疗机构。医疗机构执业，必须进行登记，领取《医疗机构执业许可证》。诊所按照国务院卫生行政部门的规定向所在地的县级人民政府卫生行政部门备案后，可以执业。医务人员是指经卫生行政部门审核认可，取得相应资格和执业证书的各级各类卫生技术人员。按业务性质及分工的不同，医务人员主要分为四类：一是药剂人员，如中西药技术人员；二是护理人员，如护士、护师、护理员；三是医疗人员，主要指医生；四是医疗技术人员，如检验、病理、放射、营养等技术人员。除此之外，还包括从事医疗管理服务、后勤服务的人员。

不具备上述资格的机构或者个人如果从事医疗活动，属于非法行医；即使是具有资质的医务人员，在非工作时间，以获利为目的的诊疗活动，也可以认定为非法行医。

2. 医务人员在诊疗过程中必须存在医疗过失行为

这种过失行为既可以是医务人员的诊疗护理过失，也可以是医疗机构管理上的过失。具体来看，过失行为有两种表现形式。一种是疏忽大意的过失，即由于医务人员的疏忽大意未能预见到可能发生的不良后果，或者由于疏忽大意未能防范对患者生命健康构成威胁的不当做法，而使患者出现不良医疗后果的情况。另一种是过于自信的过失，主要是指医务人员对于自己的技术经验过于自信，虽然能够预见到可能的不良后果，但行为上的自信导致的失误使患者发生不良医疗后果。医疗事故的过失行为必须是意外而非故意的过失。如果是借助医疗行为故意造成患者的不良医疗后果，则属于刑事范畴的故意杀人或故意伤害。

3. 医疗过失行为必须具有违规性和危害性

违规性主要是指医疗行为违反了相关医疗卫生管理法律、行政法规、部门规章、诊疗护理常规等。与医疗事故相关的法律法规主要有《民法典》《民事诉讼法》《医疗事故处理条例》《执业医师法》《医疗机构管理条例》《传染病防治法》等，还有各个不同医学分支的诊疗指南、权威性医学文献等。危害性是指一定是由于诊疗过失行为导致了不良的医疗后果，造成了患者人身损害。这种人身损害，一定是已经通过现有医疗诊断技术确认的，具有一定程度的、客观存在的患者身体上的实质损害，一般不包括精神损害。

4. 患者的人身损害与诊疗过失之间必须存在因果关系

患者的损害后果必须发生在诊疗活动之后，其损害后果的发生发展必须符合客观规律。

三、医疗纠纷产生的原因

医疗纠纷产生的原因包括医方原因、患方原因和社会原因。

（一）医方原因

无论是哪种医疗纠纷，发生的原因都是违反医疗卫生管理法律、行政法规、部门规章和医疗护理规范、常规。主要表现为：医疗技术水平不高；医务人员服务意识不强，对患者缺乏耐心；大型检查过多导致医疗费用偏高，超出患者负担；医务人员责任心不强等。医疗机构的其他部门，如技术业务科室、行政管理部门、后勤服务部门的工作不规范，也可能引起医疗纠纷。医疗纠纷按照发生科室的不同，其医方原因可能有较大的差异。临床科室中以外科的医疗事故发生率最高，主要表现为手术前、手术中及手术后任何一个环节出现失误，都可能使患者的手术出现不同程度的不良后果。常见的药剂科、检验科的医疗纠纷类型主要是由于相关人员责任心不强或管理松懈导致药物被污染、药物品种发放错误、药物剂量不准等。还有如病理科由于粗心大意导致病理报告错误而产生误诊漏诊等。护理工作中的失误往往也会导致医疗纠纷，如护士没有认真执行查对制度导致婴儿抱错、违背护理技术操作规程、擅离职守或观察不仔细等。医院管理部门由于规章制度的不健全及医疗设施设备年久失修等造成患者的不良后果也容易引发医疗纠纷。

(二)患方原因

(1) 随着社会的发展进步,我国人均寿命显著增加,人们对自身健康的要求和对生命的期望值也越来越高,因此,对医疗机构以及医务人员的要求也随之提高。患者认为自己应该获得令自己满意的就医环境、服务措施、治疗技术。当医疗及药品费用的增加与医疗服务水平和质量不匹配时,患者对医疗机构及医务人员的信任度会大打折扣,使得患者在发生不良医疗后果时引发医疗纠纷。

(2) 由于患者缺乏医学常识,对难以避免或难以预见的并发症缺乏了解,易迁怒于医疗机构及医务人员,引发医疗纠纷。

(3) 患者及其家属对良好的预后期望值过高,尤其是在已经付出高额的医疗费用后,一旦病情恶化,患者及其家属在精神上和经济上难以承受而出现过激行为甚至引发暴力伤医。

(4) 极少数患者小题大做,无理取闹,妄图以恶意敲诈医方来获得不正当利益。

(三)社会原因

我国医疗机构数量较多,医疗资源分布不均,好的医疗资源大部分集中在城市,而分布于县、乡(镇)为广大农村人口服务的基层医疗机构的职业道德建设和服务意识与城市医疗机构相比还有差距,再加上享受的医疗保健制度的不同,导致部分人群心理不平衡,使得医疗机构成为矛盾激化的窗口,导致医疗纠纷的发生。

此外,在我国市场经济发展和不断完善的过程中,部分人员受改革冲击收入下降,在某些新闻单位、自媒体等为吸引眼球恶意炒作医疗纠纷的错误导向下,有些患者及其家属为了减免医疗费用或追求经济赔偿,故意挑起医疗纠纷。

四、医疗纠纷的特点

医疗纠纷具有目的性、社会性和复杂性这三个特点。医疗纠纷产生的原因主要是患者及其家属为了获得经济赔偿，带有明显的经济目的性。由于社会大环境的影响，医院成了社会矛盾激化的窗口。一旦发生医疗纠纷，医院往往抱着息事宁人的态度，采用调解的方式以求尽快解决纠纷，无形中也被一些人利用，产生不良影响。在医疗纠纷的处理过程中，有些社会上的不法分子借机参与，增加了处理难度，使其变得更加复杂。不仅影响医院的正常诊疗工作，而且进一步激化了医患矛盾。

五、医疗纠纷的类型

医疗纠纷的类型包括医源性医疗纠纷和非医源性医疗纠纷。

（一）医源性医疗纠纷

医源性医疗纠纷主要指由于医方的原因引起的医疗纠纷，主要包括医疗过失纠纷和医方其他原因引起的纠纷。

1. 医疗过失纠纷

医疗过失纠纷是指由于医疗机构及医务人员在医疗过程中的过失而导致的医疗纠纷，又称为医疗事故纠纷。按照医疗过失与患者不良后果之间的关系，医疗过失纠纷又可以分为两类。一是由诊疗护理过失引起的纠纷，即由于医生的诊断、治疗过失或者护士护理上的过失，导致患者发生不良的医疗后果而引发的纠纷。常见的诊断过失有误诊、漏诊、延误诊断等。治疗过失主要包括药物治疗过失和手术治疗过失。护理过失包括药物的核对、发放不当，注射操作不当、病情观察记录不仔细等。二是医疗管理过失纠纷，即主要由于医疗机构的管理、服务、安保等工作过失引起的医疗纠纷。此种医疗纠纷发生的原因不是医务人员的诊疗过失。如设备维护不当、不能及时使用而延误了患者的病情等。

案例：

李××，女，28岁。自怀孕8周至39周定期在某医院做过7次产前B超检查，包括大小排畸；每次B超检查均显示胎儿结构未见异常。后该产妇在此医院自然分娩出一左下肢缺如的男婴。

患方以"医院产前检查诊断未发现胎儿明显畸形,未告知并提出终止妊娠的建议,属于明显的漏诊,侵犯健康生育权"为由,提出医疗损害赔偿。经鉴定机构鉴定认为,虽然胎儿的畸形与医疗行为没有直接因果关系,但医院在产前检查时未能发现胎儿肢体残缺,未能提出终止妊娠的医学意见,属于漏诊。因此,虽不构成医疗事故,但医院方存在过失。

2. 医方其他原因引起的纠纷

医方其他原因引起的纠纷是指因为诊疗护理及医院管理的原因,患者与医疗机构及医务人员发生的医疗纠纷。主要包括以下 3 种。

(1) 医务人员服务态度引起的纠纷。如医务人员对患者及家属态度生硬、缺乏耐心,可能会导致患者及其家属失去对医务人员的信赖,一旦出现不良的医疗后果,往往会认为是医务人员的水平不行所致而产生医疗纠纷。

(2) 医务人员言语不当而引发的纠纷。如医务人员在手术过程中聊天,谈论生活上的一些事情,容易使患者认为其不专业,没有认真完成手术而怀疑其存在诊疗过失而导致医疗纠纷。

(3) 医疗机构及医务人员不正当的非诊疗行为引起的纠纷。如医疗机构过分夸大疗效、任意增加收费项目、违规收取回扣等行为,一旦患者的治疗没有达到预期承诺的效果,容易产生医疗纠纷。

(二) 非医源性医疗纠纷

非医源性医疗纠纷又称无医疗过失纠纷,主要是由于患者及其家属缺乏医学知识,对诊疗过程不了解、对医院的规章制度不理解或其他因素引起的医疗纠纷。常见的有:患者猝死;或由于病因复杂、无法确诊进而难以对症治疗而产生的不良医疗后果;或由于患者自身的易感、过敏体质而出现的难以预见的并发症;或由于患者不配合治疗、不遵守医嘱而导致的不良医疗后果等。甚至有时会出现患者及其家属受媒体及社会不良因素影响,为获取赔偿而发生的医疗纠纷等。具体可分为疾病自然转归导致的医疗纠纷、难以避免的并发症导致的医疗纠纷和意外导致的医疗纠纷。

1. 疾病自然转归导致的医疗纠纷

随着现代医学的发展，许多过去不能诊断治疗的疾病现在可以确诊和治疗，但仍然有许多疾病缺乏诊断方法和治疗手段，难以被认识。此种情况下，患者一旦发生不良的医疗后果，患者及其家属往往由于缺乏医学常识，认为医院及医务人员存在误诊、漏诊等情况而引发纠纷。还有一种情况是由于潜在疾病的突然恶化或者急促发展，使外观看上去健康的人发生急促的、出人意料的死亡，此时医院及医务人员还没有来得及采取必要的诊疗措施，家属往往会认为医院及医务人员不负责任而引发医疗纠纷。

罕见病是指那些发病率极低的疾病，在中国没有明确的定义。根据世界卫生组织（WHO）的定义，罕见病为患病人数占总人口的 0.65‰～1‰ 的疾病。2018 年 5 月，国家卫生健康委员会、科技部、工业和信息化部、国家药品监督管理局、国家中医药管理局等五部门联合发布《第一批罕见病目录》，共涉及 121 种疾病。由于医务人员对罕见病缺乏必要的认识与经验，容易误诊和漏诊；同时，在治疗环节，目前罕见病药物还非常缺乏。因此，如果确实是现有技术条件无法确诊及治疗的疾病，即使由于无法诊断和治疗而导致不良医疗后果的出现，也属于罕见病的自然转归。

猝死是指突然发生的急促的死亡。法医学上的猝死是指貌似健康无病的人，因患有潜在疾病或机能障碍，突发急速、意外的死亡。不同性别、年龄者猝死疾病的比例各不相同，老人猝死以心血管疾病多见；儿童猝死中呼吸系统疾病占第一位；男性猝死以心脑血管疾病多见；女性以生殖系统疾病所致猝死相对较多。猝死也是疾病恶化的一种自然转归形式，但因患者平素并未出现明显的症状体征，家属对其死亡缺乏心理准备。由于死亡过程过于迅速，从症状发作到死亡的时间小于 24 小时，最快的可能只有数分钟，许多医学检查还未来得及完成，一些诊疗抢救的措施也来不及完成，医生也无法对其死亡原因作出解释，家属难免不对其死亡原因产生怀疑而引发医疗纠纷。需要注意的是，并不是所有发生在就诊过程中的猝死都没有医疗过失，有些引起猝死的疾病，如心肌梗死、急性爆发性胰腺炎、病毒性心肌炎等，有时只要及时诊断和处理，患者的生命是可以得到挽救的，如果由于医务人员的诊疗过失导致患者发生死亡，则医方应当承担一定的责任。

案例：

胡××，男，36岁。某日晚21时许，因酒后突然晕倒并呕吐送至某医院就诊，于次日凌晨0时42分死亡。尸检报告显示其死亡原因为：心脏传导系统病变致心源性猝死，死前乙醇中毒为其死亡的诱发因素。心源性猝死是指急性症状发作后1小时内发生的以意识突然丧失为特征的由心脏原因引起的自然死亡。被鉴定人生前心电图大致正常，不存在房室传导阻滞。死后尸体解剖发现其心脏传导系统存在窦房结纤维化，结周脂肪组织浸润，希氏束周围脂肪组织浸润，尸检发现的此种疾病在临床上无法发现、诊断，只有通过尸体解剖才能了解。

病历记载，其就诊时间为21时40分，22时20分心跳停止，说明其病情进展迅速。医院对其进行治疗是正确及时的，但存在以下不足。首先，病情观察不仔细。由家属发现病人病情变化（心电监护有问题）。其次，观察室设备不配套。观察室无急救设备，病人转到抢救室后才用药，耽误了救治时间。最后，对病人补钾不及时。病人病情发展迅速，虽按醉酒进行治疗是正确的，但结合其病史（摄食状况、饮酒、呕吐等）也可及时补钾，对可能出现的状况加以预防，并非一定要等到实验室结果回报后再行补钾。在明确责任后，双方的纠纷经协商调解得以解决。

2. 难以避免的并发症导致的医疗纠纷

难以避免的并发症导致的医疗纠纷是指现有的诊疗技术支持下，出现难以避免和预防的并发症而引发的医疗纠纷。此类医疗纠纷鉴别的难点在于并发症是否难以避免和预防。目前在司法实践中，只要是并发症，一般都认定为医方不存在过失，这显然对患方有失公允。并非所有疾病的并发症都是不能防范的，只有发生的是无法预料或者不能防范的并发症，才不能认定为医疗过失。在实际工作中，在鉴定此类医疗纠纷时，一定要注意具体情况具体分析。如产妇分娩过程中发生的羊水栓塞，一般属于难以避免或难以预料的并发症，死亡率较高；但如果是由于医务人员以粗暴手法按压产妇子宫导致子宫破裂，或者在不恰当的时机对产妇人工破膜等，也可能是羊水栓塞的原因或者促发因素，不能完全免除医疗过失责任。

3. 意外导致的纠纷

1）医疗意外导致的纠纷

医疗意外是指医务人员在从事诊疗或护理工作过程中，受目前医学水平所限，或由于患者的病情或体质的特殊性，发生的难以预料和防范的患者死亡、残疾或者功能障碍等不良后果的行为。如少数患者在胃镜检查、气管插管、肛门指诊、尿道扩张、宫颈扩张或牵引、胸腹腔穿刺时，可能发生神经反射性心跳骤停而死亡。这类神经反射性心跳骤停，法医学上命名为抑制性死亡，是人身体某些部位受到一些轻微的、对正常人不足以构成死亡威胁的刺激或外力，通过神经反射在短时间内引起心跳骤停而造成的死亡。可能的原因是由于某些神经分布丰富的部位，以喉头、声门、心前区、上腹中部、会阴部等最为多见，这些部位受到突然的刺激，神经系统反射可能使迷走神经兴奋性上升，产生心脏传导系统功能障碍、冠状动脉痉挛等后果，最终引起心跳过缓、心律失常、心跳呼吸停止等一系列危险后果。

此外，过敏性休克也是一种常见的医疗意外。这里的过敏性休克是指那些按诊疗常规不需要事先做过敏实验的药物，按照常规治疗剂量和使用途径使用后，由于患者特殊体质引起的休克。如有些麻醉药按常规剂量和方法使用，患者发生急性过敏反应甚至导致死亡，属于麻醉意外。

依据《民法典》，因医疗意外导致的损失由受害人自行承担。也就是说，遭受医疗意外损失的受害人无法得到充分的救济，患者及其家属只能自行承担医疗意外的损失，多数受害人只能从医疗社会保险获得较低水平的救济，使得他们不得不提请医疗纠纷诉讼。

2）其他意外导致的纠纷

其他意外导致的纠纷是指患者在医疗单位进行诊疗的过程中，由于非医疗原因发生的意外事件导致的不良后果而引发的纠纷。如患者在医院发生暴力性死亡（如自杀或者意外死亡）、患者意外吸入异物导致窒息、患者及其家属刻意隐瞒病史或不配合治疗、不遵守医嘱等情况导致的不良后果等。

六、医疗纠纷与医疗事故司法鉴定的不同

（一）法律依据不同

医疗纠纷与医疗事故司法鉴定都需要参照现行有效的行政法规、部门规章和诊疗护理规范、常规。两者之间的不同是，医疗纠纷司法鉴定依据的主要法律法规有《民事诉讼法》《最高人民法院关于参照〈医疗事故处理条例〉审理医疗纠纷民事案件的通知》以及司法鉴定主管机构发布的部门规章和技术规范。因医疗纠纷引起的医疗赔偿，适用《民法典》《最高人民法院关于审理人身损害赔偿案件适用法律若干问题的解释》等规定。医疗事故的技术鉴定依据的是《医疗事故处理条例》及有关卫生法规。

（二）鉴定机构和人员不同

医疗纠纷主要由具有鉴定资质的司法鉴定机构接受人民法院的委托，完成医疗纠纷司法的鉴定人是具有专门知识的人，主要是具有医疗纠纷鉴定资质的法医司法鉴定人。

医疗事故的鉴定机构只能是各级医学会，设区的市级地方医学会及省、自治区、直辖市直接管辖的县（市）地方医学会负责组织首次医疗事故技术鉴定工作。省、自治区、直辖市地方医学会负责组织再次鉴定工作。中华医学会组织疑难、复杂并在全国有重大影响的医疗事故争议的技术鉴定工作。医疗事故鉴定的人员来自医学会建立的专家库，专家库由医疗卫生专业技术人员和法医组成，具体要求是具备良好的业务素质和执业品德；受聘于医疗卫生机构或者医学教学、科研机构并担任相应专业高级技术职务3年以上的医疗卫生专业技术人员；具备良好的业务素质和执业品德并具备高级技术任职资格的法医。负责组织医疗事故技术鉴定工作的医学会依照本条例规定聘请医疗卫生专业技术人员和法医进入专家库，不受行政区域的限制。参加医疗事故技术鉴定的相关专业的专家，由医患双方在医学会主持下从专家库中随机抽取。在特殊情况下，医学会根据医疗事故技术鉴定工作的需要，可以组织医患双方在

其他医学会建立的专家库中随机抽取相关专业的专家参加鉴定或者函件咨询。

(三)鉴定的负责制及鉴定时限不同

医疗纠纷司法鉴定的主体是受委托的司法鉴定机构的法医司法鉴定人,也可以聘请案件相关其他医疗机构临床科室的医学专家参与鉴定。临床专家的意见可供法医鉴定人参考,最终由法医鉴定人出具司法鉴定意见,并签名盖章。鉴定机构及法医司法鉴定人是鉴定意见的责任人。人民法院审理案件需要时,法医司法鉴定人需要出庭质证。司法鉴定机构应当自司法鉴定委托书生效之日起三十个工作日内完成鉴定。鉴定事项涉及复杂、疑难、特殊技术问题或者鉴定过程需要较长时间的,经本机构负责人批准,完成鉴定的时限可以延长,延长时限一般不得超过三十个工作日。鉴定时限延长的,应当及时告知委托人。

医疗事故技术鉴定的主体是医患双方在医学会主持下从专家库中随机抽取的专家鉴定组,专家鉴定组在事实清楚、证据确凿的基础上,综合分析患者的病情和个体差异,作出鉴定意见,并制作医疗事故技术鉴定书。专家鉴定组人数为单数,涉及的主要学科的专家一般不得少于鉴定组成员的二分之一,鉴定意见按照少数服从多数的原则,以专家鉴定组成员的过半数通过。涉及死因、伤残等级鉴定的,并应当从专家库中随机抽取法医参加专家鉴定组。专家鉴定组不需要在鉴定书上签名,医疗事故技术鉴定结论作为证据在法庭上质证时,双方当事人可以自由表达赞成或反对意见,但不能申请人民法院传唤鉴定专家到庭接受质询。负责组织医疗事故技术鉴定工作的医学会应当自接到当事人提交的有关医疗事故技术鉴定的材料、书面陈述及答辩之日起四十五日内组织鉴定并出具医疗事故技术鉴定书。

(四)鉴定的委托主体和启动程序不同

医疗纠纷由人民法院委托,按照《人民法院对外委托司法鉴定管理规定》,只要法院在审理案件过程中认为有需要,就可以委托司法鉴定机构进行鉴定;当事人向法院提出医疗纠纷鉴定申请的,法院同意后,由双方当事人协商或抽取鉴定机构，协商不成的，由人民法院指定。

医疗事故的委托和启动有两种方式。第一种是由卫生行政部门决定和启动。卫生行政部门接到医疗机构关于重大医疗过失行为的报告或者医疗事故争议当事人要求处理医疗事故争议的申请后，对需要进行医疗事故技术鉴定的，应当交由负责医疗事故技术鉴定工作的医学会组织鉴定。第二种是由医患双方协商后共同决定并启动。医患双方协商解决医疗事故争议，需要进行医疗事故技术鉴定的，由双方当事人共同委托负责医疗事故技术鉴定工作的医学会组织鉴定。

（五）鉴定所需材料的提供方式不同

医疗纠纷司法鉴定所需材料比医疗事故技术鉴定所需材料范围更广，需要患者所有的病历资料，除了患者发生纠纷的医疗机构的病历资料，还需要患者在其他医院就诊的病历资料；所有资料由人民法院经过双方质证后，由人民法院提交司法鉴定机构。

医疗事故技术鉴定所需的材料是由医疗事故争议双方当事人提交进行医疗事故技术鉴定所需的材料。当事人双方应当自收到医学会的通知之日起10日内提交有关医疗事故技术鉴定的材料、书面陈述及答辩。医疗机构提交的有关医疗事故技术鉴定的材料应当包括：

（1）住院患者的病程记录、死亡病例讨论记录、疑难病例讨论记录、会诊意见、上级医师查房记录等病历资料原件；

（2）住院患者的住院志、体温单、医嘱单、化验单（检验报告）、医学影像检查资料、特殊检查同意书、手术同意书、手术及麻醉记录单、病理资料、护理记录等病历资料原件；

（3）抢救急危患者，在规定时间内补记的病历资料原件；

（4）封存保留的输液、注射用物品和血液、药物等实物，或者依法具有检验资格的检验机构对这些物品、实物作出的检验报告；

（5）与医疗事故技术鉴定有关的其他材料。

在医疗机构建有病历档案的门诊、急诊患者，其病历资料由医疗机构提供；没有在医疗机构建立病历档案的，由患者提供。

（六）鉴定书的内容不同

医疗纠纷司法鉴定意见书主要是判定医疗机构及其医务人员在诊疗过程中是否存在过错；过错与不良医疗后果之间是否存在因果关系；如存在因果关系，那么医疗过错在不良医疗后果中的参与度以及医疗过错所导致的不良医疗后果的伤残程度及损伤程度鉴定等。鉴定意见为人民法院审理医疗纠纷案件，确定赔偿金额提供科学证据。

医疗事故技术鉴定书主要是判定医疗机构及其医务人员的医疗行为是否违反医疗卫生管理法律、行政法规、部门规章和诊疗护理规范、常规；医疗过失行为与人身损害后果之间是否存在因果关系；医疗过失行为在医疗事故损害后果中的责任程度；医疗事故等级；对医疗事故患者的医疗护理建议。

（七）鉴定意见不同

医疗纠纷司法鉴定意见主要是判定医疗机构及其医务人员在对患者的诊疗过程中是否存在过错，如存在过错，则采用法医司法技术鉴定中惯用的责任程度（或参与度）评定方法分为完全责任、主要责任、次要责任和轻微责任四类。还可以包括患者的损伤程度、伤残程度、后期医疗费用、误工护理营养时间的鉴定，以及前期医疗费的审核等。

医疗事故技术鉴定的鉴定意见主要依据《医疗事故分级标准（试行）》，按医疗事故中常见的造成患者人身损害的后果，将医疗事故由重到轻划分为一级医疗事故（一级甲等、一级乙等）、二级医疗事故（二级甲等、二级乙等、二级丙等、二级丁等）、三级医疗事故（三级甲等、三级乙等、三级丙等、三级丁等、三级戊等）、四级医疗事故。

（八）鉴定的监督力度不同

不管是医疗纠纷司法鉴定还是医疗事故技术鉴定，都可能存在由于鉴定人或专家组成员思想品德、职业道德、技术能力、经验水平等的差异，不能保证每份鉴定的准确。因此，对鉴定意见的开庭质证是检验鉴定的一种监督方式。

医学会组织的医疗事故技术鉴定由于实行的是集体负责的合议制，鉴定书上也不需每个专家的个人签名，《医疗事故处理条例》中也没有要求专家出庭质证的规定，所以，医疗事故技术鉴定中几乎没有专家出庭质证。但在司法实践中，如果当事双方依法提出质证要求时，人民法院应依法给予支持，使鉴定书依法接受诉讼当事人和法庭的审查与监督。

医疗纠纷司法鉴定实行鉴定人负责制，而出庭接受质证是鉴定人应尽的义务。当事人依照《民事诉讼法》第七十九条和《最高人民法院关于适用〈中华人民共和国民事诉讼法〉的解释》第一百二十二条的规定，可以申请有专门知识的人出庭的，申请书中应当载明有专门知识的人的基本情况和申请的目的。《民事诉讼法》第七十一条规定，证据应当在法庭上出示，并由当事人互相质证。鉴定人拒不出庭作证的，鉴定意见不得作为认定案件事实的根据。

总而言之，医疗纠纷司法鉴定与医疗事故技术鉴定的根本区别在于：医疗纠纷司法鉴定是判定医疗机构及其医疗人员在诊疗过程中是否存在过错，该过错与不良医疗后果之间是否存在因果关系，按因果关系的大小划分参与度；医疗事故技术鉴定是对医患双方存在争议的医疗行为判定是否构成医疗事故。有些过错哪怕没有构成医疗事故，但确实给患者造成了人身损害时，还可以通过医疗纠纷司法鉴定以诉讼的方式解决，最大限度地实现对患者的救济。

第二节 医疗纠纷与医疗事故处理

医疗纠纷与医疗事故有不同形式的处理途径，相关法律法规明确指出，医患双方可以通过卫生行政处理、司法诉讼和协商与调查等形式来解决医疗纠纷和医疗事故。具体采用哪种处理形式，医患双方可以根据不同的实际情况自行或者协商决定，不管采用哪种处理形式，都必须遵守相关法律法规，做到合理合法，既维护医方也维护患方的合法权益与诉求。

一、医疗纠纷与医疗事故的卫生行政处理

处理医疗纠纷或者医疗事故是卫生行政部门的一项不可回避、必须完成的工作。按照《医疗事故处理条例》及有关法律法规的规定，发生医疗事故的，医疗机构应当按照规定向所在地卫生行政部门报告。发生导致患者死亡或者可能为二级以上的医疗事故，导致三人以上人身损害后果，国务院卫生行政部门和省、自治区、直辖市人民政府卫生行政部门规定的其他情形的重大医疗过失行为的，医疗机构应当在十二小时内向所在地卫生行政部门报告。

卫生行政部门处理医疗纠纷或者医疗事故的具体流程如下。

（1）发生医疗事故争议，当事人申请卫生行政部门处理的，应当提出书面申请。申请书应当载明申请人的基本情况、有关事实、具体请求及理由等。当事人自知道或者应当知道其身体健康受到损害之日起 1 年内，可以向卫生行政部门提出医疗事故争议处理申请。

（2）卫生行政部门接到医疗机构关于重大医疗过失行为的报告或者医疗事故争议当事人要求处理医疗事故争议的申请后，对需要进行医疗事故技术鉴定的，应当交由负责医疗事故技术鉴定工作的医学会组织鉴定；医患双方协商解决医疗事故争议，需要进行医疗事故技术鉴定的，由双方当事人共同委托负责医疗事故技术鉴定工作的医学会组织鉴定。

卫生行政部门应当自收到医疗事故争议处理申请之日起 10 日内进行审查，作出是否受理的决定。对符合规定的案件予以受理，需要进行医疗事故技术鉴定的，应当自作出受理决定之日起 5 日内将有关材料交由负责医疗事故技术鉴定工作的医学会组织鉴定并书面通知申请人；对不符合本条例规定，不予受理的，应当书面通知申请人并说明理由。

（3）负责组织医疗事故技术鉴定工作的医学会应当自受理医疗事故技术鉴定之日起 5 日内通知医疗事故争议双方当事人提交进行医疗事故技术鉴定所需的材料。当事人应当自收到医学会的通知之日起 10 日内提交有关医疗事故技术鉴定的材料、书面陈述及答辩。自接到当事人提交的有关医疗事故技术鉴定的材料、书面陈述及答辩之日起 45 日内负责组织医疗事故技术鉴定工作的医学会组织鉴定并出具医疗事故技术鉴定书。

医疗机构提交的有关医疗事故技术鉴定的材料应当包括下列内容：① 住院患者的病程记录、死亡病例讨论记录、疑难病例讨论记录、会诊意见、上级医师查房记录等病历资料原件；② 住院患者的住院志、体温单、医嘱单、化验单（检验报告）、医学影像检查资料、特殊检查同意书、手术同意书、手术及麻醉记录单、病理资料、护理记录等病历资料原件；③ 抢救急危患者，在规定时间内补记的病历资料原件；④ 封存保留的输液、注射用物品和血液、药物等实物，或者依法具有检验资格的检验机构对这些物品、实物作出的检验报告；⑤ 与医疗事故技术鉴定有关的其他材料。在医疗机构建有病历档案的门诊、急诊患者，其病历资料由医疗机构提供；没有在医疗机构建立病历档案的，由患者提供。

（4）卫生行政部门收到负责组织医疗事故技术鉴定工作的医学会出具的医疗事故技术鉴定书后，应当对参加鉴定的人员资格和专业类别、鉴定程序进行审核；必要时，可以组织调查，听取医疗事故争议双方当事人的意见。卫生行政部门经审核，对符合本条例规定作出的医疗事故技术鉴定结论，应当作为对发生医疗事故的医疗机构和医务人员作出行政处理以及进行医疗事故赔偿调解的依据；经审核，发现医疗事故技术鉴定不符合本条例规定的，应当要求重新鉴定。

（5）发生医疗事故的赔偿等民事责任争议，医患双方可以协商解决；不愿意协商或者协商不成的，当事人可以向卫生行政部门提出调解申请，也可以直接向人民法院提起民事诉讼。已确定为医疗事故的，卫生行政部门应医疗事故争议双方当事人请求，可以进行医疗事故赔偿调解。调解时，应当遵循当事人双方自愿原则，并应当依据条例的规定计算赔偿数额。

经调解，双方当事人就赔偿数额达成协议的，制作调解书，双方当事人应当履行；调解不成或者经调解达成协议后一方反悔的，卫生行政部门不再调解。

（6）当事人对首次医疗事故技术鉴定结论不服的，可以自收到首次鉴定结论之日起15日内向医疗机构所在地卫生行政部门提出再次鉴定的申请。申请再次鉴定的，卫生行政部门应当自收到申请之日起7日内交由省、自治区、直辖市地方医学会组织再次鉴定。

需要注意的是，在医疗纠纷及医疗事故的司法实践中，不少患者考虑到卫生行政部门与医疗机构之间的行政关系与业务往来，往往对由卫生行政部门充当医疗纠纷或医疗事故的"裁判"不予认同，转而选择直接向医疗机构所在地人民法院直接提请司法诉讼。对于当事人既向卫生行政部门提出医疗事故争议处理申请又向人民法院提起诉讼的，卫生行政部门不予受理；卫生行政部门已经受理的，应当终止处理。

二、医疗纠纷与医疗事故的司法诉讼

医疗纠纷与医疗事故的司法诉讼形式包括民事诉讼、刑事诉讼和行政诉讼。

（一）民事诉讼

医疗机构及其医务人员为患者提供诊疗服务，患者支付诊疗费用，医患之间构成有偿服务合同关系。在合同履行的过程中，患方对医方的诊疗服务不满意及对诊疗服务导致的不良医疗后果不满意，会引发医疗纠纷，医疗纠纷实质上属于民事合同纠纷。《民法典》规定，患者在诊疗活动中受到损害，医疗机构或者其医务人员有过错的，由医疗机构承担赔偿责任。医务人员在诊疗活动中应当向患者说明病情和医疗措施。需要实施手术、特殊检查、特殊治疗的，医务人员应当及时向患者具体说明医疗风险、替代医疗方案等情况，并取得其明确同意；不能或者不宜向患者说明的，应当向患者的近亲属说明，并取得其明确同意。医务人员未尽到前款义务，造成患者损害的，医疗机构应当承担赔偿责任。医务人员在诊疗活动中未尽到与当时的医疗水平相应的诊疗义务，造成患者损害的，医疗机构应当承担赔偿责任。《医疗事故处理条例》明确了，当发生医疗事故的赔偿等民事责任争议，医患双方可以协商解决；不愿意协商或者协商不成的，当事人可以向卫生行政部门提出调解申请，也可以直接向人民法院提起民事诉讼。

医疗纠纷与医疗事故的举证依据《关于民事诉讼证据的若干规定》，由医疗机构就医疗行为与损害后果之间不存在因果关系及不存在医疗过错承担举证责任。当事人应当在举证期限内（举证期限可以由当事人协商，并经人民法院准许。人民法院指定举证期限的，适用第一审普通程序审理的案件不得少于十五日，当事人提供新的证据的第二审案件不得少于十日。适用简易程序审理的案件不得超过十五日），提交符合规定的证据，当事人无法自行收集证据的，可以申请由人民法院调查收集。

医疗纠纷与医疗事故鉴定的申请与委托鉴定根据有关法律法规的规定分为三种情况；一是医疗事故的司法鉴定，由《医疗事故处理条例》规定的医学会组织鉴定；二是由医疗事故以外的原因引起的医疗纠纷需要进行司法鉴定的，如当事人以医疗损害赔偿起诉医疗机构的，按《关于人民法院对外委托司法鉴定管理规定》的要求，对外委托符合规定要求的司法鉴定机构鉴定；三是当事人对初次鉴定意见有异议申请重新鉴定的，在符合规定的情况下，人民法院应当准许。

医疗纠纷与医疗事故鉴定的质证按照《关于民事诉讼证据的若干规定》，当事人在审理前的准备阶段或者人民法院调查、询问过程中发表过质证意见的证据，视为质证过的证据。当事人要求以书面方式发表质证意见，人民法院在听取对方当事人意见后认为有必要的，可以准许。人民法院应当及时将书面质证意见送交对方当事人。

（二）刑事诉讼

当医疗过失或者医疗事故的情节特别严重，患方要求按照《刑法》相关条款追究医疗机构及医务人员医疗事故罪或非法行医罪时，就构成刑事诉讼。医疗事故罪可以由人民检察院侦查，向人民法院起诉；也可以由卫生行政部门向人民检察院移送；还可以由医疗纠纷或医疗事故的当事人及其家属向人民检察院举报。非法行医罪由公安机关侦查确认，向人民法院或人民检察院起诉。

（三）行政诉讼

行政诉讼是指医疗纠纷及医疗事故的当事人认为处理其医疗纠纷或医疗事故的当地卫生行政部门的工作违背相关法律法规的要求，未履行应该承担的职责，而向当地人民法院起诉卫生行政部门相关人员，追究其不作为的行政责任。此种诉讼比较少见。

三、医疗纠纷与医疗事故的协商与调解

医疗纠纷与医疗事故的协商与调解指的是医患双方通过直接协商，或者卫生行政部门、仲裁机构或司法机关从中调解来解决医疗纠纷或医疗事故。协商与调解的解决方式相较卫生行政处理和司法诉讼更加简便、快捷，节约了当事双方的诉讼成本，使得患者尽快获得救济，是一种值得提倡的医疗纠纷与医疗事故的解决方式。

（一）医疗纠纷与医疗事故的协商处理

我国法律规定，民事纠纷的当事人有自由处分民事权利和确认民事义务的自主权。医疗纠纷与医疗事故的协商处理，正是基于医疗纠纷与医疗事故的基本法律属性所决定的。在协商时，当事双方可以不受任何组织和个人的强制，自行决定行使或放弃的权利，完全依照自己的真实意愿决定解决条件和解决方案。在实际协商过程中，应该遵循一些基本原则。首先，双方应当遵循自愿原则，任何一方不能勉强另外一方。其次，要遵循平等原则。也就是说，协商的双方地位和权利要平等。再次，要遵循合法原则。双方协商后达成的协议必须符合法律法规有关规定，不能损害公共利益，不能侵犯他人权益。最后，要遵循真实原则。对医疗纠纷或医疗事故争议涉及的主要事实、双方的主要观点的陈述与记录要准确真实。

双方当事人协商解决医疗事故的赔偿等民事责任争议的，应当制作协议书。医疗事故争议由双方当事人自行协商解决的，医疗机构应当自协商解决之日起 7 日内向所在地卫生行政部门作出书面报告，并附具协议书。协议书应当载明双方当事人的基本情况和医疗事故的原因、双方当事人共同认定的医疗事故等级以及协商确定的赔偿数额等，并由双方当事人在协议书上签名。协议书的内容一般包括：当事双方的基本情况；纠纷或争议的简要事实；双方协商后达成的共性意见；协议生效后，双方应该履行的责任；达成协议的时间与地点、协议生效的日期、医疗机构公章、双方代表签名等。协议书一式三份，双方各保留一份，一份交卫生行政部门留存。协商处理的时机既可以是在医疗纠纷或医疗事故技术鉴定之后进行，

也可以不做鉴定直接协商，协商时机也完全由当事双方协商确定。在技术鉴定之后再来协商，可以为协商提供参考依据，减少协议反悔的情况发生。

（二）医疗纠纷与医疗事故的调解处理

医疗纠纷与医疗事故的调解处理是指已确定为医疗事故的，调解部门应医疗事故争议双方当事人请求，可以进行医疗事故赔偿调解。调解时，应当遵循当事人双方自愿原则，并应当依据条例的规定计算赔偿数额。经调解，双方当事人就赔偿数额达成协议的，制作调解书。调解书要严格按照《合同法》的一般原则签订，调解书的内容不能违反我国现行的法律法规，不能违反公共秩序和风俗习惯，必要时可以通过公证机关公证来增加调解效力，当事双方应当履行调解书的约定。

按照主持调解的调解机构不同，主要有以下五种调解形式。

1. 卫生行政部门调解

由医患双方申请，在当地卫生行政部门的主持下，按照双方自愿合法的原则，对双方的立场和要求进行协商调解，解决医疗事故赔偿纠纷。由于卫生行政部门对与医疗卫生相关的法律法规较为熟悉，由其主导的调解比较容易被医疗机构及医务人员所接受；对于患者及其家属来说，由于卫生行政部门与医疗机构之间的行政关系和业务往来，他们对卫生行政部门主导的调解缺乏信任，容易导致调解不成功。经调解，双方当事人就赔偿数额达成协议的，制作调解书，双方当事人应当履行；调解不成或者经调解达成协议后一方反悔的，卫生行政部门不再调解。

2. 律师调解

在双方自愿的基础上，由双方的律师按照双方的立场和要求进行调解。此种调解方式的优点在于律师熟知相关法律知识；缺点是律师缺乏对医学知识的了解，仅仅侧重于法律法规的要求，无法实际情况实际分析。此时，可以依据医疗事故技术鉴定的结论来进行调解。

3. 仲裁调解

由双方自愿，申请当地仲裁机构进行调解仲裁。仲裁机构依据《仲裁法》规定的程序完成调解，调解后协议书一旦达成并经当事双方签收，即具备强制执行的法律效力，不得随意反悔；且当事人不得再向其他仲裁机构请求重新仲裁，也不得向法院起诉。如果仲裁结束后一方认为裁决错误，只能依照法定事项向法院申请撤销仲裁裁决或请求法院不予执行。

4. 诉讼调解

当事双方向当地人民法院提请医疗损害人身赔偿诉讼请求后，法院在审理过程中，经过法定程序，双方责任已基本清楚的情况下，如果双方又有调解的愿望，在双方自愿的基础上，由审判员或者合议庭主持进行调解处理。在诉讼调解前，可先做医疗纠纷的法医司法鉴定，鉴定意见作为科学证据，可以更好地为法院调解提供依据。

5. 人民调解委员会调解

按照《人民调解委员会组织条例》规定，人民调解委员会既可以接受医疗纠纷与医疗事故当事人的申请，也可以主动参与进行调解。人民调解委员会的调解工作应当遵守以下原则：

（1）依据法律、法规、规章和政策进行调解，法律、法规、规章和政策没有明确规定的，依据社会公德进行调解；

（2）在双方当事人自愿平等的基础上进行调解；

（3）尊重当事人的诉讼权利，不得因未经调解或者调解不成而阻止当事人向人民法院起诉。人民调解委员会主持下达成的调解协议，当事人应当履行。经过调解，当事人未达成协议或者达成协议后又反悔的，任何一方可以请求基层人民政府处理，也可以向人民法院起诉。

四、医疗事故赔偿项目与医疗纠纷人身损害赔偿项目

（一）医疗事故赔偿项目

医疗事故赔偿费用，实行一次性结算，由承担医疗事故责任的医疗机

构支付。医疗事故赔偿，按照《医疗事故处理条例》规定的项目和标准计算。

1. 医疗费

按照医疗事故对患者造成的人身损害进行治疗所发生的医疗费用计算，凭据支付，但不包括原发病医疗费用。结案后确实需要继续治疗的，按照基本医疗费用支付。

2. 误工费

患者有固定收入的，按照本人因误工减少的固定收入计算，对收入高于医疗事故发生地上一年度职工年平均工资 3 倍以上的，按照 3 倍计算；无固定收入的，按照医疗事故发生地上一年度职工年平均工资计算。

3. 住院伙食补助费

按照医疗事故发生地国家机关一般工作人员的出差伙食补助标准计算。

4. 陪护费

患者住院期间需要专人陪护的，按照医疗事故发生地上一年度职工年平均工资计算。

5. 残疾生活补助费

根据伤残等级，按照医疗事故发生地居民年平均生活费计算，自定残之月起最长赔偿 30 年；但是，60 周岁以上的，不超过 15 年；70 周岁以上的，不超过 5 年。

6. 残疾用具费

因残疾需要配置补偿功能器具的，凭医疗机构证明，按照普及型器具的费用计算。

7. 丧葬费

按照医疗事故发生地规定的丧葬费补助标准计算。

8. 被扶养人生活费

以死者生前或者残疾者丧失劳动能力前实际扶养且没有劳动能力的人为限，按照其户籍所在地或者居所地居民最低生活保障标准计算。对不满16周岁的，扶养到16周岁。对年满16周岁但无劳动能力的，扶养20年；但是，60周岁以上的，不超过15年；70周岁以上的，不超过5年。

9. 交通费

按照患者实际必需的交通费用计算，凭据支付。

10. 住宿费

按照医疗事故发生地国家机关一般工作人员的出差住宿补助标准计算，凭据支付。

11. 精神损害抚慰金

按照医疗事故发生地居民年平均生活费计算。造成患者死亡的，赔偿年限最长不超过6年；造成患者残疾的，赔偿年限最长不超过3年。

参加医疗事故处理的患者近亲属所需交通费、误工费、住宿费，医疗事故造成患者死亡的，参加丧葬活动的患者的配偶和直系亲属所需交通费、误工费、住宿费，参照前述有关规定计算，计算费用的人数不超过2人。

（二）医疗纠纷人身损害赔偿项目

医疗纠纷人身损害赔偿项目和标准按照《最高人民法院关于审理人身损害赔偿案件适用法律若干问题的解释》的相关要求进行赔偿。主要包括以下内容。

1. 医疗费

医疗费根据医疗机构出具的医药费、住院费等收款凭证，结合病历和诊断证明等相关证据确定。赔偿义务人对治疗的必要性和合理性有异议的，应当承担相应的举证责任。医疗费的赔偿数额，按照一审法庭辩论终结前实际发生的数额确定。器官功能恢复训练所必要的康复费、适当的整容费以及其他后续治疗费，赔偿权利人可以待实际发生后另行起诉。但根据医疗证明或者鉴定结论确定必然发生的费用，可以与已经发生的医疗费一并予以赔偿。

2. 误工费

误工费根据受害人的误工时间和收入状况确定。误工时间根据受害人接受治疗的医疗机构出具的证明确定。受害人因伤致残持续误工的，误工时间可以计算至定残日前一天。受害人有固定收入的，误工费按照实际减少的收入计算。受害人无固定收入的，按照其最近三年的平均收入计算；受害人不能举证证明其最近三年的平均收入状况的，可以参照受诉法院所在地相同或者相近行业上一年度职工的平均工资计算。

3. 护理费

护理费根据护理人员的收入状况和护理人数、护理期限确定。护理人员有收入的，参照误工费的规定计算；护理人员没有收入或者雇佣护工的，参照当地护工从事同等级别护理的劳务报酬标准计算。护理人员原则上为一人，但医疗机构或者鉴定机构有明确意见的，可以参照确定护理人员人数。护理期限应计算至受害人恢复生活自理能力时止。受害人因残疾不能恢复生活自理能力的，可以根据其年龄、健康状况等因素确定合理的护理期限，但最长不超过二十年。受害人定残后的护理，应当根据其护理依赖程度并结合配制残疾辅助器具的情况确定护理级别。

4. 交通费

交通费根据受害人及其必要的陪护人员因就医或者转院治疗实际发生

的费用计算。交通费应当以正式票据为凭；有关凭据应当与就医地点、时间、人数、次数相符合。

5. 住院伙食补助费

住院伙食补助费可以参照当地国家机关一般工作人员的出差伙食补助标准予以确定。受害人确有必要到外地治疗，因客观原因不能住院，受害人本人及其陪护人员实际发生的住宿费和伙食费，其合理部分应予赔偿。

6. 营养费

营养费根据受害人伤残情况参照医疗机构的意见确定。

7. 残疾赔偿金

残疾赔偿金根据受害人丧失劳动能力程度或者伤残等级，按照受诉法院所在地上一年度城镇居民人均可支配收入标准，自定残之日起按二十年计算。但六十周岁以上的，年龄每增加一岁减少一年；七十五周岁以上的，按五年计算。受害人因伤致残但实际收入没有减少，或者伤残等级较轻但造成职业妨害严重影响其劳动就业的，可以对残疾赔偿金作相应调整。

8. 残疾辅助器具费

残疾辅助器具费按照普通适用器具的合理费用标准计算。伤情有特殊需要的，可以参照辅助器具配制机构的意见确定相应的合理费用标准。辅助器具的更换周期和赔偿期限参照配制机构的意见确定。

9. 丧葬费

丧葬费按照受诉法院所在地上一年度职工月平均工资标准，以六个月总额计算。

10. 死亡赔偿金

死亡赔偿金按照受诉法院所在地上一年度城镇居民人均可支配收入标准，按二十年计算。但六十周岁以上的，年龄每增加一岁减少一年；七十五周岁以上的，按五年计算。

11. 被扶养人生活费

被扶养人生活费根据扶养人丧失劳动能力程度，按照受诉法院所在地上一年度城镇居民人均消费性支出标准计算。被扶养人为未成年人的，计算至十八周岁；被扶养人无劳动能力又无其他生活来源的，计算二十年。但六十周岁以上的，年龄每增加一岁减少一年；七十五周岁以上的，按五年计算。

超过确定的护理期限、辅助器具费给付年限或者残疾赔偿金给付年限，赔偿权利人向人民法院起诉请求继续给付护理费、辅助器具费或者残疾赔偿金的，人民法院应予受理。赔偿权利人确需继续护理、配制辅助器具，或者没有劳动能力和生活来源的，人民法院应当判令赔偿义务人继续给付相关费用五至十年。赔偿义务人请求以定期金方式给付残疾赔偿金、辅助器具费的，应当提供相应的担保。人民法院可以根据赔偿义务人的给付能力和提供担保的情况，确定以定期金方式给付相关费用。但是，一审法庭辩论终结前已经发生的费用、死亡赔偿金以及精神损害抚慰金，应当一次性给付。

五、医疗事故罪的认定与处理

医疗纠纷与医疗事故争议引起的诉讼绝大多数属于民事诉讼的范畴，但在极少数情况下，医疗事故也会构成刑事犯罪。医疗事故罪的认定与处理应当慎重区分罪与非罪的界限。《刑法》第三百三十五条规定：医务人员由于严重不负责任，造成就诊人死亡或者严重损害就诊人身体健康的，处三年以下有期徒刑或者拘役。此条规定对医务人员起到惩罚及教育作用，对预防和减少医疗事故特别是重大医疗事故具有十分重要的意义。

医疗事故罪是一种严重的过失犯罪，其构成条件十分严格，医疗事故罪认定的焦点问题主要集中在严重不负责任的界定以及医疗管理人员、党政人员、后勤人员能否构成犯罪主体、事故等级要求等。具体来说，认定医疗事故罪必须包含以下要点。

一是医疗人员的医疗过失必须构成医疗事故。医疗活动是一项非常复杂而精细的医学活动，面对的对象是人体，而人体又有着复杂的结构，不同人体之间个体差异非常大，这就导致医疗行为中面临着无处不在的风险。对那些无法预见、无法避免的风险导致的不良医疗后果，医务人员的行为不属于医疗过失，也就不构成医疗事故。有学者对多起医疗事故罪案件进行分析，发现三级丙等以上的医疗事故可以构成医疗事故罪，医务人员仅指参与诊疗行为的医生护士等，医疗管理人员、党政人员、后勤人员不构成犯罪主体。

二是医疗事故发生的主观要件是医务人员严重不负责任。这里的严重不负责任一定是指医务人员主观上的恶意行为。根据最高人民检察院、公安部《关于公安机关管辖的刑事案件立案追诉标准的规定（一）》的规定，具体包括以下情形：擅离职守的；无正当理由拒绝对危急就诊人实行必要的医疗救治的；未经批准擅自开展试验性医疗的；严重违反查对、复核制度的；使用未经批准使用的药品、消毒药剂、医疗器械的；严重违反国家法律法规及有明确规定的诊疗技术规范、常规的；其他严重不负责任的情形。

三是医疗事故的后果要达到就诊人死亡或者严重损害就诊人身体健康。赵志全对2009—2018年22起全国医疗事故罪案件进行分析，发现22起医疗事故犯罪造成2人严重损害和20人死亡。基层医疗机构案件频发，未作过敏测试有7起（其中有5起为患者因头孢曲松钠致过敏性休克死亡），造成7人死亡，是医疗事故罪的主要原因，分别占案件与死亡总数的31.8%和35%，居于第一位。居于第二位的是未做常规检查，3起案件共造成3人死亡，各占总数的13.6%和15%。另外，2起严重伤害案件来自无母婴保健技术资质和注射禁用丰胸药物。

医疗事故罪一般由人民检察院受理与审查，分为两种受理途径：一种是卫生行政部门在处理医疗事故争议过程中认定医务人员存在严重不负责任引起的重大医疗事故的，由卫生行政部门移送当地检察院；另一种是由患方及其家属直接向当地人民检察院举报，人民检察院在审查确认后，向人民法院提起公诉。医疗事故罪的责任人是有医疗过失的医务人员，不是其所在医疗机构的法定代表人。

第三节 非法行医与非法行医罪

一、非法行医

(一) 非法行医的概念

《医疗机构管理条例》第九条规定,单位或者个人设置医疗机构,按照国务院的规定应当办理设置医疗机构批准书的,应当经县级以上地方人民政府卫生行政部门审查批准,并取得设置医疗机构批准书。第二十三条规定,任何单位或者个人,未取得《医疗机构执业许可证》或者未经备案,不得开展诊疗活动。《执业医师法》第十三条规定,国家实行医师执业注册制度。取得医师资格的,可以向所在地县级以上人民政府卫生行政部门申请注册。第十四条规定,医师经注册后,可以在医疗、预防、保健机构中按照注册的执业地点、执业类别、执业范围执业,从事相应的医疗、预防、保健业务。未经医师注册取得执业证书,不得从事医师执业活动。《母婴保健法》第三十三条规定,从事本法规定的遗传病诊断、产前诊断的人员,必须经过省、自治区、直辖市人民政府卫生行政部门的考核,并取得相应的合格证书。从事本法规定的婚前医学检查、施行结扎手术和终止妊娠手术的人员,必须经过县级以上地方人民政府卫生行政部门的考核,并取得相应的合格证书。因此,只要违反各项规定开展的医疗、预防、保健业务的行为,都属于非法行医。

(二) 非法行医的类型

根据前述规定,非法行医的常见类型主要有以下四种。

一是违反《医疗机构管理条例》的非法行医。包括单位或个人未取得《医疗机构执业许可证》;逾期不校验《医疗机构执业许可证》;购买、转让或转借他人《医疗机构执业许可证》;诊疗活动范围超出《医疗机构执业许可证》登记的范围；非医疗卫生技术人员从事诊疗活动；出具虚假证明文件。

二是违反《执业医师法》的非法行医。结合《关于审理非法行医刑事案件具体应用法律若干问题的解释》，具体包括未取得医师资格，或虽取得医师资格但未注册取得执业证书的人从事诊疗活动的；未按注册的执业地点、执业类别、执业范围从事执业活动的；未取得或者以非法手段取得医师资格从事医疗活动的；被依法吊销医师执业证书期间从事医疗活动的；未取得乡村医生执业证书，从事乡村医疗活动的；家庭接生员实施家庭接生以外的医疗行为的。

三是违反《母婴保健法》的非法行医。包括未取得国家颁发的有关合格证书，从事婚前医学检查、遗传病诊断、产前诊断或者医学技术鉴定的；施行终止妊娠手术的，出具《母婴保健法》规定的有关医学证明的；出具有关虚假医学证明或者进行胎儿性别鉴定的。

四是其他非法行医行为。包括《刑法》第三百三十六条规定的，将基因编辑、克隆的人类胚胎植入人体或者动物体内，或者将基因编辑、克隆的动物胚胎植入人体内的；未经卫生部和外经贸部批准，成立中外合资、合作医疗机构并开展医疗活动或以合同方式经营诊疗项目的；违反《关于审理非法行医刑事案件具体应用法律若干问题的解释》的；外国医师来华短期行医未经所在地设区的市级以上卫生行政部门注册取得《外国医师短期行医许可证》等。

（三）非法行医的主体

非法行医的主体包括医疗机构、医务人员、无证行医人员。

1. 医疗机构

有些医疗机构虽然取得《医疗机构执业许可证》，但为了追求经济利益，擅自增加诊疗项目；或者将某些科室承包出去，私自聘用不具有执业资格的人员冒充医务人员开展诊疗活动。

2. 医务人员

主要是某些医务人员未经注册，或者已经注册，但没有按照注册的执业地点、执业类别、执业范围从事诊疗活动。

3. 无证行医人员

包括未取得或者以非法手段取得医师资格从事医疗活动的；被依法吊销医师执业证书期间从事医疗活动的；未取得乡村医生执业证书，从事乡村医疗活动的人员。这些人由于缺乏医学知识或者诊疗技术经验不足，容易引起误诊误治，使患者发生程度不同的不良后果。如某女因患鼻炎就诊于某游医处，该游医每天一次，连续 3 天将含水银、朱砂等有毒成分的自制药丸点燃对其进行烟熏治疗，熏后患者发生呕吐、腹泻等中毒症状，于治疗后第 3 天死亡。

二、非法行医罪

（一）非法行医罪的概念

《刑法》第三百三十六条规定：未取得医生执业资格的人非法行医，情节严重的，处三年以下有期徒刑、拘役或者管制，并处或者单处罚金；严重损害就诊人身体健康的，处三年以上十年以下有期徒刑，并处罚金；造成就诊人死亡的，处十年以上有期徒刑，并处罚金。非法进行节育手术罪是指未取得医生执业资格的人擅自为他人进行节育复通手术、假节育手术、终止妊娠手术或者摘取宫内节育器，情节严重的，处三年以下有期徒刑、拘役或者管制，并处或者单处罚金；严重损害就诊人身体健康的，处三年以上十年以下有期徒刑，并处罚金；造成就诊人死亡的，处十年以上有期徒刑，并处罚金。《刑法》第三百三十六条还规定：将基因编辑、克隆的人类胚胎植入人体或者动物体内，或者将基因编辑、克隆的动物胚胎植入人体内，情节严重的，处三年以下有期徒刑或者拘役，并处罚金；情节特别严重的，处三年以上七年以下有期徒刑，并处罚金。

案例：

据百度百科"基因编辑婴儿事件"，2018 年 11 月 26 日，南方科技大学副教授贺某某宣布一对名为露露和娜娜的基因编辑婴儿于 11 月在中国健康诞生。由于这对双胞胎的一个基因经过修改，她们出生后即能天然抵抗艾滋病病毒。2019 年 1 月 21 日，广东省"基因编辑婴儿事件"调查组认定该事件是南方科技大学副教授贺某某为追逐个人名利，自筹资金，蓄意逃避监管，私自组织有关人员，实施国家明令禁止的以生殖为目的的人类胚胎基因编辑活动。12月30日，"基因编辑婴儿"案在深圳市南山区人民法院一审公开宣判。贺某某、张某某、覃某某等3名被告人因共同非法实施以生殖为目的的人类胚胎基因编辑和生殖医疗活动，按照《刑法》第三百三十六条，构成非法行医罪，分别被依法追究刑事责任。

（二）非法行医罪的特点

赵志全等对2013—2018年北京地区72起非法行医罪案件进行统计分析后发现，72起案件中有2名患者出现伤残，18名患者死亡，涉及72名罪犯、3类行医资质和资格；患者死亡原因主要是误诊和过敏性休克。72起案件暴露的问题主要集中在：行为人目无国法、主观恶意强、缺乏基本医疗常识、不遵守基本诊疗规范、临时场所内未配备基本诊断和治疗设备，更重要的是无抢救设备和药品、无抢救人员和技能，患者的生命安全无法得到保障。

（三）非法行医罪与医疗事故罪的不同

非法行医罪与医疗事故罪的不同主要有以下几点。

1. 主体不同

按照《刑法》第三百三十五条的规定，医疗事故罪的主体是医务人员。这里的医务人员是指合乎《执业医师法》规定的具有资格的医务人员。而非法行医罪的主体不是医务人员，或者是违反有关卫生管理法规非法行医的医务人员。

2. 构成要件不同

医疗事故罪的构成要件是医务人员严重不负责任，违反医疗卫生相关法律法规，造成的医疗过失的后果要达到就诊人死亡或者严重损害就诊人身体健康。而非法行医罪中，未取得医生执业资格的人非法行医，只要被认定为情节严重的即可构成非法行医罪。

3. 处罚力度不同

医疗事故罪处三年以下有期徒刑或者拘役。非法行医罪情节严重的，处三年以下有期徒刑、拘役或者管制，并处或者单处罚金；严重损害就诊人身体健康的，处三年以上十年以下有期徒刑，并处罚金；造成就诊人死亡的，处十年以上有期徒刑，并处罚金。

4. 受理和处理的单位不同

医疗事故罪主要由卫生行政部门或患者及其家属向当地人民检察院移送或举报，检察院审查确认后，向人民法院提起公诉。非法行医罪则是通过卫生监督机关移送、群众举报、患者及其家属报案等方式，由当地公安机关进行立案侦查，调查举报是否属实，对涉及人身损害程度或死亡原因的专门性问题，委托进行法医学检验鉴定，结合人体损伤程度司法技术鉴定的意见或尸体解剖死亡原因的司法鉴定意见，认定为非法行医后，移送检察院和法院审理。需要注意的是，由于非法行医不属于医疗事故范畴，所以医学会不能对此类案件进行医学鉴定。

第四节 《民法典》对医疗损害责任的规制

《医疗事故处理条例》中对医疗事故鉴定制度进行了规定，第四十九条规定，不属于医疗事故的，医疗机构不承担赔偿责任。《最高人民法院关于审理人身损害赔偿案件适用法律若干问题的解释》中规定了人身损害赔偿案件具体的赔偿项目及赔偿标准。也就是说构成医疗事故的医疗损害适用《医疗事故处理条例》进行赔偿；不构成医疗事故的医疗损害赔偿适用《关于审理人身损害赔偿案件适用法律若干问题的解释》。但这也衍生出了另一个重要的问题，就是医疗纠纷、医疗事故争议鉴定的"二元化"和适用法律、损害赔偿标准的"二元化"。

医疗纠纷、医疗事故争议鉴定的"二元化"是指，既有医学会组织的判定是否属于医疗事故的医疗事故技术鉴定，又有由司法鉴定机构进行的判定是否有医疗过错的医疗纠纷司法鉴定。

适用法律、损害赔偿标准的"二元化"是指，构成医疗事故的案件适用《医疗事故处理条例》的规定来判定赔偿项目和赔偿标准；不构成医疗事故但医疗机构及医务人员有过错的案件适用《关于审理人身损害赔偿案件适用法律若干问题的解释》的规定来判定赔偿项目和赔偿标准。《医疗事故处理条例》和《关于审理人身损害赔偿案件适用法律若干问题的解释》的赔偿标准和计算方式并不相同，《医疗事故处理条例》规定的赔偿项目较少，赔偿数额较低；《民法典》《关于审理人身损害赔偿案件适用法律若干问题的解释》规定的赔偿项目较多，赔偿数额较高。这种赔偿标准的"二元化"导致医疗机构及医务人员过失较大，患者损害较大时，由于构成了医疗事故而适用《医疗事故处理条例》进行赔偿，导致赔偿金较低；而没有进行医疗事故争议鉴定或者经鉴定不构成医疗事故，但又经司法鉴定机构鉴定认为医疗机构及其医务人员存在医疗过错的，则按照《关于审理人身损害赔偿案件适用法律若干问题的解释》规定的赔偿项目和赔偿标准计算赔偿金，患者及其家属反而能获得较高的赔偿。

"二元化"的情况对国家法制的统一造成了破坏，影响了法律的权威性和严肃性，进一步加剧了医患矛盾。通过《民法典》和《最高人民法院关于审理医疗损害责任纠纷案件适用法律若干问题的解释》，可以对上述情况进行规制。

2021年1月1日开始正式实施的《民法典》，属于处理医疗侵权损害的基础法律。在该法中，有专门的章节对医疗损害责任作出规定。第一千二百一十八条规定：患者在诊疗活动中受到损害，医疗机构或者其医务人员有过错的，由医疗机构承担赔偿责任。第一千一百七十九条规定了具体的赔偿项目，侵害他人造成人身损害的，应当赔偿医疗费、护理费、交通费、营养费、住院伙食补助费等为治疗和康复支出的合理费用，以及因误工减少的收入。造成残疾的，还应当赔偿辅助器具费和残疾赔偿金；造成死亡的，还应当赔偿丧葬费和死亡赔偿金。《民法典》虽然没有明确规定医疗损害的赔偿标准，但与其同时实施的《最高人民法院关于审理人身损害赔偿案件适用法律若干问题的解释》中对损害赔偿的标准进行了规定。

《医疗事故处理条例》是由国务院颁布的行政法规，是下位法也是旧法；《民法典》是由全国人民代表大会颁布的法律，是上位法也是新法。根据上位法优于下位法、新法优于旧法原则，原来处理医疗事故的《医疗事故处理条例》中与《民法典》冲突的地方，适用《民法典》的相关规定来处理。《民法典》的颁布和实施，解决了医疗纠纷与医疗事故争议案件人身损害赔偿标准的"二元化"问题，不再区分是否构成医疗事故，使不管是否构成医疗事故的人身损害案件都统一适用《民法典》和《最高人民法院关于审理人身损害赔偿案件适用法律若干问题的解释》来确定赔偿项目和赔偿标准有了法律依据。

《民法典》中明确规定了医疗侵权损害中医方需要承担赔偿责任的情况和不需要承担赔偿责任的情况，同时还明确了医疗机构及其医务人员的合法权益受法律保护。需要承担赔偿责任的情况包括以下几种。

一、医方告知不足造成患者人身损害的

医务人员在诊疗活动中应当向患者说明病情和医疗措施。需要实施手术、特殊检查、特殊治疗的，医务人员应当及时向患者具体说明医疗风险、替代医疗方案等情况，并取得其明确同意；不能或者不宜向患者说明的，应当向患者的近亲属说明，并取得其明确同意。医务人员未尽到前款义务，造成患者损害的，医疗机构应当承担赔偿责任。

二、医方在诊疗活动中未尽到与当时的医疗水平相应的诊疗义务的

医务人员在诊疗活动中未尽到与当时的医疗水平相应的诊疗义务，造成患者损害的，医疗机构应当承担赔偿责任。

三、医方违反法律规定的诊疗行为以及违规处理病历资料的行为造成患者损害的

违反法律、行政法规、规章以及其他有关诊疗规范的规定；隐匿或者拒绝提供与纠纷有关的病历资料；遗失、伪造、篡改或者违法销毁病历资料。推定医疗机构有过错。

四、泄露患者隐私或未经其同意公开其病历资料的

医疗机构及其医务人员应当对患者的隐私和个人信息保密。泄露患者的隐私和个人信息，或者未经患者同意公开其病历资料的，应当承担侵权责任。

五、其他因素造成患者损害的

因药品、消毒产品、医疗器械的缺陷，或者输入不合格的血液造成患者损害的，患者可以向药品上市许可持有人、生产者、血液提供机构请求赔偿，也可以向医疗机构请求赔偿。患者向医疗机构请求赔偿的，医疗机构赔偿后，有权向负有责任的药品上市许可持有人、生产者、血液提供机构追偿。

医方不需要程度赔偿责任的情况主要有：患者或者其近亲属不配合医疗机构进行符合诊疗规范的诊疗；医务人员在抢救生命垂危的患者等紧急情况下已经尽到合理诊疗义务；限于当时的医疗水平难以诊疗。但是，患者或者其近亲属不配合医疗机构进行符合诊疗规范的诊疗，医疗机构或者其医务人员也有过错的，应当承担相应的赔偿责任。

《民法典》还明确规定医疗机构及其医务人员的合法权益受法律保护。干扰医疗秩序，妨碍医务人员工作、生活，侵害医务人员合法权益的，应当依法承担法律责任。

第五节 法医学在医疗纠纷、医疗事故损害赔偿中的作用

医疗纠纷、医疗事故和医疗损害赔偿案件中的患者的不良医疗后果往往是出现组织器官缺失、功能障碍导致劳动能力的全部或部分丧失，甚至有的发生死亡。除医疗事故罪涉及刑事诉讼外，绝大多数医疗纠纷与医疗事故争议案件中，核心问题是患者遭到人身损害后的救济问题，主要通过经济赔偿的方式来实现。而法医学司法鉴定通过判定医疗机构及其医务人员在诊疗过程中是否存在过错；过错与不良医疗后果之间是否存在因果关系；如存在因果关系，那么医疗过错在不良医疗后果中的原因力大小，以及医疗过错所导致的不良医疗后果的伤残程度及损伤程度鉴定等，可以为人民法院审理医疗纠纷及医疗事故争议案件，以及确定赔偿金额提供科学证据。

法医学是一门应用医学、生物学和其他自然科学的理论和技术，研究并解决司法实践中与人身损害有关问题的一门学科。也可以这么说，法医学是一门为司法服务的医学科学，是医学与法律之间的交叉学科，可以为司法审判或民事调解提供科学证据。

依据《民法典》和《最高人民法院关于审理医疗损害责任纠纷案件适用法律若干问题的解释》的规定，医疗损害赔偿案件中医疗机构是否承担赔偿责任的构成要件是医疗机构或者其医务人员是否存在过错，以及在诊疗过程中是否尽到与当时医疗水平相应的诊疗义务等。因此，医疗过错判定与诊疗义务是否尽到是医疗纠纷、医疗事故损害赔偿案件要解决的核心问题，也是此类司法鉴定的重要鉴定内容。目前，我国并没有相应的国家标准和行业标准来规范医疗过错判定，实践中往往依据的是法医学中的死因鉴定、损伤与疾病关系的分析、原因力大小等理论来分析判定。

一、医疗过错判定

《民法典》第一千二百二十一条规定：医务人员在诊疗活动中未尽到与当时的医疗水平相应的诊疗义务，造成患者损害的，医疗机构应当承担赔偿责任。该规定将医疗机构及其医务人员过错的认定标准界定为"未尽到与当时的医疗水平相应的诊疗义务"，也就是说医务人员是否尽到合理的诊疗义务是判断医疗过错是否存在的前提，同时诊疗义务的界定也可以使医务人员明确自己承担责任的范围。

"诊疗义务"可以理解为《民法典》中"注意义务"的概念。注意义务是指个人在从事某项活动时，应当始终保持谨慎注意，避免自己的行为给他人造成不应当发生的危险或者损害的责任与义务。判断医务人员是否履行注意义务的标准包括具体标准和抽象标准。

（一）具体标准

具体标准是指医方对与诊疗有关的医疗法律、行政法规、部门规章、诊疗常规等规定的医疗行为的一般注意义务。所谓一般注意义务，是指医务人员及医疗机构在医疗活动中，应当始终对患者的情况高度注意，以避免患者遭受不应有的危险或损害。如治疗、手术、注射、抽血、输血、放射线治疗、麻醉、调剂制药、护理过程等医疗过程中是否遵守法律法规和诊疗规范等注意义务。一般注意医务是医务人员从事医疗工作的基本要求，也是判定医疗过失的依据。医务人员的一般注意义务一般由各项法律法规明确规定，容易查明。

（二）抽象标准

抽象标准是指医方对患者进行的医疗活动，是否达到与其资质相应的医疗水准，是否尽到符合其相应专业要求的注意、学识及技能的特殊注意义务。特殊注意义务是指为了避免医疗行为可能带来的损害，医务人员在治疗前也要对可能发生的损害有所认识，并做好预防措施防止损害的发生，这属于特殊注意义务，包括结果预见义务和结果避免义务。特殊注意义务主要和医务人员自身是否具备必要的医学知识、是否了解和掌握医学新知识技能、是否能够根据自身的知识预见发生不良医疗后果的可能性、是否能及时舍弃危险行为、是否提高注意并采取适当的预防或安全措施等密切相关，没有相应的法律法规要求，比较抽象，不容易查明，而且在确定医务人员是否履行特殊注意义务时，鉴定专家也可能因为专业背景、经验的不同而得出不同的鉴定意见。

不管是具体标准还是抽象标准，在司法鉴定实践中运用时，都应当考虑诊疗行为本身的特殊性质，如医学的专业性、医疗机构及医务人员水平的区域性、医疗后果的时效性、患者的个体差异性等。在鉴定过程中具体问题具体分析，适当考虑医疗机构及医务人员资质、地区差异等客观因素，遵循相应过错判定理论，对认定医疗过错的因素综合判定，最大限度地做到鉴定意见科学、客观、公正。

二、因果关系论证

判定医疗过错行为和损害后果间的因果关系，是法医鉴定人在医疗纠纷、医疗事故损害赔偿案件中要解决的核心问题。法医鉴定人通过全面审查和鉴别委托方移交的鉴定资料，遵循因果关系判定原则，运用参与度大小评定的方法，对医疗过错和损害后果之间的因果关系作出科学评价。

（一）审查和鉴别鉴定材料

根据《司法鉴定程序通则》第十二条"委托人委托鉴定的，应当向司法鉴定机构提供真实、完整、充分的鉴定材料，并对鉴定材料的真实性、合法性负责"的规定，鉴定机构不对鉴定材料的真实性、合法性承担责任，只要是委托方提供的、经过医患双方质证的、能够反映诊疗过程及患者情况的材料，均可作为鉴定材料使用。但鉴定材料是形成司法鉴定意见的重要依据，因此鉴定人仍需要对鉴定材料进行审查，以保证鉴定意见的科学性、客观性、公正性。

首先，审查鉴定材料是否符合鉴定要求。具体包括审查鉴定材料是否与委托事项相关以及鉴定材料是否包含完成委托项目所需的前置材料。与委托事项相关的材料主要指能完整反映诊疗过程的材料，包括病历、影像学资料、病理切片、人体组织等。前置材料主要指在涉及患者死亡的医疗损害案件中，鉴定材料中必须包含患者死亡原因的鉴定意见。若患者死后未进行尸体解剖，则需提供医患双方认可的死亡原因相关材料。

其次，审查鉴定材料是否完整充分。鉴定人只有全面完整地了解诊疗过程才能作出客观公正的鉴定意见。鉴定材料的完整性审查包括审查鉴定材料是否完整地反映患者的病程，鉴定材料能否完整地再现诊疗过程等。

再次，审查鉴定材料的关联性。审查鉴定材料是否在诊疗活动中形成；鉴定材料是否本次医疗损害的相关材料等。

最后，审查鉴定材料的合法性。审查鉴定材料是否经过法庭质证，审查鉴定材料是否经过医患双方的认可等。

（二）因果关系论证

因果关系是医疗损害侵权的构成要件，医疗过错与损害后果间只有具有因果关系，侵权责任才能够形成。但医疗损害案件的因果关系隐蔽、复杂且排他，因此在司法实践中需要借鉴法医学中原因力的相关概念来进行因果关系分析。《最高人民法院关于审理医疗损害责任纠纷案件适用法律若干问题的解释》中采用了原因力来表述医疗过错在损害后果发生上所起的作用力大小。

1. 医疗损害原因力大小的评定原则

《最高人民法院关于审理医疗损害责任纠纷案件适用法律若干问题的解释》第十二条规定：鉴定意见可以按照导致患者损害的全部原因、主要原因、同等原因、次要原因、轻微原因或者与患者损害无因果关系，表述诊疗行为或者医疗产品等造成患者损害的原因力大小。在目前的司法实践中，学界主张将原因力按医疗过错在损害后果中的大小分为六种，从小到大依次为没有作用、轻微作用、次要作用、同等作用、主要作用、完全作用，并提出了理论参考值范围及理论参考均值：没有作用的医疗行为理论参考值范围为 0～4%，理论参考均值为 0；轻微作用的医疗过错理论参考值范围为 5%～15%，理论参考均值为 10%；次要作用的医疗过错理论参考值范围为 16%～44%，理论参考均值为 30%；同等作用的医疗过错理论参考值范围为 45%～55%，理论参考均值为 50%；主要作用的医疗过错理论参考值范围为56%~95%,理论参考均值为70%;完全作用的医疗过错的理论参考值范围为96%~100%,理论参考均值为100%。

2. 医疗损害原因力大小和责任程度的内涵

《医疗纠纷预防和处理条例》第三十六条规定:医学会、司法鉴定机构作出的医疗损害鉴定意见应当载明并详细论述下列内容:

(1) 是否存在医疗损害以及损害程度;
(2) 是否存在医疗过错;
(3) 医疗过错与医疗损害是否存在因果关系;
(4) 医疗过错在医疗损害中的责任程度。

需要说明的是,该规定中的责任程度与前述医疗损害原因力大小是不同的概念。责任程度是法律概念,是由司法审判人员解决的法律因果关系,属于法庭裁判的内容;原因力大小是司法鉴定技术概念,是由司法鉴定人员解决的事实因果关系,是医疗损害司法鉴定的内容。原因力大小的分析鉴定最终以鉴定意见的形式,根据原因力大小进行因果关系分析常常会和责任程度吻合,但原因力大小判定作为一种科学证据协助法庭解决医疗损害诉讼中的专门性问题,而最终医疗机构及医务人员应当承担的责任程度,是以过错为前提的,需要法庭结合包括鉴定意见在内的所有证据综合分析判定。因此,原因力与责任程度的内涵并不相同。

三、死亡原因鉴定

涉及死亡的医疗纠纷,在进行医疗纠纷或医疗事故争议技术鉴定之前,通常需要先确定患者的死亡原因。尸体解剖是确定死亡原因最直接、最准确的手段,死亡原因鉴定是判定医疗纠纷或医疗事故争议技术鉴定在医疗过错与死亡之间因果关系的重要依据。

《医疗事故处理条例》第十八条规定,医疗事故尸检应当由按照国家有关规定取得相应资格的机构和病理解剖专业技术人员进行,医疗事故争议双方当事人可以请法医病理学人员参加尸检。但由于普通病理解剖学和临床病理解剖学的技术人员病理检验鉴定的对象,往往是外科手术或临床病理检查获得的小块人体组织样本,主要是为临床诊断治疗服务。他们普遍缺乏系统尸体解剖和死因鉴定的理论知识及实践操作经验，对死后尸体变化和生前损伤疾病的区别缺乏基本的认识。因此，实际案件中，往往需要由法医对医患双方当事人不能确定死因或者对死因有异议的尸体，在死者家属同意后完成尸体解剖工作。法医通过尸体的检验与鉴定，可以为案件的解决提供科学的死亡原因证据；有时可以直接对认定或排除医疗过错提供证据。

国内法医学界将死亡原因分为根本死因、直接死因、辅助死因、联合死因、诱因五大类，在医疗纠纷的死因鉴定中同样采用这个原则。根本死因是指引起死亡的原发性疾病或暴力性损伤，即主要死因。直接死因是根本性死因的致命性并发症，它不是一种独立的疾病、病变或损伤，而是死亡机制或死亡状态的直接启动因素。辅助死因与直接导致死亡的疾病或损伤无关，它们本身不致命，但对死亡过程有促进作用。联合死因又称并列死因，指同时存在两个或两个以上的从病原学和死亡机制方面难以区别其间的因果关系或逻辑顺序的、并列的致死性损伤或疾病。诱因指诱发体内潜在的疾病发作而导致死亡的轻微损伤或其他暴力情况。

四、活体检验鉴定

由于医疗过失导致患者的人身损害，可以通过对患者进行法医学活体检查和司法鉴定，分析判定其是否构成伤残等级以及医疗过失在身体伤残发生中的参与度、后期治疗费用等。法医学活体鉴定司法鉴定意见同样能为法庭审理医疗纠纷及医疗事故争议案件，特别是医疗损害赔偿案件提供有关科学证据。

五、诉讼专家辅助人

《关于民事诉讼证据的若干规定》第八十三条规定，当事人依照民事诉讼法第七十九条和《最高人民法院关于适用〈中华人民共和国民事诉讼法〉的解释》第一百二十二条的规定，申请有专门知识的人出庭的，申请书中应当载明有专门知识的人的基本情况和申请的目的。人民法院准许当事人申请的，应当通知双方当事人。

医疗损害责任纠纷案件的专业性比较强，除了法律问题，更涉及复杂的医学问题。由鉴定机构出具专业鉴定意见为法官查明案件事实提供参考，因此司法鉴定意见的采信问题成为医疗损害责任纠纷案件审理的焦点之一。既懂医学又了解相关法律的法医学技术人员，在医疗纠纷、医疗事故争议及医疗损害赔偿案件的司法诉讼中，除了可以接受委托完成前述鉴定外，还可以被当事人聘请为己方的专家辅助人，帮助当事人对专门性问题进行说明、参与证据的质证，维护当事人的合法权益。此外，专家辅助人还能帮助法庭对案件中与专门性问题有关的事实与证据正确地加以认证，弥补法官专业知识上的不足，帮助法官公平、公正、客观、科学地作出判断。

第十三章

司法精神病检验鉴定

第一节 司法精神病学概述

一、司法精神病学的概念

司法精神病学是法学和精神医学之间的边缘交叉学科，是精神医学的分支，也是法医学的主要内容。广义的司法精神病学的研究内容是各项法律法规范围内有关精神问题的司法鉴定，如精神病人的权益保障、劳动能力鉴定等问题。此外，还包括对有关法律制度的修改完善提供专业意见等。狭义的司法精神病学主要是应用精神医学的理论技术，按照法定程序，对涉及法律问题的当事人的精神状态和法定能力进行评定，为委托方提供科学证据及专家证言，达到把精神医学知识、技术应用于司法实践的目的。司法精神病学具有很强的跨学科性和实践性，在司法鉴定实践中占有重要地位。

二、司法精神病鉴定的分类与任务

按照案件性质，司法精神病学可分为刑事司法精神病鉴定和民事司法精神病鉴定。在司法实践中，常常有一些刑事附带民事诉讼的案件，还存在一些如自杀行为风险评估、肇事精神病人安置评估等特殊问题。根据司法精神病学的分类结合案件性质,司法精神病鉴定可分为三类。

(一)刑事司法精神病鉴定

刑事司法精神病鉴定的主要任务有以下几种。

(1)判定犯罪嫌疑人是否患有精神障碍;患哪种精神障碍;实施危害行为时的精神状态;精神障碍与危害行为之间的关系等。从而判定犯罪嫌疑人有无刑事责任能力。

(2)判定犯罪嫌疑人在诉讼过程中的精神状态,确定其有无受审能力。

(3)判定受害人在遭受侵害时的精神状态,以及对侵犯行为有无性防卫能力和自我保护能力。

(4)判定证人的精神状态,确定其有无作证能力。

(5)精神病人危险行为的预测和预防。

(6)各种犯罪的行为矫正和监狱心理卫生问题。

(二)民事司法精神病鉴定

民事司法精神病鉴定的主要任务有以下几种。

(1)确定被鉴定人是否患有精神障碍;患有哪种精神障碍;精神障碍对其表达能力是否有影响及其影响程度等。从而判定其有无民事行为能力。

(2)判定被鉴定人在调解或者案件审理期间的精神状态,确定其有无诉讼能力。

(3)被鉴定人遭受人身损害的,判定其精神损害程度及与损伤间的因果关系。

(4)精神病患者的劳动能力评定。

(5)精神病患者的医疗纠纷与医疗事故争议评定。

(三)其他司法精神病鉴定

其他司法精神病鉴定主要包括:精神病患者的权益保障、监管、风险评估等;研究精神卫生工作中的法律问题、精神卫生立法建议等。

三、司法精神病鉴定人的要求

我国的司法精神病学起步较晚,从业人员不多,目前绝大多数司法精神病鉴定人由精神病医院或医院精神科的临床医师兼任。精神医学专业性极强,司法精神病鉴定人的资质要求一般是具有五年以上精神科临床经验并具有司法精神病学知识的中级以上职称的人员;还有具有司法精神病学知识、经验和工作能力的主检法医师以上人员。湖北等地从 2003 年开始采用考试的方式确定鉴定人资格。

司法精神病鉴定人也属于司法鉴定人,以机构的名义对外接受委托、出具鉴定意见、享有权利和义务。司法精神病鉴定和其他类司法鉴定一样,同一鉴定事项需由两名及以上的司法精神病鉴定人完成并在鉴定意见书上签名盖章。第一司法鉴定人对鉴定意见承担主要责任,其他鉴定人承担次要责任。

第二节 法定能力的鉴定

一、刑事法定能力的鉴定

司法精神病鉴定中刑事法定能力的鉴定包括刑事责任能力评定和其他刑事法定能力评定等。

(一)刑事责任能力评定

刑事责任能力的概念来源于大陆法系,主要指行为人构成犯罪和承担刑事责任所必需的能力,简称责任能力。我国法律明确规定,公民只要达到一定的年龄,生理智力发育正常,就具有刑事责任能力。

1979年我国第一部《刑法》明确了对精神病人犯罪是否承担刑事责任，要评定其辨认能力和控制能力。精神病人在不能辨认或者不能控制自己行为的时候造成危害结果的，不负刑事责任。这里所强调的辨认能力和控制能力使我国精神病人的刑事责任能力评定进入有法可依的阶段。刑事责任能力中的辨认能力，指行为人对自己的行为在刑法上的性质、意义和后果的辨认能力。刑事责任能力中的控制能力，指行为人在具备辨认能力的基础上，自觉控制自己行为的能力。1997年实施的第二部《刑法》，明确规定了部分责任能力（也叫限制责任能力）的评定，即尚未完全丧失辨认或者控制自己行为能力的精神病人犯罪的，应当负刑事责任，但是可以从轻或者减轻处罚。

《刑法》的法律规定中，辨认能力与控制能力之间用"或者"来连接，说明辨认能力和控制能力只要丧失其中一个就满足构成无刑事责任能力的条件。但对于精神病人所实施的犯罪，在鉴定时不能将辨认能力和控制能力分开讨论。当行为人完全丧失辨认能力时，就没有必要讨论其是否还具有控制能力。也就是说，只要确定行为人丧失辨认能力，其就不具备刑事责任能力。但如果行为人的辨认能力正常，其控制能力既可以是正常的，也可以减弱或者丧失，如某些精神障碍（强迫症、冲动控制障碍、性心理障碍等），这些患者的辨认能力正常，但控制能力是减弱的。

1997年修订后的《刑法》把刑事责任能力划分为有、部分和无三级。有责任能力是指行为人没有丧失辨认能力或者控制能力；部分责任能力是指行为人尚未完全丧失辨认能力或者控制能力；无责任能力是指行为人完全丧失辨认能力或者控制能力。在司法精神病实践中，对于部分责任能力的评定是难点问题，容易引发鉴定意见的争议。有些司法精神病及法学学者尝试使用责任能力及部分责任能力评定量表配合司法精神病检查，将行为人抽象的辨认能力及控制能力量化出来；有些学者制定精神障碍患者刑事责任能力评定大纲，以期使司法精神病鉴定更加科学、客观。

（二）其他刑事法定能力评定

其他刑事法定能力评定包括服刑能力评定、受审能力评定、作证能力评定、性自我防卫能力评定等。

1. 服刑能力评定

服刑能力是指罪犯或者服刑人员能够承受刑罚、理解刑罚的生理和心理条件。最高人民法院、最高人民检察院、公安部、司法部、卫生部《关于颁发〈精神疾病司法鉴定暂行规定〉的通知》（以下简称《通知》）规定，被鉴定人在服刑、劳动教养或者被裁决受治安处罚中，经鉴定患有精神疾病，由于严重的精神活动障碍，致使其无辨认能力或控制能力，为无服刑、受劳动教养能力或者无受处罚能力。

被评定为无服刑能力的行为人，应当送往公安系统开办的安康医院或者监狱设立的精神病监护医疗机构接受强制性医疗措施，治疗期计入刑期之内，即住院一日抵刑期一日。

2. 受审能力评定

受审能力是指刑事案件的被告人能够理解自己在刑事诉讼过程中的地位、权利，在诉讼活动中能够理解法律赋予的诉讼权利与义务，积极与辩护律师合作，行使自己诉讼权利的能力。我国现行的法律法规中尚无针对受审能力评定的明确法律条文，有些学者建议将鉴定主体中司法人员与鉴定人结合化；建议将无受审能力的精神障碍者也纳入到强制医疗程序当中，完善被告人强制医疗制度并确定治疗的"合理期限"；建立统一的精神障碍者受审能力鉴定规则并由立法予以确认等。

服刑能力与受审能力有一定的联系，但也存在差异，主要体现在受审能力的评定意见具有阶段性，无受审能力的精神障碍者，经过一段时间或者经过治疗后，精神障碍得以康复，其受审能力也随之恢复。

3. 作证能力评定

《刑事诉讼法》第六十二条规定：生理上、精神上有缺陷或者年幼，不能辨别是非、不能正确表达的人，不能作证人。《通知》第二十一条规定：控告人、检举人、证人等提供不符合事实的证言，经鉴定患有精神疾病，致使缺乏对客观事实的理解力或判断力的，为无作证能力。

判定精神病患者有无作证能力，需要从医学和法学两方面来考虑。精神病患者如果受其精神病影响或者由于精神发育迟滞等致其缺乏对客观事实的理解力和判断力时,属于无作证能力。也要结合其具体病情及所要证实的客观事实来确定,精神病患者如果具有辨别是非、能够正确表达真实情况的能力,也可判定为有作证能力。

4. 性自我防卫能力评定

1984年,最高人民法院、最高人民检察院、公安部颁布的《关于当前办理强奸案件中具体应用法律的若干问题的解答》规定:明知妇女是精神病患者或者痴呆者(程度严重的)而与其发生性行为的,不管犯罪分子采取什么手段,都应以强奸罪论处。与间歇性精神病患者在未发病期间发生性行为,妇女本人同意的,不构成强奸罪。因此,对女性性自我防卫能力的司法精神病鉴定逐渐开始,但鉴定分歧始终较大,各地也没有统一的技术规范。基于上述情况,司法部于2020年5月发布了《精神障碍者性自我防卫能力评定指南》,其中将性自我防卫能力定义为女性被鉴定人对自身性不可侵犯权利的认识与维护能力。这一定义说明性自我防卫能力由认识能力和意志行为两个要素构成。相关研究表明,涉及性自我防卫能力的精神障碍主要为精神发育迟滞、精神分裂症等人群,对此类人群要评定其对性行为的实质理解能力以及对性本能冲动的自我控制能力。评定主要遵循一般法定能力鉴定的基本原则,严格按照医学要件与法学要件相结合、辨认能力与控制能力相结合、无病推定与法定能力完整推定等对被鉴定人最有利的原则,来进行性自我防卫能力的司法精神病鉴定。

(三)刑事责任能力鉴定的启动

刑事责任能力评定意见在《刑事诉讼法》中属于明确规定的证据种类,如果被鉴定人被鉴定为具有刑事责任能力,其违法行为就将被追究刑事责任;反之,则不能追究其刑事责任。因此,刑事责任能力评定在某种程度上影响案件的判决结果。刑事责任能力鉴定的前提和基础是鉴定的启动,根据我国现行的有关司法精神病鉴定启动的法律法规,鉴定的启动权完全给予公检法等国家机关。也就是说,刑事责任能力鉴定的当事人只有鉴定申请权,由公检法机关最终决定是否启动鉴定。

二、民事法定能力的鉴定

（一）民事权利能力和民事行为能力

自然人的民事权利能力是指自然人能够依法行使权利和履行义务，从而使法律关系发生、变更或消灭的资格。《民法典》规定，自然人从出生时起到死亡时止，具有民事权利能力，依法享有民事权利，承担民事义务。也就是说该权利自出生始，至死亡终。但涉及遗产继承、接受赠与等胎儿利益保护的，胎儿视为具有民事权利能力。胎儿娩出时为死体的，其民事权利能力自始不存在。

自然人的民事行为能力简称行为能力，是指自然人能够通过自己的行为从事民事活动，参与民事法律关系，享有民事权利、承担民事义务的能力。《民法典》根据智力水平、精神状态和年龄层次等，将自然人的民事行为能力分为三类。

1. 完全民事行为能力

完全民事行为能力，是指法律赋予达到一定年龄、对自己的行为能够辨别和认识、智力精神状态正常的自然人独立实施民事行为、获得民事权利、承担民事义务的能力。《民法典》规定，十八周岁以上的自然人为成年人，成年人为完全民事行为能力人，可以独立实施民事法律行为。但患有精神障碍或智力缺损，不能完全辨认自己行为的成年人，不具有完全民事行为能力。

2. 限制民事行为能力

限制民事行为能力是指法律限制那些已经达到一定年龄，但又尚未成年的，以及对自己的行为不能完全进行认识、不能完全辨认自己行为后果的自然人的民事行为能力。

3. 无民事行为能力

无民事行为能力是指自然人对自己的行为完全不能辨认，完全不具有自己独立从事民事活动、获取民事权利及承担民事义务的能力。

无民事行为能力人、限制民事行为能力人的监护人是其法定代理人。被人民法院认定为无民事行为能力人或者限制民事行为能力人的，经本人、利害关系人或者有关组织申请，人民法院可以根据其智力、精神健康恢复的状况，认定该成年人恢复为限制民事行为能力人或者完全民事行为能力人。

（二）民事行为能力评定

民事行为能力评定主要依据《民法典》的相关规定。如前所述，《民法典》根据智力水平、精神状态和年龄层次对民事行为能力进行了分类，其中年龄层次作为判定民事行为能力的客观标准，属于临床法医学的鉴定任务，司法精神病学只鉴定被鉴定人的智力水平和精神状态。

民事行为能力评定包括两种：一种是广义民事行为能力评定；另一种是具体民事行为能力评定。广义民事行为能力评定是指对被鉴定人全部民事行为能力的评定，一旦判定其不具有一般民事行为能力，则表示其为无民事行为能力人，不能参加法律规定的各类民事活动，直到再次鉴定评定其民事行为能力恢复。欧美法律中也有类似的广义民事行为能力的概念，如照顾自身能力及照顾财产能力等，根据量表判定被鉴定人民事行为能力是否受损及受损程度的不同，以为其设置监护人的方式代其完成各种民事行为。

具体民事行为能力评定涉及的是对精神障碍者某一特定行为的特定民事行为能力的评定，常见的具体民事行为能力评定的案件涉及遗产继承纠纷、婚姻问题、财产处理及继承能力、合同纠纷、赡养纠纷、劳动能力等。如精神障碍者订立的遗嘱是否有效、是否有能力继承财产、是否能辨认婚姻的意义、能否建立并维持正常的夫妻关系和家庭生活等。

目前我国对于民事行为能力评定并无具体的评定规则，在鉴定实践中，对智力缺损或精神障碍者民事行为能力评定是将医学标准和法学标准有机结合起来。医学标准是指被鉴定人要有明确诊断的精神障碍，鉴定人要确定其精神障碍的类型、程度及可能的预后，还包括确定精神障碍者在行使某项民事行为时所处的疾病阶段及严重程度。法学标准是指被鉴定人的意思表示是否符合其一贯的认识标准，不能带有精神病态的观念，即其是否具有独立判断是非及理智处理事务的能力。

三、精神损伤的鉴定

人体的健康包括躯体健康和精神健康。人体在遭受损伤或者疾病后，除造成躯体损伤外，也会导致精神损伤。我国现行的各项法律法规及法医鉴定标准中，对精神损伤的定义并没有明文规定，我国精神损伤的理论与实践仍处于探索阶段。陈军等认为，精神损伤是指个体遭受外来物理、化学、生物或心理等因素作用后，大脑功能活动发生紊乱，出现认知、情感、意志和行为等方面的精神紊乱或缺损。精神损伤多在被鉴定人存在"损伤事件"的前提下，以伴发或者继发的形式出现。赵虎等认为，精神损伤泛指人体遭受有害因素作用后，出现器质性或者功能性精神障碍，并由此造成社会功能受损。

（一）评定原则

评定精神损伤应当和评定躯体损伤使用同样的标准和原则，但也存在一定差异。躯体损伤程度的评定主要是以损伤因素直接作用于人体，导致的组织结构缺损或器官功能障碍为依据。精神损伤评定的重点是，首先要确定造成精神障碍的原发性损伤，再结合被鉴定人精神障碍程度综合评定。在精神损伤评定时应当综合考虑分析，具体包含以下几个因素：一是致病因素；二是致病因素对于受害人的严重程度；三是所导致的精神疾病的类型；四是精神疾病的严重程度、治疗经过、愈后；五是病程持续时间；六是社会功能受损或恢复情况。

现行的鉴定标准中，只评定器质性精神损伤，对功能性精神损伤一般不予评定或只说明精神损伤与精神障碍之间的因果关系。

1. 器质性精神损伤

器质性精神损伤是指由于理化、生物等对人体造成的原发性损伤引起的具有脑器质性损害的精神障碍。脑器质性损害必须有颅脑损伤所致的神经系统阳性体征或者影像学检查的阳性改变作为证据，如果没有检查出肯定的器质性损害证据及相对应的临床表现，则不能认定为脑器质性损害。器质性精神损伤主要表现为脑器质性损害后有肯定的临床症状或体征，如精神活性物质导致精神障碍、颅脑损伤导致人格改变、脑挫裂伤后综合征等。

2. 功能性精神损伤

功能性精神损伤是指由于心理、社会等因素所导致的精神障碍。这类精神障碍主要指在心理创伤后出现的应激障碍，以及由于生活事件或心理社会因素诱发的内源性精神障碍，如急性应激反应、延迟性应激反应、反应性精神病；还包括由理化、生物或心理社会因素所致的神经症，如癔症。

（二）评定标准

1. 精神损伤程度鉴定

精神损伤程度鉴定的主要依据是 2014 年 1 月 1 日起实施的《人体损伤程度鉴定标准》，该标准中涉及精神损伤的相关条款只有一条，即 5.1.1e) "重度智能减退或者器质性精神障碍，生活完全不能自理"。该标准的附则 6.3 明确规定了对功能性精神损伤不评定损伤程度："反应性精神病、癔症等，均为内源性疾病，不宜鉴定损伤程度。" 在鉴定实践中，鉴定人可以根据委托事项，对功能性精神损伤与原发性损伤的因果关系进行说明。

2. 精神伤残程度鉴定

精神伤残程度鉴定根据损伤发生原因、损伤性质、赔偿主体等的不同，适用不同的鉴定标准，主要包括《人体损伤致残程度分级》《劳动能力鉴定 职工工伤与职业病致残等级》《职工非因工伤残或因病丧失劳动能力程度鉴定标准》《人身保险伤残评定标准》《人身损害误工期、护理期、营养期评定规范》《人身损害护理依赖程度评定》等。上述鉴定标准中对于精神伤残没有单独的鉴定条款，一般是附加在躯体伤残评定条款中，难以具体就单一的精神伤残进行评定。

（三）伪装精神疾病的鉴别

《中国精神疾病分类方案与诊断标准》第三版（CCMD-33）规定的伪

装精神病的诊断标准是：为了逃避外界某种不利于个人的情境，摆脱某种责任或获得某种个人利益，故意模拟或夸大躯体或精神障碍或伤残的行为。具体特点为：有明显的装病动机和目的；症状表现不符合任何一种疾病的临床相，躯体症状或精神症状中的幻觉、妄想，以及思维障碍、情感与行为障碍均不符合疾病的症状表现规律；对躯体或精神状况检查通常采取回避、不合作、造假行为或敌视态度，回答问题时，反应时间常延长，对治疗不合作，暗示治疗无效；病程不定；社会功能与躯体功能障碍的严重程度比真实疾病重，主诉比实际检查所见重；有伪造病史或疾病证明，或明显夸大自身症状的证据；病人一旦承认伪装，随即伪装症状消失，是可靠诊断的必要条件。

伪装精神病与癔症之间的鉴别比较困难。癔症又称为歇斯底里，是一种特殊的精神疾病，主要是指由于精神受到强烈刺激、内心又有重大冲突或受到不良暗示的作用下，引起某些易感个体的大脑机能出现失调而造成的一种精神障碍。癔症可以有各种各样的躯体症状，也可以有意识范围的狭窄，可以有选择性遗忘，可以有情感大爆发，就是查不到相应的器质性损害的证据。此类精神障碍易形成慢性，其临床症状可长期存在。伪装精神病和癔症的表现都比较夸张、做作，有很强的表演性和暗示性，间歇期完全正常，且症状复杂多变。两者的鉴别主要从以下几个方面考虑。首先，癔症患者多数不承认自己有病，不愿就医；诈病者希望别人承认他有病，对症状常过分夸张、渲染。其次，癔症患者主观上毫无诈骗意图，也意识不到疾病的发生，安于现状而不急于求治，其发病或终止与暗示或精神刺激有关，许多患者经暗示治疗会有奇效。再次，诈病者发病有明确的目的，不因采取治疗手段而放弃伪装，目的达到或不能达到时可快速"痊愈"。最后，癔症患者对鉴定人或医生的言行常漠不关心；诈病者对被鉴定人的一言一行非常敏感，有时反应强烈。

参考文献

REFERENCES

[1] 吴祖谋，李双元. 法学概论 [M]. 14 版. 北京：法律出版社，2021.

[2] 张益鹄. 医疗纠纷、医疗事故与法医学——如何打医疗官司 [M]. 北京：科学出版社，2006.

[3] 王瑞恒. 人身伤亡司法鉴定研究 [M]. 北京：中国政法大学出版社，2014.

[4] 张纯兵. 人身损害鉴定与赔偿 [M]. 北京：法律出版社，2017.

[5] 夏文涛，徐洪新，蒋士浩. 医疗损害鉴定技术指引 [M]. 北京：科学出版社，2020.

[6] 李生斌. 法医学 [M]. 北京：人民卫生出版社，2017.

[7] 何家弘. 司法鉴定导论 [M]. 北京：法律出版社，2000.

[8] 沈忆文. 人身伤害的法医学鉴定 [M]. 2 版. 上海：复旦大学出版社，2017.

[9] 范利华，吴军，牛伟新. 损伤与疾病 [M]. 上海：复旦大学出版社，2014.

[10] 刘世沧，吴军. 法医临床学 [M]. 北京：中国人民公安大学出版社，2002.

[11] 罗亚平. 刑事科学技术 [M]. 北京：中国人民公安大学出版社，2011.

[12] 司法部司法鉴定管理局.《人体损伤程度鉴定标准》适用指南 [M]. 北京：法律出版社，2013.

[13] 司法部司法鉴定管理局，最高人民法院司法行政装备管理局.《人体损伤致残程度分级》适用指南 [M]. 北京：法律出版社，2016.

[14] 王晓静. 基于人身伤害的被害人承诺问题研究 [D]. 沈阳：辽宁大学，2015.

[15] 李带.《人体损伤程度鉴定标准》法律问题研究［D］.青岛：青岛大学，2017.

[16] 黄冬媛.人身伤害中精神损害赔偿问题探讨［D］.湘潭：湘潭大学，2002.

[17] 程亦斌，刘宁国，王丰元.环境损害致人身伤害的法医临床学因果关系鉴定［J］.法医学杂志，2020，36（4）：474-477.

[18] 《环境损害致人身伤害司法鉴定技术导则》编写组.《环境损害致人身伤害司法鉴定技术导则》的编制与实施［J］.法医学杂志，2020，36（4）：470-473.

[19] 刘鑫.司法鉴定技术与方法准入研究［J］.中国刑事法杂志，2008（2）：78-87.

[20] 孙大明，诸伊凡.试析我国人体伤残评定标准的最新进展——以《人体损伤致残程度分级》为重点［J］.医学与法学，2017，9（4）：41-45.

[21] 王延福，吕松，潘启源.人身伤害案中伤情鉴定的常见问题［J］.医疗装备，2012，25（9）：34.

[22] 胡琨钰.完善刑事被害人人身损害救济制度的探索［J］.安徽广播电视大学学报，2011（2）：31-34，59.

[23] 江荣胜.人身伤害案件重新鉴定存在的问题及对策研究［J］.法制与经济（下旬），2011（10）：31-32，34.

[24] 崔李珍.浅议人身伤害损伤程度鉴定存在的问题及解决措施［J］.法制与经济，2020（3）：47-48.

[25] 陈忆九.鉴定人虚假鉴定法律规制初论——以鉴定人法律责任的承担为基点［J］.中国司法，2018（4）：56-59.

[26] 常林.人身伤害赔偿及其法医学问题（上）［J］.法律与医学杂志，1996（3）：112-115.

[27] 常林.人身伤害赔偿及其法医学问题（下）［J］.法律与医学杂志，1997（1）：13-15.

[28] 姚澜.人身伤害案件的医学鉴定及对鉴定人的特殊要求［J］.中国司法鉴定，2002（3）：31-32.

[29] 陈重方. 清代检验知识的常规与实践 [J]. 清史研究, 2018 (3): 33-49.

[30] 陈腾, 张秦初. 我国临床法医学学科现状及发展方向 [J]. 中国法医学杂志, 2008 (1): 69-70.

[31] 王慧君. 德国法医学体制简介 [J]. 法医学杂志, 1998 (2): 119-121.

[32] 叶自强. 法医学鉴定体制比较研究 [J]. 中国刑事法杂志, 1998 (3): 84-91.

[33] 姚季生. 法国的法医机构 [J]. 中国法医学杂志, 1992 (3): 189-190.

[34] 何颂跃. 日本的法医学鉴定体制 [J]. 法律与医学杂志, 1997 (1): 35-37.

[35] 孟航, 李舰山. 日本当代法医检验制度的特点 [J]. 铁道警官高等专科学校学报, 2009, 19 (1): 103-105.

[36] 党凌云, 张效礼. 2017年度全国司法鉴定情况统计分析 [J]. 中国司法鉴定, 2018 (3): 96-100.

[37] 李平龙, 肖鹏. 我国医疗损害鉴定制度研究述评 (2002—2012) [J]. 证据科学, 2013, 21 (2): 229-239.

[38] 卢乐云. 司法鉴定的证据能力及其审查——以"两高三部"、"两个证据规定"为视域 [J]. 中国刑事法杂志, 2011 (9): 65-70.

[39] 高俊薇, 王彦斌, 鹿阳, 等. 司法鉴定领域分类和能力范围表述的国内外比较研究 [J]. 刑事技术, 2021, 46 (1): 23-28.

[40] 孙鹏. 刑事鉴定意见与严格证明 [J]. 法制与社会, 2013 (9): 135-136.

[41] 汪建成. 司法鉴定基础理论研究 [J]. 法学家, 2009 (4): 1-27, 157.

[42] 黄蕴. 我国刑事鉴定意见证据能力研究 [D]. 兰州: 兰州大学, 2016.

[43] 赵芊潮. 我国刑事司法鉴定存在的问题及对策 [D]. 保定: 河北大学, 2021.

[44] 刘鑫，李嘉彦．法庭科学标准化体系建设的局限、契机与改进[J]．中国法医学杂志，2020，35（3）：237-242，247．

[45] 张盖．刑事技术鉴定意见审查问题研究——兼论鉴定意见审查与刑事错案[D]．重庆：西南政法大学，2015．

[46] 胡铭，冯姣．鉴定意见与刑事错案——兼论鉴定意见的审查规则[J]．山东警察学院学报，2013，25（5）：5-10．

[47] 赵伟．我国司法鉴定诚信体系建设研究[D]．重庆：西南政法大学，2018．

[48] 沈敏．我国司法鉴定认证认可制度的构建和实践[J]．中国司法鉴定，2020（5）：8-16．

[49] 宋桂兰，唐丹舟，肖良，等．我国司法鉴定领域认证认可相关程序要求[J]．中国司法鉴定，2008（5）：13-15．

[50] 吴军，孔禄卿，王少华，等．在赔偿医学中判定伤、病及其他的因果关系问题[J]．法医学杂志，1989（4）：6-10．

[51] 陈蛟．我国人身损害赔偿制度研究——以我国人身损害赔偿制度中赔偿标准的差异性为视角[D]．长沙：湖南师范大学，2012．

[52] 王瑞恒．论当事人对司法鉴定机构的选择优先权——兼评《民事诉讼法》第七十六条[J]．中国司法鉴定，2013（2）：99-103．

[53] 宋雨倩．诉讼当事人司法鉴定权利保障问题研究[D]．重庆：西南政法大学，2019．

[54] 巴图．刑事司法鉴定制度反思与完善[D]．北京：中央民族大学，2016．

[55] 贺钰．新《民事诉讼法》视野下的司法鉴定人诉讼地位研究[D]．重庆：西南政法大学，2014．

[56] 王跃，易旻，陈如超．中国司法鉴定救助制度存在的问题及评析[J]．中国司法鉴定，2011（3）：14-20．

[57] 周洁．庭审实质化背景下鉴定意见有效质证研究[D]．上海：华东政法大学，2019．

[58] 章礼明．法医学鉴定中"鉴定时机"的选择与规制[J]．中国司法鉴定，2012（3）：109-112．

[59] 方俊杰. 人体损伤程度鉴定的比照原则 [J]. 中国司法鉴定, 2019 (6): 85-88.

[60] 赵志全. 22起医疗事故罪案件的分析与思考 [J]. 中国卫生法制, 2022, 30 (1): 118-121.

[61] 赵志全, 戈福华. 72起北京地区非法行医罪案件统计分析 [J]. 中国卫生法制, 2021, 29 (6): 139-142.

[62] 李欣欣. 我国刑事诉讼精神障碍者受审能力问题研究 [D]. 青岛: 青岛大学, 2018.

[63] 张钦廷, 庞艳霞, 蔡伟雄, 等. 精神障碍者民事行为能力标准化评定相关问题 [J]. 证据科学, 2008 (1): 111-116.

[64] 陈军, 范秀花, 马长锁. 精神损伤类案件司法鉴定相关问题的探讨 [J]. 中国法医学杂志, 2014, 29 (6): 617-618, 631.

[65] 杨天潼, 向思阳. 《永久性残损评定指南》与美国工伤赔偿 [J]. 证据科学, 2017, 25 (1): 80-92.

[66] 杨天潼, 尤萌. 《永久性残损评定指南(第六版)》实践应用指南 [J]. 证据科学, 2015, 23 (3): 359-370.

[67] 杨天潼, 向思阳. GEPI关于多项残损的复合计算溯源——兼谈《伤残分级》晋级问题 [J]. 证据科学, 2017, 25 (3): 281-288.

[68] 石爱华, 史向召, 刘汩, 等. 涉嫌保险诈骗, 司法鉴定界"元老"闵银龙被刑拘 [EB/OL]. (2018-10-17) [2019-11-21]. https://baijiahao.baidu.com/s?id=16145621378579555504&wfr=spider&for=pc.

[69] 王菁. 司法鉴定"黄牛"案开庭一鉴定人出庭 [EB/OL]. (2019-07-02) [2019-11-21]. http://m.sohu.com/a/324311136_289260.

[70] 胥大伟. 司法鉴定背后的"黄牛" [J]. 政府法制, 2019 (5): 18-19.

[71] 汤维建. 严惩"司法黄牛"对司法腐败说"不" [N]. 人民政协报, 2015-01-29 (3).

[72] 林铁军. 古代刑名幕友擅权与现代司法掮客 [J]. 中国律师, 2015 (4): 60-61.

[73] 虞方. 人伤赔案中的造假掮客——"人伤黄牛"[J]. 中国保险, 2015（8）：36-39.

[74] 胥大伟. 司法鉴定"黄牛"套路：虚假增加一个伤残等级，可多得13.6万元赔付[EB/OL]. （2018-11-09）[2019-11-21]. http：//www.sohu.com/a/274190525_220095.

[75] 庄嘉. 扫描黑鉴定犯罪全息图[J]. 检察风云, 2019（15）：11-13.

[76] 李苏林. 我国司法鉴定公益性问题省思与改革探究[J]. 中国司法鉴定, 2019（3）：55-61.

[77] 贾治辉. 论司法鉴定"市场化"的负面效应及治理对策[J]. 中国司法鉴定, 2014（4）：20-24.

[78] 王彦斌，唐丹舟，高俊薇，等. 基于认可视角的法医临床鉴定标准实施评价和对策[J]. 法医学杂志, 2019, 35（4）：467-471.

[79] 张冰斌，张代英，吴智文，等. 浅谈产生司法鉴定投诉之因及其对策[J]. 医学与法学, 2018, 10（5）：67-69.

[80] 陈如超. 民事司法中的当事人闹鉴及其法律治理[J]. 证据科学, 2015, 23（3）：309-326.

[81] 王治文，肖爱. "合理性"：司法鉴定意见实体审查标准[J]. 哈尔滨工业大学学报（社会科学版）, 2015, 17（2）：39-43.

[82] 陈敏华. 关于应对"人伤黄牛"问题的举措与成效——基于人保财险上海市分公司情况调研[J]. 上海保险, 2015（4）：39-40, 46.

[83] 贾治辉，吴欣. "智慧＋"模式下司法鉴定发展路径探索[J]. 中国司法鉴定, 2019（5）：8-14.

[84] 刘泉，柯技. 司法鉴定"黄牛"的成因及治理对策[J]. 医学与社会, 2020, 33（6）：121-125.